L'Île de la peur
Hispaniola
1960

Bernard Diederich

Éditions Henri Deschamps
Port-au-Prince, Haïti

Les dictateurs Rafael Trujillo et
le Dr François Duvalier maintinrent l'Île sous l'emprise
de la peur.

Haiti Sun series : Livre IV

Traduit de l'anglais par Ragas Nang-Yad

Révisé par Kettly Mars

ISBN : 978-99935-0-311-8

© Tous droits réservés

Sommaire

Introduction 5
1. Nous croyions aux miracles 10
2. En mission à Ciudad Trujillo 30
3. La dernière fête de l'amour de Trujillo 41
4. Bombarder Cuba ? 52
5. Duvaliéristes contre duvaliéristes 55
6. La mort d'un informateur dominicain 64
7. Papa Doc joue avec l'Oncle Sam 81
8. La politique en zigzag de Papa Doc et sa tactique de recours à la foule 89
9. La morte saison 113
10. Notre propre imprimerie 130
11. La chute de Clément Barbot 144
12. Reportage sur un kaléidoscope 156
13. À la recherche de Camilo Cienfuegos 196
14. Trujillo : un piranha devenu paria 201
15. Peur orwellienne, prudence pratique, sujet britannique battu à mort 234
16. Duvalier décapite l'Église catholique 256

La série *Haiti Sun*

Livre I : **Bon Papa 1950-1956** (en français et en anglais)

Livre II : **Le Trophée 1957-1958** (en français et en anglais)

Livre III : **1959 The year that changed our world
L'année qui changea notre monde**
(en français et en anglais)

livre IV : **L'Île de la peur. 1960** (en français et en anglais)

Livre V : **April's fools. Les poissons d'avril. 1961** (en anglais)

Livre VI : **Blood in the Sun. Soleil de sang** (en anglais)

Introduction

Cet ouvrage est le quatrième d'une série qui couvre les années durant lesquelles j'étais l'éditeur du journal *Haiti Sun*. Le premier de la série, intitulé *Bon Papa*, couvre les années d'or d'Haïti sous la présidence du général Paul Eugène Magloire, surnommé Bon Papa. Le second, intitulé *Le Trophée*, traite de la sanglante campagne électorale de 1957 pour la présidence d'Haïti, qui finit par concrétiser l'avènement au pouvoir du docteur François Duvalier. Le troisième, intitulé tout simplement *1959*, est une chronique de l'année durant laquelle, suite à la chute du dictateur Fulgencio Batista et l'avènement au pouvoir de Fidel Castro à Cuba, la guerre froide changea la Caraïbe pour toujours.

Concernant le présent ouvrage, en 1960, au fur et à mesure que le rideau de l'Histoire se levait sur une nouvelle décennie, nous nous rendions compte au *Haiti Sun* de la présence d'ouragans politiques destructeurs des deux côtés de l'île d'Hispaniola. Ouragans causés par l'existence côte à côte des dictatures de François « Papa Doc » Duvalier en Haïti et du généralissime Rafaël Trujillo Molina, dit Chapita, en République dominicaine. Les actions meurtrières de ces deux tyrans ont causé plus de misère à leurs populations respectives que ne l'ont fait les désastres naturels.

En Haïti, il persistait encore des forces de résistance à la dictature du Dr François Duvalier, principalement les étudiants et l'Église catholique romaine. Papa Doc réussit cependant à les soumettre ou à les coopter. Puis ce fut le tour du pouvoir judiciaire. Plusieurs membres du Parlement, des anciens partisans de Duvalier horrifiés de se retrouver sous l'emprise de la poigne de fer de la dictature, payèrent le prix fort pour avoir manifesté leur désenchantement.

Malgré son air impassible, Papa Doc était manifestement un homme aigri dont la rage se retournera finalement contre certains de ses propres partisans qu'il accusera de profiter des privilèges de leurs postes pour s'enrichir.

En 1960, à mi-chemin dans l'exercice de son mandat constitutionnel de six ans, très peu d'Haïtiens s'illusionnaient encore sur la volonté de leur président de se démettre de ses fonctions à l'échéance de son terme. Le docteur François Duvalier que ses agents de presse, de même que la presse internationale, avaient présenté à un moment donné comme étant un « doux médecin de campagne », n'avait pas hésité à recourir au style de gouvernement autocratique haïtien du XIXe siècle. La tactique facile dont il s'était servi pour réduire quatre millions d'Haïtiens au statut de serfs pourrait être caractérisée comme celle de la machette, consistant à éliminer tous les opposants et à gouverner par décrets, à la manière d'un seigneur de l'époque médiévale.

Il est possible que plusieurs des opposants les plus consciencieux de Duvalier aient senti la nécessité de mener Haïti dans une nouvelle voie et qu'ils aient été en faveur d'une démocratie parlementaire. Mais une telle voie n'était pas dans les plans de Papa Doc. Même un parlement de « béni-oui-oui » était considéré par lui comme difficile à gérer et politiquement trop risqué. De plus, cette gestion exigeait une vision et un savoir-faire qui faisaient défaut à « Doc » et qu'il ne saurait mettre en œuvre. En fin de compte, le pouvoir de régulation et les apports constructifs d'un pouvoir législatif vraiment indépendant n'étaient pas ce que voulait François Duvalier.

En dehors d'un pur sadisme, le principal talent politique de Papa Doc se manifestait dans la ruse et la fourberie. Il était un expert dans l'art de diviser pour régner. Il plia la religion populaire des Haïtiens, le vodou, à sa volonté. Il déclara à la communauté chrétienne, incluant non seulement les catholiques mais aussi les missionnaires des églises évangéliques protestantes, que Dieu était à ses côtés. Il avait en plus la capacité de dissimuler sa personnalité derrière un visage inscrutable et un sourire félin. Sachant comment s'y prendre avec les médias, il se plaignit à plusieurs reprises au cours d'une rare interview qu'il était un homme incompris. Des actes que d'autres considéraient comme des crimes n'étaient pas du tout des crimes, selon lui, mais seulement des actions entreprises pour sauvegarder la souveraineté de la nation. Ce dédain pour la vie humaine fit de lui une puissante force que l'on ne pouvait pas sous-estimer. Les opposants qui n'avaient pas été vaincus, emprisonnés ou exilés finissaient par se retrouver sur la liste des « disparus », c'est-à-dire en fait des « exécutés ».

C'était facile pour les personnes superstitieuses d'être persuadées que Papa Doc n'était pas seulement chanceux mais qu'il détenait des pouvoirs spéciaux, car il sut utiliser à son avantage les évènements dus au hasard et même ceux provoqués par ses ennemis.

On peut mentionner, à titre d'exemple, la mini-invasion à la Don Quichotte d'Haïti en 1958 d'un groupe de huit personnes mené par trois anciens militaires haïtiens. Le groupe de huit, incluant quatre citoyens américains dont l'un au moins était adjoint au shérif de Dade County (Floride), avait lancé son étrange expédition depuis le sud de la Floride, dans un bateau de pêche immatriculé à Key West et chargé d'armes et de munitions américaines.

Tout cela constitua pour Papa Doc une manne résultant de ses présumés pouvoirs spéciaux. Cette mini-invasion non seulement servit de prétexte à Duvalier pour la création d'un autre outil de répression, une milice civile, en plus des fameux Tontons Macoutes, mais elle mit aussi le gouvernement américain, qui éprouvait de l'irritation envers le régime de Duvalier, sur la défensive. Duvalier sut jouer la carte américaine avec adresse et à son avantage et les États-Unis firent de leur mieux pour l'accommoder et classer l'affaire.

J'ai marché avec précaution durant cette année mouvementée de 1960 en continuant de publier mon journal hebdomadaire de langue anglaise, le *Haiti Sun*. Entre-temps, mon travail de correspondant étranger domicilié sur place au service de plusieurs importants médias d'information avait augmenté, non seulement à cause du raidissement de la dictature de Papa Doc en Haïti, mais aussi à cause de la montée des tensions au sein du gouvernement du généralissime Rafaël Trujillo dans la République dominicaine voisine. Mon principal client étranger était l'Associated Press qui me payait mensuellement, de même que le *New York Times*. En 1960, je travaillais également depuis cinq ans pour NBC News, *Time* et *Life Magazine*.

La quantité de travail avait augmenté, mais l'argent reçu en compensation était satisfaisant et une bonne partie servit à l'achat de nouvelles presses pour mon journal, le *Haiti Sun*.

Les nouvelles concernant Papa Doc et Chapita (Trujillo) constituaient mes principaux centres d'intérêt durant cette période où les deux étaient en train de provoquer des ouragans politiques qui prenaient force en 1960. Je m'étais engagé à informer le monde de leurs actes. Entreprenant de fréquents et dangereux voyages de reportage à travers la frontière, vers la République dominicaine, j'ai fait ce qu'aucun autre organe d'information en Haïti n'a fait : publier des informations sur ce qui se passait en République dominicaine dans le *Haiti Sun*. J'étais convaincu qu'un tel reportage était important et que l'opposition croissante contre Trujillo pouvait servir d'avertissement à Papa Doc concernant les excès qu'il commettait dans le but de contrôler ses citoyens.

Bien que j'aie trouvé des astuces me permettant de faire passer mes reportages destinés à des clients étrangers à travers la censure à Port-au-Prince, je me suis rendu compte que j'envisageais les nouvelles d'Haïti d'un point de vue haïtien, quoique je fusse un *Blan* originaire d'une autre nation insulaire située aux antipodes de celle-ci : la Nouvelle-Zélande. Dans une large mesure, je me considérais comme l'un des quatre millions d'Haïtiens habitant le pays à ce moment-là. Bien que je faisais de mon mieux pour rapporter ce qui était vrai et factuel dans les reportages analytiques que j'expédiais à l'étranger, je prenais en fait la défense d'Haïti contre ses détracteurs. Le fait de résider en Haïti et de continuer à publier fit qu'on me suspecta d'être en faveur du régime. Cependant, en ce début des années 1960, les efforts que je faisais pour être objectif dans mon approche des nouvelles s'avéraient de plus en plus difficiles à mesure que la tyrannie de Papa Doc devenait plus terrifiante et sanglante. Et le pire n'était pas encore arrivé. En 1960, Hispaniola était devenue l'île de la peur.

CHAPITRE PREMIER
Nous croyions aux miracles.

Dans un éditorial de notre hebdomadaire anglophone, le *Haïti Sun*, annonçant la nouvelle décennie des années 1960, nous faisions appel à « de nouveaux espoirs, de nouveaux rêves et la promesse de nouvelles réalisations ». Nous osions promettre de publier toutes les nouvelles, convaincus que nous étions qu' « un peuple éclairé était assuré d'un avenir heureux et prospère ». Nous croyions encore aux miracles et nous étions déterminés à persévérer. Nous réussîmes en fait à publier une quantité surprenante de nouvelles politiques potentiellement dangereuses pour le bien-être de notre journal, et qui traçait en partie l'évolution du président François Duvalier vers la folie du pouvoir absolu.

Durant le mois de janvier 1960, les pages du *Haïti Sun* abondaient en informations concernant la culture, la société, le football (y compris la victoire d'Haïti sur l'Autriche) et les activités commerciales. La radieuse Claudinette Fouchard, âgée de 22 ans, qui avait représenté Haïti lors de la compétition internationale tenue à Cali, en Colombie, en vue d'élire la reine de la canne à sucre, illumina la une de notre journal. Une réception fut organisée au Palais national en l'honneur de la reine de beauté, fille de l'écrivain Jean Fouchard, au cours de laquelle le président Duvalier la décora de la médaille d'honneur et du mérite. Le Président la présenta avec fierté en faisant remarquer qu'une amitié vieille d'une trentaine d'années le liait à son père (Duvalier et Fouchard avaient collaboré brièvement à la publication du journal littéraire *Le Petit Impartial*). Les Fouchard honorèrent à leur tour le chef de l'État et son épouse en les invitant à une réception formelle chez eux à la Villa Bellevue la Montagne, une immense demeure de trois étages construite sur une vaste étendue boisée ressemblant à un parc, située sur les hauteurs de Pétion-Ville.

Le chargé d'affaires de l'ambassade de Pologne donna une conférence sur Frédéric Chopin à l'occasion de la célébration en 1960 de la vie et de l'œuvre du célèbre pianiste polonais. La compagnie aérienne Pan American Airways entama des discussions avec les autorités en vue de l'extension de son contrat pour l'usage de l'aéroport qui datait de 1929, et les premiers vols aériens transportant des passagers commencèrent à desservir Haïti. Il était urgent que le pays entre dans l'âge des avions à réaction et la construction d'un nouvel aéroport était de nouveau à l'ordre du jour des discussions. La compagnie américaine fournissant l'électricité promit de mettre fin aux fréquentes coupures de courant. Un navire chargé de 36 000 tonnes de bauxite extraite par la compagnie minière Reynolds quitta le port de Miragoâne à destination des États-Unis. Les touristes voyageant à bord de navires de croisière continuaient d'affluer à Port-au-Prince ainsi qu'au Cap-Haïtien. Le *Haiti Sun* plaida pour que l'État ou le secteur privé accorde une assistance sociale aux personnes handicapées qui étaient obligées de mendier dans les rues pour survivre, ce dont les touristes se plaignaient. Par ordre du président Duvalier, l'accès aux salles de jeux du Casino International fut interdit aux employés du gouvernement. Papa Doc semblait indiquer ainsi qu'il allait mettre de l'ordre dans ses propres affaires et dans celles de ses partisans au moment où il engageait Haïti dans des relations de plus en plus étroites avec l'Oncle Sam.

La plupart des chefs d'État haïtiens essayent de s'accrocher au pouvoir, et Duvalier n'échappe pas à la règle. C'est durant son discours du 2 janvier 1960, à l'occasion de la commémoration de l'Indépendance d'Haïti, que le président Duvalier donna la première indication qu'il avait l'intention de séjourner au Palais au-delà des trois années qui lui restaient de son mandat. Il expliqua modestement qu'il lui fallait du temps pour accomplir « la mission historique que Dieu et la destinée m'avaient confiée ». S'exprimant dans un français rigide qui dépassait l'entendement des masses haïtiennes, Papa Doc décrivit sa mission comme étant de « sortir le peuple de la misère ». L'obstacle qui s'y opposait, selon lui, était « l'ignorance ».

Il continua en disant : « Je vous épargnerai un exposé général sur la situation (…) et je ne ferai pas non plus de commentaires sur les perspectives économiques de la nouvelle année, car je n'en ai pas le temps. Le combat quotidien pour l'organisation et la reconstruction ne nous offre pas le loisir d'un tel luxe. L'objectif à fixer et à atteindre est si éloigné et les tâches à accomplir si immenses (…) Si seulement il était possible de repousser l'obstacle de l'ignorance d'un pouce durant cette année consacrée au sauvetage économique national, quelle immense fierté nous en retirerions ! Quelle vaste possibilité s'ouvrirait pour le succès de nos mesures économiques et sociales conduisant au progrès et au bien-être (…) »

Se présentant comme le sauveur du pays, Duvalier insista sur la nécessité, selon lui, d'une véritable révolution économique et sociale permettant de garantir de manière permanente l'indépendance conquise par Haïti le 1er janvier 1804. Il posa de façon rhétorique la question de savoir si l'action révolutionnaire s'avérait nécessaire et répondit que « Sans une doctrine, ou un leader, ou un plan et des soldats prêts à l'action, il ne peut y avoir et il n'y aura jamais de révolution économique ni sociale nécessaire à la réalisation d'un changement structurel réel ».

Il déplora « le marasme de cupidité et de médiocrité » de ses propres partisans tout en ignorant le fait que sa propre méthode de gouvernement avait créé une atmosphère de rapacité et de cynisme, ainsi que de peur.

Une seconde circulaire de Papa Doc au ton sévère qui apparut le 20 janvier 1960 fit la une du *Haiti Sun* sous le titre : « Avertissement du Président : Plus de tolérance pour les charlatans ! » Les mots sévères de Duvalier apparaissaient sous la forme d'une lettre adressée au ministre de la Justice avec l'ordre de la transmettre au commissaire du gouvernement, lequel devait s'assurer que tous les juges et les autres autorités du gouvernement en reçoivent une copie. Duvalier visait dans cette lettre ses propres partisans qui, comme tout le monde le savait déjà, utilisaient leurs positions officielles à des fins personnelles. Le Président déclarait dans sa note : « Il m'a été rapporté que des spéculateurs utilisent des méthodes non éthiques [et] certains sont totalement dépourvus de scrupules et exercent une pression indirecte leur permettant de circonvenir aux règlements administratifs (…) J'insiste là-dessus, et pour la dernière fois, que je réagirai avec une extrême fermeté contre ces charlatans (…) qui utilisent tout au service de leurs intérêts privés. » La note conclut en lançant cet avertissement : « Il ne me coûtera rien de punir cette forme de sabotage de la gouvernance d'équilibre économique et sociale que je veux instaurer, et je punirai sans pitié cette tendance infâme… au trafic d'influences. »

Un éditorial de *Haiti Sun* observa que l'avertissement du Président arrivait à point nommé. Bien que les coupables les plus notoires soient bien connus du public en général, d'aucuns se demandaient si Papa Doc ne pointait pas aussi du doigt son ancien chef de la police secrète et plus tard conseiller présidentiel, Clément Barbot. Les rivalités parmi les duvaliéristes étaient devenus acharnées. Lorsque Barbot revint d'Allemagne de l'Ouest avec sa femme et son fils malade, tous les observateurs se demandaient comment il allait réintégrer son travail au

Jacques Gracia était régulièrement aux côtés de Papa Doc.

Le lieutenant Jacques Gracia était sorti des rangs pour atteindre le grade de sergent dans les Casernes Dessalines et il finit par devenir commandant de la Garde présidentielle. Papa Doc le promut et lui procura une mitraillette Thompson qu'il gardait constamment avec lui comme on le voit dans ces photos. Il était probablement le seul officier en qui Papa Doc avait confiance. Il passa le reste de sa vie au service de Duvalier. Ici, il mène, l'épée à la main, une parade pour saluer Papa Doc.

Palais. On avait le pressentiment qu'il n'allait pas être accueilli au sein de la famille politique duvaliériste. Ses ennemis avaient effectivement bien accompli leur tâche. Papa Doc ne comptait plus sur lui en matière de sécurité et sortait du Palais sans le consulter ni l'en informer. C'était désormais le lieute-nant Gracia Jacques, un colosse dévoué comme une mule, un ancien garde du Palais qui avait gravi les échelons pour être en charge d'assurer la sécurité de Duvalier auprès duquel il se tenait avec son revolver Magnum ou sa mitraillette Thompson. Bien que Barbot se considérait maintenant comme le secrétaire du Président et disait qu'il continuait à faire la collecte des renseignements, il servait aussi de substitut au Président dans son bureau où les outils de son métier, dont une mitraillette américaine, un fusil et un gilet pare-balles, pendaient nostalgiquement au mur.

Les talents de survie de Papa Doc étaient les mêmes que ceux d'autres dictateurs. Il était doué d'une mémoire prodigieuse lui permettant de se rappeler les moindres détails tels que les noms des soldats à son service ainsi que leurs problèmes personnels ; cependant, plus que tout, c'était sa détermination d'acier qui le propulsa jusqu'au pouvoir absolu. La ténacité avec laquelle il tenait à exercer le pouvoir à tout prix était phénoménale, et il n'avait aucun souci pour les épaves humaines laissées sur son chemin de destruction et de mort.

Quelques partisans de Louis Déjoie, candidat malheureux des élections de 1957, avaient même décidé qu'ils n'avaient pas d'autres choix que de collaborer avec ce régime. La bourgeoisie apprit, souvent à son détriment, à ne pas contrarier les Tontons Macoutes dont plusieurs avaient été recrutés au sein des populations au bas de l'échelle sociale en Haïti. Les étudiants, eux, étaient des antiduvaliéristes dans leur majorité et avaient commencé à soutenir les opposants radicaux de gauche. La vaste majorité des pauvres en Haïti demeurait cependant, comme à l'accoutumée, en dehors du processus politique – bien que Papa Doc allait bientôt se servir des paysans dont la présence sur la pelouse du Palais constituait un simulacre de soutien populaire.

Pour donner le signal de son nouveau pouvoir, Duvalier relâcha de prisons quelques prisonniers politiques. Il permit à des personnalités qui s'étaient réfugiées dans des ambassades de pays d'Amérique latine depuis plus de six mois de quitter le pays. Parmi ces personnalités on pouvait compter les sénateurs Luc Stephen et Jean Bélizaire. Un député, le révérend père Yvon Emmanuel Moreau, quant à lui, avait choisi de ne pas chercher refuge dans une ambassade, car, m'avait-il confié, il n'avait rien à se reprocher. Cet homme remarquable qui aurait pu apporter une grande contribution à son pays fut cependant cueilli en plein jour par la police dans une rue de Port-au-Prince. Sa mère en larmes alla implorer Mgr Alfred Voegeli, évêque américain de l'Église épiscopale à laquelle il appartenait, le priant d'intercéder auprès du Président en faveur de son fils. Monseigneur Voegeli, qui était un ami personnel de François Duvalier, lui demanda d'intervenir, mais celui-ci garda le silence. C'en était fini de leur amitié. L'ambassade des États-Unis qui entretenait des relations étroites avec l'Église épiscopale ne leva visiblement pas le doigt, de crainte de perturber la nouvelle lune de miel entre Washington et Duvalier. On n'entendit jamais plus parler du père Moreau ; il avait rejoint la liste de plus en plus longue des victimes de Papa Doc.

Dans cette atmosphère marquée par la paranoïa, les rédacteurs des discours de Papa Doc travaillèrent sans relâche au Palais à rédiger texte après texte, pour toutes sortes d'occasions, y compris la journée mondiale de la Bible. Papa Doc préfaça le livre de son ministre de l'Éducation, le père Hubert Papailler, intitulé *Les laboureurs de la mer*, qui décrivait la vie dure des ouvriers-paysans travaillant dans les champs de sisal de la plantation Dauphin située à Dérac, dans le nord d'Haïti, et qui appartenait à des Américains. Dans sa préface, Duvalier déclara pompeusement que le père Papailler « connaît surtout le paysan, l'humble paria. L'auteur laisse parler son cœur. Il n'use ni de faux lyrisme ni du lyrisme conventionnel des snobs de la littérature… ». Le principal rédacteur de discours du Président, son beau-frère Lucien Daumec, qui était un vieil ami, m'avait confié en riant que le docteur n'avait même pas pris connaissance du contenu du livre de Papailler.

Papa Doc écoute le discours plein d'éloges du ministre de l'Éducation, le père Hubert Papailler, qui était un duvaliériste fanatique et le favori de Duvalier parmi les prêtres catholiques.

Haïti a une reine. Le président Duvalier félicite la jeune Claudinette Fouchard, âgée de 22 ans, pour avoir été couronnée Reine de la canne à sucre mondiale. Mademoiselle. Fouchard avait au début de janvier 1960 participé en Colombie, avec d'autres reines de beauté provenant de pays producteurs de sucre de canne d'Amérique latine ainsi que des Philippines et d'Hawaï, à une compétition pour le titre de reine. Elle fut accueillie à son retour aux cris de « Vive la Reine » par la foule alignée le long des rues sur son parcours en voiture décapotable. La reine Claudinette apparut par la suite sur une série de timbres postaux.

La longue queue des syndicalistes se rendant en exil

C'était ironique que le jour même où la Reine de la canne à sucre rentrait en triomphe dans son pays, ces 17 bénéficiaires d'asile, dont la majorité était des syndicalistes considérés comme dangereux par le régime, quittaient l'ambassade du Venezuela pour l'exil.

Une annonce publicitaire placée dans le *New York Times* par le gouvernement haïtien déclarait que l'année 1960 était « L'année de l'expansion économique » et invitait les investisseurs à venir participer au développement d'Haïti. L'année 1960 était censée être l'année du décollage de l'économie haïtienne. Et ce devait être aussi une année décisive en matière d'aide américaine en vue du relèvement d'Haïti.

Selon Harry Warner Yoe, le programme d'assistance technique américaine à Haïti était à l'époque le troisième plus important entrepris par les États-Unis dans l'hémisphère occidental, dépassé seulement par les précédents programmes entrepris en Bolivie et au Guatemala. Le nombre des experts américains en Haïti s'élevait à 92, avait-il affirmé lors d'une interview accordée à *Haiti Sun*.

Le principal projet dans le cadre du Point IV américain portait le nom créole de *Pote Kole* qui veut dire « effort collectif ». C'était un projet de développement intégré d'une zone d'environ 800 km² dans le nord d'Haïti et qui touchait plus d'un demi-million d'habitants. Le but de cette initiative conjointe haïtienne et américaine était d'améliorer la production agricole, la santé et l'éducation, et d'accroître le commerce dans le département autrefois fertile du Nord. L'idée était de concentrer l'effort dans une zone où l'on estimait que des résultats significatifs seraient réalisables. Le projet avait été planifié conjointement par les Haïtiens et les Américains, ces derniers gardaient l'œil sur les dépenses par le biais de contrôleurs du Point IV.

Le coordonnateur du projet Pote Kole était un ex-chef des gardes-côtes d'Haïti, le commandant Robert Bazile, qui était aussi un ingénieur réputé pour sa comptabilité impeccable, tandis que 200 agents haïtiens de vulgarisation agricole travaillaient pour le projet.

Pote Kole produisit en effet quelques résultats impressionnants. À Milot, on pouvait apercevoir au loin sur les collines dissimulées par des nuages, à l'ombre des ruines du majestueux palais du roi Henry Christophe et de la Citadelle, une école pilote nouvellement construite, une ferme de production de semences et un centre communautaire abritant des clubs d'économie domestique pour filles et des clubs 4-H pour garçons. Ces clubs non seulement produisaient des plantules mais faisaient également la reproduction des bovins à l'aide de vaches fournies par les États-Unis. Trois pépinières de cacaoyers avaient été plantées afin de fournir 200 000 plantules aux fermiers de la région d'ici à la fin de l'année. À Cap-Haïtien, des centres de réfrigération et de mise en boîtes des légumes de la région étaient en construction.

Le projet Pote Kole incluait également la construction et la réparation de routes permettant d'acheminer les produits agricoles vers les marchés. Un centre de formation d'aides-infirmiers avait été créé à Cap-Haïtien. Une cinquantaine de jeunes de Milot avaient reçu une formation d'inspecteurs sanitaires à l'issue de laquelle ils partirent à la campagne pour enseigner aux paysans comment construire des latrines avec du ciment fourni par le projet. Des plans avaient été préparés pour ravitailler en eau une douzaine de petites villes. Dans la ville de Grande-Rivière du Nord, un hôpital abandonné était en train d'être réhabilité ainsi qu'un autre bâtiment délabré qu'on envisageait de rénover pour servir de seconde école normale pour Haïti, en complément de l'unique école normale de Port-au-Prince qui ne formait que 40 enseignants annuellement.

Les responsables du projet estimaient que leurs initiatives contribuaient à stimuler l'entreprise privée dans la région. Une société américaine, la West Indies Fruit and Steamship Line de Floride, était en train de développer une bananeraie de 600 hectares et prévoyait d'acheminer les bananes vers les marchés de Floride à partir du port de Cap-Haïtien.

Un groupe de prêtres catholiques qui avaient été expulsés de la Chine communiste étaient en train de créer une raffinerie de sucre dans la région à l'aide d'un crédit de développement de trois millions de dollars octroyé par la US Development Loan Fund. Une nouvelle usine de cordage devant servir à exporter des ficelles d'emballage produites sur la plantation Dauphin de Dérac, au nord de Cap-Haïtien, avait commencé à fonctionner en octobre 1959. Les États-Unis finançaient un projet d'irrigation de 3 200 hectares près des Cayes, dans le département du Sud.

Le projet de développement de la vallée de l'Artibonite qui envisageait de produire du riz pour la consommation locale et des légumes d'hiver destinés à l'exportation était sans doute le projet le plus important que le gouvernement de Duvalier avait hérité de celui de Magloire. Le barrage de Péligre devait permettre d'irriguer plus de 32 000 hectares. L'organisme de supervision du projet qui s'appelait Organisme pour le développement de la vallée de l'Artibonite (ODVA) était dirigé depuis octobre 1958 par Garvey Laurent, un jeune Haïtien de 35 ans, titulaire d'un diplôme en économie agricole de l'Université de Californie à Berkeley, auquel Duvalier avait promis qu'il aurait les coudées franches. L'ingénieur Laurent avait réduit de moitié le personnel de 1 200 employés. Selon lui, le revenu par tête des paysans de la Vallée avait progressé de $ 65 en 1959 à $ 95 en 1960. Le rendement du riz avait augmenté de 907 kg à 1 814 kg par hectare, même sans recourir à l'usage d'engrais. La majeure partie de cette terre était auparavant un désert salin recouvert de cactus et de mesquite, mais après deux lavages par irrigation pour réduire son contenu de sel, suivis d'une irrigation régulière, elle s'était transformée en un immense champ verdoyant et ondulant de riz.

L'ODVA avait exporté 4 500 kg de tomates de qualité supérieure de l'Artibonite vers New York et on s'attendait à récolter 3,5 millions de tomates ainsi que du riz et des piments. Washington annonça l'octroi d'un don de $ 300 000 pour le financement d'une étude de faisabilité et pour la construction de 193 kilomètres de routes à travers la péninsule du sud d'Haïti.

La Garde présidentielle avait entre-temps célébré le premier anniversaire de sa création par un défilé auquel Duvalier avait assisté, assis sur la tribune en compagnie de Gerard Drew, l'ambassadeur des États-Unis, du colonel Debs Heinl du corps des Marines et chef de la Mission navale américaine, et du général Pierre Merceron, chef des Forces armées d'Haïti.

La nouvelle Garde présidentielle reçut de nouveaux uniformes et fut finalement logée, non pas dans des baraques, mais dans l'enceinte même du Palais.

Révolutionnaire et doctrinaire ?

L'organe d'information du Gouvernement révéla que lors d'une rencontre entre le Président et des députés celui-ci s'était lancé dans une diatribe à propos de paysans qui auraient été spoliés de leurs terres : « Nous avions fait la promesse, vous et moi, durant la campagne électorale, de protéger la terre du paysan. » Cependant, même après qu'un comité eut été créé pour résoudre la question des paysans dépossédés, il disait avoir été informé que des évictions similaires continuaient d'avoir lieu à l'Arcahaie. « Sous mon administration, de tels actes ne sauraient être perpétrés (…) rien ne peut empêcher la réalisation du programme de justice sociale que je suis déterminé à réaliser. » (Cela n'empêcha pas Papa Doc lui-même de construire une maison dans la zone de l'Arcahaie à proximité de la principale voie de communication routière entre le Nord et le Sud et de détourner l'eau des paysans pour irriguer sa propriété.)

Papa Doc poursuivit sa diatribe en ajoutant : « Le chef de l'État en moi s'incline devant le révolutionnaire et le doctrinaire. » Bien qu'il y ait eu un débat au Parlement concernant les avantages et les inconvénients relatifs à la productivité des jardins des paysans, Papa Doc dit : « Je préférerais disparaître de la vue du public avec ma propre famille plutôt que commettre un tel sacrilège (celui de priver le paysan de sa petite propriété terrienne).

La villa expropriée de Magloire est transformée en musée

Le président Duvalier donna son accord pour que la luxueuse villa de l'ex-président Paul Magloire devienne le nouveau logis du Musée national d'Haïti. (La maison située à Source Turgeau, que Magloire avait achetée de Caleb Elliott de la Haitian American Sugar Company, avait subi une rénovation élaborée qui aurait coûté $ 500 000. Le Gouvernement avait d'abord cherché à la vendre ainsi que le reste des terres expropriées de Magloire mais, n'ayant pas trouvé de preneurs, avait décidé de la transformer en musée national.)

Dans les belles et fascinantes pièces aux murs et aux plafonds richement décorés où le vice-président des États-Unis, M. Richard Nixon, avait séjourné, la collection des œuvres du musée était accessible au public. Les murs et les plafonds savamment décorés brillaient grâce à un système compliqué de candélabres. Les spacieuses chambres de la villa constituaient un parfait décor où étaient exposés la collection nationale ainsi que divers articles rares ayant appartenu à l'ancien propriétaire exilé de la villa.

Si la villa expropriée de Magloire portait un message à l'intention des présidents haïtiens qui n'avaient construit de châteaux que pour être détruits ou, dans ce cas-ci, pour être transformés en musée, le message n'était pas parvenu à Papa Doc. Des rumeurs qui révélaient vraies disaient que Papa Doc avait accumulé en trois ans seulement de vastes propriétés immobilières et conclu l'achat d'une maison résidentielle située sur les hauteurs de Desprez, qui avait une meilleure vue de la ville de Port-au-Prince et de la baie de La Gonâve que la villa voisine de Magloire. La nouvelle propriété de Duvalier fut agrandie à l'aide de fonds généreux puisés dans la caisse publique afin de permettre la construction d'une grande piscine, d'une maison de garde et d'une terrasse soutenue par un mur de soutènement.

Dans un éditorial de *Haiti Sun* faisant appel à des contributions financières pour aider au maintien du musée, nous avions noté que durant le transfert de son ancien site au centre-ville qui avait été endommagé par des inondations « un certain nombre » d'articles de valeur avaient, selon les rumeurs, disparu pour ensuite se retrouver dans des collections privées.

« Le Musée national ne peut pas se permettre de perdre des objets de valeur. Malheureusement, un problème chronique a existé et persiste encore. Ce problème est le manque de fonds. » L'éditorial remarqua que les fonds alloués mensuellement pour l'achat d'articles de collection n'étaient que de $ 100. Les trois guides du musée percevaient chacun un salaire de $ 40 et le transport pour se rendre sur la colline aux pentes les plus raides de Port-au-Prince leur coûtait $ 12. La taxe de $ 0,35 imposée aux visiteurs allait dans les coffres de la DGI et non pas dans ceux du musée et contribuait également à décourager la visite du musée par les enfants. Il n'était pas facile d'encourager les propriétaires de collections privées de prêter des articles au musée car ceux-ci exigeaient des assurances que lesdits articles ne disparaîtraient pas du musée pour être vendus dans les rues. Un article dont on ne s'attendait pas à ce qu'il soit volé était l'ancre très lourde datant de 1492 de la *Santa Maria*, le navire de Christophe Colomb. L'ancre portait un trou sur l'une de ses lames. Un morceau de métal en avait été extrait pour confectionner une médaille qui fut offerte à l'aviateur Charles Lindbergh lors de sa visite historique en 1929.

Le directeur du musée, Gérard Laurent, un historien et écrivain âgé de 37 ans qui avait reçu une formation aux Archives nationales d'Espagne, à Madrid, avait organisé des expositions dans le musée de manière à donner un sentiment profond de l'histoire du pays depuis les temps de l'esclavage.

Dans un article de *Haïti Sun*, nous disions : « L'exposition qu'on voit dans la salle d'attente est touchante. Enveloppant les lignes délicates de la belle sculpture d'une jeune fille esclave, on voit des chaînes et des fers odieux et lourds qui servaient à emprisonner les esclaves et restreindre leurs mouvements. Tout autour de la sculpture, sont exposés dans des encadrements des contrats de vente et des reçus pour le troc des esclaves et, dans un coin, est suspendue au mur la peinture à l'huile d'un maître donnant des ordres à son esclave aux pieds entravés dans des fers. »

Il y avait parmi les articles les plus précieux plusieurs cloches qui avaient servi à proclamer la révolte contre les Français, la fin de l'esclavage et l'Indépendance. Une petite cloche était identifiée comme étant celle qui avait appelé les esclaves à se rebeller en 1791, lors de la cérémonie qui eut lieu sur l'habitation « Le Normand de Mézy » à Morne-Rouge, dans les environs de Bois-Caïman. Une cloche plus grosse était identifiée comme celle qui avait proclamé la fin de l'esclavage en 1793 à Sensay Ennery. On trouvait d'autres cloches qui avaient sonné la célébration de l'Indépendance et la naissance du nouveau drapeau d'Haïti à l'Arcahaie en 1803, ainsi qu'une vieille cloche espagnole datant de 1525. Reposant à côté de la collection de cloches se trouvait un vieux coffre qui avait été utilisé par le roi Henry Christophe pour garder son trésor et ses documents personnels. Une chaise de fabrication artisanale chinoise provenant de la forteresse la Citadelle du Roi Henry Christophe trônait dans un coin sur le plancher de marbre italien du musée.

L'ancien bureau de Magloire était devenu la « Salle de l'Indépendance » du musée dans laquelle étaient exposés des articles de valeur inestimable ayant appartenu aux fondateurs de la nation. S'y trouvaient des objets ayant appartenu à Toussaint Louverture, dont un rosaire, une montre, un revolver et un sabre. Suspendu à un mur, il y avait le sabre de Dessalines. Une fameuse lettre que Napoléon Bonaparte avait adressée à Toussaint Louverture était exposée dans une vitrine. On pouvait aussi voir un magnifique sabre en argent dont le fourreau était gravé de nombreux symboles de la franc-maçonnerie, qui avait été offert à Alexandre Pétion par un groupe de francs-maçons vénézuéliens en reconnaissance de l'aide qu'il avait accordée à Simon Bolivar. Dans la chambre royale spéciale, une boîte en verre contenait le revolver en argent dont le roi Henry Christophe s'était servi pour se suicider alors qu'il était paralysé et menacé par une révolte. Un morceau de mâchoire et de dent est identifié comme étant celui du Roi.

Joseph Chatelain, « Personnalité de la semaine »

Dans le domaine économique, la nomination d'un nouveau conseil d'administration de la Banque nationale d'Haïti était un signe encourageant laissant croire que la politique monétaire d'Haïti gérée par la Banque centrale était désormais entre les mains de cadres compétents. Étant donné la situation périlleuse de l'économie, cette stratégie indiquait que Duvalier avait compris la nécessité d'une bonne gouvernance de cette importante institution.

C'était aussi une indication que tous les cadres compétents ne prenaient pas part à la fuite des cerveaux du pays. Le nouveau président de la Banque centrale, Antonio André, âgé de 50 ans, était un homme d'expérience qui avait servi dans la succursale de la banque située aux Cayes depuis les années 1930. Le renouvellement de l'équipe dirigeante de la banque nous offrit également au *Haiti Sun* l'occasion de mettre en vedette Joseph Chatelain, l'impressionnant nouveau vice-président de la banque âgé de 35 ans, notre « personnalité de la semaine ». C'était Joseph Chatelain qui avait organisé un syndicat des employés de la banque, lequel avait pris part à la grève générale qui força l'ex-président Magloire à démissionner. Il était diplômé en droit de l'université d'Haïti et avait poursuivi des études plus poussées en droit, en sciences économiques et en sciences politiques à la Sorbonne. Durant les onze ans passés à la banque, il avait publié *La Banque nationale, son histoire, ses problèmes,* un ouvrage qui avait nécessité des années de recherche. Au cours de l'année 1955, il avait travaillé à la Banque internationale pour la reconstruction et le développement à Washington. Durant l'entrevue qu'il nous accorda, il expliqua les objectifs du nouveau conseil d'administration de la Banque nationale, qui étaient de maintenir la stabilité monétaire d'Haïti et d'effectuer une utilisation plus productive de l'octroi des crédits par la banque.

Notre choix de la seconde « personnalité de la semaine » s'était porté sur « Peddie » qui avait pendant vingt-cinq ans maintenu la propreté des avions de la Pan Am durant leur escale à l'aéroport Bowen Field de Port-au-Prince. Chaque équipage de Pan Am connaissait cet Haïtien travailleur et avait confiance en lui. Peddie faisait autant partie des meubles de l'aéroport que son directeur, et il me procurait également les journaux étrangers non censurés publiés à Ciudad Trujillo, San Juan ainsi qu'à La Havane, en Jamaïque et à Miami, qui étaient abandonnés dans les avions en transit.

La visite de mon Lord

L'arrivée de Lord et de Lady Beaverbrook constitua un intermède saugrenu. Le bureau du fameux éditeur britannique du *London Daily Express* m'avait informé de l'heure de leur arrivée, mais j'étais moi-même sur le point de prendre l'avion pour Ciudad Trujillo pour y effectuer un reportage. Je m'approchai de l'avion qui roulait encore lentement sur la piste et dès qu'il s'arrêta je frappai à la portière que le pilote ouvrit pour faire descendre l'escalier et me laisser monter. Je me présentai au légendaire baron de la presse imprimée en disant : « Lord, votre homme en Haïti ! » et il répondit : « J'espère qu'on vous donne beaucoup de travail à faire. » Je répliquai : « Pas vraiment, my Lord. Pas beaucoup de nouvelles ces temps-ci pour les lecteurs de Londres. »

Je les informai que je quittais instantanément le pays pour une mission et je souhaitai un bon séjour, quoique bref, au Lord et à sa Lady, puis je m'envolai pour Ciudad Trujillo.

CHAPITRE 2
En mission à Ciudad Trujillo

Haïti et la République dominicaine, deux pays voisins qui se partagent la même île mais que le sang et l'Histoire divisent, vivaient plus que jamais dans l'hostilité. J'avais cependant étendu ma zone de couverture de nouvelles pour mes clients étrangers en y incluant la République dominicaine, et je publiais également dans le *Haïti Sun* des nouvelles importantes sur ce qui s'y passait. Les journalistes de chacun de ces deux pays traversaient rarement, sinon jamais, la frontière pour effectuer des reportages dans le territoire de leurs voisins. Soit ils ignoraient l'autre pays, soit ils rapportaient des rumeurs et des bribes glanées des médias étrangers. Trujillo, le dictateur dominicain, avait utilisé pendant longtemps sa puissante radio Voz Dominicana comme une arme contre Haïti, mais en janvier 1960 sa nouvelle et également puissante Radio Caribe apparut sur le cadran.

Une histoire importante concernant la République dominicaine avait débuté par des rumeurs rapportées par des voyageurs arrivant de Ciudad Trujillo, selon lesquelles il y aurait eu de nombreuses arrestations en République dominicaine. Selon certains témoignages, le nombre atteindrait des milliers. Un attentat contre la vie d'*El Jefe* aurait eu lieu. Je transmettais ces rumeurs à l'Associated Press (AP) à New York ainsi qu'aux autres publications pour lesquelles je travaillais. L'AP, *Time Magazine* et NBC News réagirent en me demandant de me rendre d'urgence à Ciudad Trujillo afin de faire un reportage sur cette histoire. Je fus cependant obligé d'attendre dix jours avant de recevoir le visa me permettant de sortir d'Haïti et d'y retourner. Il devenait de plus en plus difficile d'obtenir un tel visa, Papa Doc ayant décidé de sévir contre ceux qui cherchaient à quitter le pays. Je m'envolai finalement pour Ciudad Trujillo le vendredi 5 février 1960.

Des diplomates latino-américains en poste à Port-au-Prince avaient confirmé que le complot le plus sérieux du règne de trente ans de Trujillo avait effectivement été déjoué mais ils ne fournissaient pas beaucoup de détails. Contrairement à Caracas, San Juan et New York, il n'existait pas à Port-au-Prince d'exilés anti-Trujillo ayant des liens avec des mouvements clandestins à Ciudad Trujillo. Haïti était trop proche et vulnérable aux représailles d'*El Jefe*.

Ce fut *El Mundo*, le quotidien de San Juan, Porto Rico, qui révéla finalement l'histoire. Citant ses sources parmi les exilés dominicains, le journal hispanophone rapporta qu'un attentat contre la vie de Trujillo devait avoir lieu le 21 janvier mais que l'arrestation des suspects, qui avait commencé la veille, le 20 janvier, avait permis de déjouer le complot.

Avant mon départ pour Ciudad Trujillo, je mentionnais dans une dépêche que Joseph S. Farland, l'ambassadeur des États-Unis auprès de la République dominicaine, qui se rendait à Washington pour des consultations, était passé par Port-au-Prince le 28 janvier. De mon point d'écoute en Haïti, j'avais aussi pu finalement confirmer dans des dépêches envoyées au *New York Times* et à l'AP que plus de 1 500 personnes comprenant plusieurs cadres, et dont la majorité était des jeunes, avaient été emprisonnées.

Ma dépêche fut intégrée à un article daté de Washington qui fit la une du *New York Times*. William J. Jorden du *New York Times* indiquait dans son reportage qui citait des sources à Washington que des membres des cercles sociaux proéminents en République dominicaine, y compris des familles ayant bénéficié du règne du Généralissime, étaient impliquées, de même que des membres de la classe moyenne et du secteur syndical. Selon ces sources, il n'y avait aucune indication que les communistes y aient pris part, ni aucun lien entre le complot contre Trujillo et le régime castriste de Cuba que le gouvernement dominicain avait accusé d'avoir aidé dans l'organisation de plusieurs tentatives d'invasion.

L'histoire était en train de se développer. Des exilés dominicains de New York et de Porto Rico se présentaient pour confirmer les arrestations. Ils décrivaient une choquante vague de répression qui avait eu lieu la veille du jour où le complot pour assassiner Trujillo devait être exécuté durant un concours de bétail.

Rafael Trujillo en compagnie du colonel Johnny Abbes Garcia du SIM et du président Joaquin Balaguer sur les marches du Palais national à Ciudad Trujillo.

Au milieu de ce tumulte, un grand coup fut porté contre Trujillo par l'Église catholique de la République dominicaine le dimanche 31 janvier, jour de la fête de Notre-Dame des Grâces. Les arrestations en masse avaient finalement contraint les six évêques de l'Église catholique romaine du pays à intervenir en publiant une lettre pastorale qui fut lue dans toutes les églises du pays. C'était une rupture historique avec le dictateur. Avec des mots bien pesés, ils demandaient que les droits de l'homme soient respectés ; ils conseillaient vivement au régime de « mettre fin aux excès qui, *in fine,* portent préjudice à ceux qui les commettent » ; et ils concluaient en exprimant l'espoir sans équivoque qu' « aucun membre de la famille de l'autorité [c.-à-d. Trujillo] n'ait jamais durant sa vie à connaître les souffrances qui affligent aujourd'hui les cœurs de tant de pères de familles dominicaines, de tant d'enfants, de tant de mères... ».

Il était évident que Trujillo était décontenancé par l'action de la hiérarchie autrefois tranquille de l'Église. Le régime veilla à ce qu'aucune station radio ni aucun journal du pays ne diffuse ni ne publie une seule ligne de la lettre pastorale. Malgré tout, des copies furent introduites clandestinement à San Juan, Porto Rico, et à New York où le sujet fut traité à la une du *New York Times,* tandis que la traduction intégrale de la lettre pastorale apparaissait à l'intérieur du journal.

Je prenais finalement l'avion pour me rendre à Ciudad Trujillo. J'étais en mission pour le compte de *Life magazine* et de *Time Magazine,* mais comme cette dernière publication figurait sur la liste des publications américaines considérées comme particulièrement hostiles au régime, je trouvais prudent de ne pas afficher ce fait. Au contraire, je m'identifiais simplement comme étant le représentant de *Haiti Sun.* D'ailleurs, faire du reportage sur la sauvagerie croissante de la dictature de Trujillo était aussi un moyen de rappeler aux lecteurs de *Haiti Sun* qu'ils ne se trouvaient pas à l'abri d'un tel sort.

34
Nous tirions la chasse d'eau pour étouffer notre conversation

L'agent d'immigration dominicain qui examinait mon passeport me lança hargneusement l'ordre suivant : « Lisez ceci ! » En me tournant pour faire face à l'affiche des règles de l'immigration, je me rendais bien compte qu'on me photographiait secrètement de profil et en pleine face. Victor, le gros portier de l'*Hotel Embajador*, que les correspondants étrangers soupçonnaient d'être un agent du SIM (Sevicio Inteligencia Militar), était là pour m'accueillir avec un sourire et une petite tape sur le dos. À l'époque, nous soupçonnions également, et avec raison, que les lignes téléphoniques internationales ainsi que nos chambres d'hôtel étaient sur écoute. Nous fouillions nos chambres à la recherche de micros cachés sans jamais être sûrs de savoir à quoi ils ressemblaient et prenant soin de parler avec la radio jouant plus fort ou en tirant constamment la chasse d'eau. La paranoïa s'emparait de vous dès que vous atterrissiez dans l'État-prison de Trujillo qui évoquait Big Brother, et elle restait avec vous même après votre départ, vu la difficulté d'échapper aux longs bras d'éventuelles représailles. Il n'y avait pas de râle audible mais le régime se sentait de plus en plus assiégé.

En dépit de son apparence propre, aseptisée, Ciudad Trujillo exsudait un envers laid de tension et de peur qui faisait qu'il y avait très peu de gens dans les rues. Les redoutables agents du SIM, en groupe de trois dans leurs Volkswagen coccinelle munies de longues antennes de radio, détaillaient les automobilistes et les piétons le long de Calle El Conde, ne faisant aucun effort pour dissimuler les canons de leurs fusils San Cristobal.

Faire sauter Trujillo avec ses taureaux

Pendant que nous passions devant l'école catholique Saint-Jean Bosco nous avons constaté qu'elle était sous étroite surveillance. Nous n'avons pas osé y pénétrer de peur d'attirer des ennuis aux prêtres. Le père César Fabre de la Guardia, un prêtre jésuite qui figurait parmi les personnes arrêtées, enseignait à cette école. Des prêtres ainsi que des séminaristes étaient accusés d'avoir pris part au complot contre Trujillo. Les ambassades latino-américaines susceptibles d'offrir l'asile politique étaient interdites d'accès. Afin de décourager les demandeurs d'asile, Trujillo avait fait placer des obstacles tels que des fossés ou de l'asphalte empilé devant les allées permettant d'accéder aux ambassades ainsi qu'aux résidences des ambassadeurs. Un nombre anormal de gens « flânaient » aux alentours du chariot d'un vendeur de crème glacée stationné devant l'entrée de l'ambassade des États-Unis. Le plan pour tuer Trujillo dont nous fûmes informés était en effet une affaire sérieuse : celui-ci devait périr dans une explosion en même temps que ses taureaux de goujon, durant la foire aux bestiaux qui se tenait à une courte distance de la capitale, sur la route qui longe la côte.

Les techniques sophistiquées de surveillance utilisées par le chef du SIM, Johnny Abbes, rendaient la tâche difficile à tout reporter qui souhaitait prendre contact avec des membres du mouvement clandestin sans risquer de les exposer au danger. Plusieurs d'entre eux avaient déjà été arrêtés, et certains auraient été, selon les rumeurs, promptement exécutés. La situation était telle que personne ne faisait plus confiance à personne. Selon certains Dominicains exilés, le mouvement clandestin était constitué par les nouveaux *Trinitarios* qui tirent leur inspiration de l'organisation clandestine créée en 1838 par Juan Pablo Duarte pour lutter contre l'occupation haïtienne. Les comploteurs se firent plus tard connaître sous le nom de *Movimiento Revolucionario de 14 de Junio* (Mouvement révolutionnaire du 14 Juin) qui s'inspire de la date de l'invasion lancée à partir de Cuba en 1959 et qui se termina par un désastre.

L'homme de main du Vatican

Les diplomates en poste à Ciudad Trujillo faisaient des commentaires à propos de l'archevêque Lino Zanini, le nonce apostolique qui avait la réputation d'être un dur. On supposait généralement que le Vatican l'avait affecté à ce poste afin qu'il puisse faire pression sur les évêques dominicains dont le conservatisme empêchait de prendre position contre *El Jefe*. Juan Domingo Peron, l'ancien dictateur argentin, qui vivait à ce moment-là en exil en République dominicaine, disait que Zanini avait été un instrument de sa chute du pouvoir (de Peron) en 1955. Vrai ou faux, en tous cas, après que l'archevêque se fut installé à Ciudad Trujillo, Peron, âgé de 63 ans, arrivé sur l'île une année plus tôt, régla ses comptes avec ses créditeurs au supermarché Wimpy, vendit son scooter Vespa et décampa à destination de l'Espagne avec la jolie Isabelita, à la fois sa secrétaire et sa maîtresse, et les caniches miniatures d'Evita. On prétend que Peron aurait dit à Trujillo de faire attention à Zanini. Le nonce apostolique rejeta ma demande d'interview.

Craignant de rencontrer des difficultés pour expédier mes dépêches depuis Ciudad Trujillo, je pris l'avion pour Miami d'où j'envoyais un article à l'Associated Press indiquant Ciudad Trujillo comme le lieu de rédaction.

« Selon des sources bien informées, le généralissime Rafael Leonidas Trujillo pourrait bientôt redevenir le président de cette République de la Caraïbe où il a exercé un pouvoir absolu pendant trente ans. Il veut revenir à la barre nominalement et, en fait, à cause de la récente découverte d'un complot contre le régime. Son retour aurait pour but d'apporter un soutien psychologique au régime et servirait également à réaffirmer son autorité.

«Luis Suero, le procureur général, a informé que 123 personnes impliquées dans le complot ont été arrêtées et qu'elles sont en train d'être normalement traduites en justice avec la possibilité de bénéficier de l'assistance d'un avocat. Jusque-là, 40 accusés ont reçu des peines de trente ans.

« Des sources bien informées affirment que le nombre de personnes arrêtées s'élève à près de 2 000 et que parmi celles-ci se trouvent des ingénieurs, des médecins, d'anciens diplomates et d'autres individus qui en avaient assez du régime et des conditions économiques qui se détérioraient.

« Le chef du Service d'intelligence militaire, le colonel Johnny W. Abbes Garcia, accusa le régime du Premier ministre Fidel Castro de Cuba, l'ennemi juré de Trujillo, d'être à l'origine du complot.

« Selon Abbes, les comploteurs avaient planifié de faire détoner 200 bombes dans des immeubles de la capitale. Il affirma que le complot avait été déjoué et que les bombes ainsi que les comploteurs avaient été saisis.

« Une lettre pastorale des évêques de l'Église catholique romaine de la République dominicaine lue dans 624 églises à travers le pays le dimanche précédent était considérée comme une affirmation des droits de l'homme et une manifestation de solidarité avec les familles des personnes arrêtées.

« La lettre mentionna « les souffrances qui affligent les cœurs de tant de Dominicains » et dit qu' « une combinaison de potentats humains » ne pouvaient entraver le libre exercice des droits humains.

« La lettre qui avait circulé à l'étranger fut publiée pour la première fois (en Rép. Dom.) ce dimanche dans le journal hebdomadaire interdiocésain *Fides*. Elle était accompagnée de la note suivante :

« Les archevêques et les évêques de la République dominicaine (…) demandent à tous les prêtres de s'abstenir de toute intervention ayant un caractère politique ou qui pourrait altérer l'ordre public, ce qui serait incompatible avec la mission du ministère sacerdotal sacré ou avec la vie religieuse.

« L'envoi à Rome du ministre des Affaires étrangères Porfirio Herrera Baez pour une rencontre avec le secrétaire d'État du Vatican était perçu comme un signe d'inquiétude du régime concernant l'impact de la lettre pastorale sur un pays dont la population était en majorité catholique.

« Cependant, le dimanche à Rome, Herrera Baez nia avoir eu des pourparlers avec les autorités du Vatican au sujet de la lettre pastorale. Il insista qu'il n'y avait pas de sérieuses difficultés dans les relations entre le gouvernement dominicain et l'Église.

« (Le Venezuela se servira de la lettre pastorale au cours d'une réunion de l'Organisation des États américains qui se déroulait cette semaine pour justifier que les libertés étaient supprimées en République dominicaine.)

« Les observateurs virent dans plusieurs évènements ayant eu lieu la semaine dernière des indications du prochain retour de Trujillo à la présidence.

« La presse et la radio avaient lancé une grande campagne pour persuader l'homme fort âgé de 68 ans de se porter candidat à la présidence en 1962 et un grand rassemblement de ses supporters était prévu pour le 21 février [1960].

« Selon les observateurs, un tel lancement précoce d'une campagne en vue d'une élection qui n'aurait lieu que dans deux ans constituait un signal au président [homme de paille] Hector Trujillo, qui avait été réélu pour un second mandat en 1957, afin qu'il tienne compte des prétendues acclamations du public pour son frère aîné et lui rende la présidence.

« Abbes accusa le père César Fabre de la Guardia, un prêtre jésuite et ancien professeur de philosophie au séminaire pontifical Saint Thomas d'Aquin, d'être le leader du récent complot à la bombe, sans toutefois indiquer si le prêtre avait été arrêté.

« Abbes accusa également ceux qu'il qualifiait d'éléments communistes basés à Porto Rico et ailleurs dans la Caraïbe de « distorsion malicieuse » de l'envergure de la conspiration. »

- - -

Pendant mon séjour à Miami, je fus heureux de pouvoir finaliser l'achat d'une presse à plateau Kelly B à la General Printing Equipment and Supply, Inc. pour un coût total de $ 2 029,01 et je m'occupai également de l'assurance et de l'acheminement à Port-au-Prince.

Entre-temps, un ressortissant bien connu de Miami faisait l'actualité sur l'île d'Hispaniola. George A. Smathers, sénateur démocrate de Floride au Congrès américain, âgé de 47 ans, était arrivé en Haïti le 12 février venant de la République dominicaine, accompagné de « Bebe » Rebozo (qui sera connu plus tard comme le bon copain de Richard Nixon). Après un entretien avec le président Duvalier, le sénateur Smathers débita aux journalistes qu'Haïti connaissait un grand progrès économique depuis sa dernière visite trois ans plus tôt ; que Duvalier avait réussi à équilibrer le budget et stabiliser le gouvernement ; et que tout cela était important pour favoriser un climat dont les agences gouvernementales américaines avaient besoin pour aider Haïti. Papa Doc, quant à lui, félicita le sénateur d'être un grand ami d'Haïti.

Trujillo était également d'avis que Smathers était un « grand ami ». Le plus intrigant fut l'entretien du sénateur avec le dictateur dominicain. Smathers annonça que Trujillo lui avait promis de « changer la couleur de ses taches ». « Exactement comme un léopard », plaisanta un journaliste étranger couvrant la visite du membre du Congrès. Le sénateur aurait dit à l'aîné des tyrans de la Caraïbe que s'il changeait effectivement sa nature, il entrerait dans l'Histoire comme étant « le premier dictateur devenu champion de la démocratie » !

Un journaliste travaillant pour le *Miami Herald* dit que Smathers avait mis Trujillo en garde en lui disant que « des vautours communistes du même genre que ceux qui ont envahi Cuba vont prendre le dessus » en République dominicaine, à moins que Trujillo ne prenne le devant en mettant fin à sa dictature. *El Jefe*, qui n'aimait pas qu'on rappelle sa propre mortalité, se serait raidi en entendant les propos du sénateur américain, mais aurait promis d'établir un gouvernement démocratique dans deux ou trois ans.

(George Smathers est mort chez lui en Floride en 2007 à l'âge de 93 ans. On se souvient de lui comme celui qui a voté contre l'importante loi sur les droits civils de 1964 et contre la nomination de Thurgood Marshall à la Cour suprême des États-Unis.)

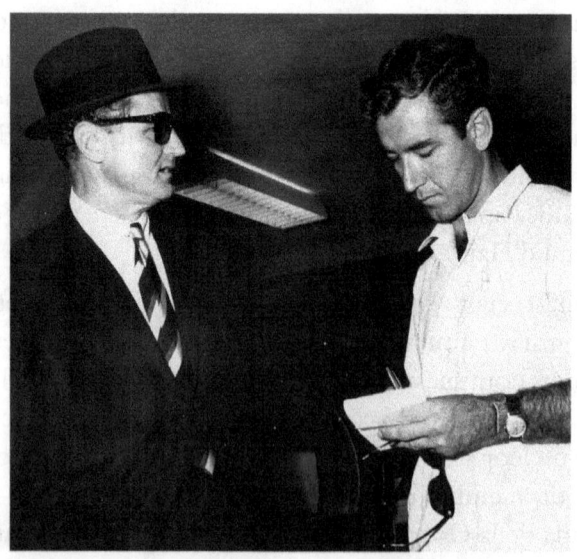

Le sénateur Smathers, un vieux garçon de Floride, qui est réputé avoir un faible pour les hommes forts, est interviewé par l'auteur après sa visite à Ciudad Trujillo.

CHAPITRE 3
La dernière fête de l'amour de Trujillo

Lorsque des médias d'information étrangers qui étaient mes clients m'ordonnèrent de retourner en République dominicaine pour effectuer un reportage sur une grande parade organisée pour Trujillo. Dans une lettre que j'écrivis rapidement à mes parents en Nouvelle-Zélande et que je postai le 13 février 1960, avant mon départ de Port-au-Prince, mon ton était angoissant : « *Time Magazine,* l'AP et NBC m'ont demandé de retourner en République dominicaine la semaine prochaine pour y faire un reportage sur la parade du dictateur Trujillo. J'ai l'intention de faire le voyage au volant de ma propre voiture plutôt que de prendre l'avion. Je n'ai jamais eu l'occasion de traverser la République dominicaine d'un bout à l'autre en voiture et je pense que cela me donne l'opportunité de le faire. À propos, si jamais il m'arrivait d'être liquidé (…) j'espère bien que je serai en état de grâce (dis cela à Stellamaris) [il s'agit de ma sœur religieuse qui veillait à mes besoins spirituels]. Maman, j'ai pris une assurance vie de $17 000 dont tu es la bénéficiaire. En cours de route, je m'arrêterai chez Mgr Thomas F. Reilly que Trujillo a attaqué, pour l'interviewer et peut-être aussi pourrai-je obtenir qu'il bénisse la nouvelle médaille [de saint Christophe] que Stellamaris m'a envoyée. » (Monseigneur Reilly dirigeait la mission américaine rédemptoriste dans la ville de San Juan de la Maguana en République dominicaine. Il bénit ma médaille pendant que nous prenions ensemble un verre de whisky.)

Ce voyage, que j'effectuai seul, au volant de ma Chevrolet rouge et blanc de 1957, s'avéra être un moyen fortuit de visiter le pays. Ce fut l'occasion non seulement de voir un peu plus de la République dominicaine, mais aussi de parler avec des Dominicains ordinaires vivant dans des villages isolés sans avoir à m'inquiéter d'être vu ou entendu par les *Calies* (l'équivalent pour Trujillo des Tontons Macoutes de Duvalier) ou les agents du SIM (Sevicio de Inteligencia Militar).

La traversée de la frontière de Malpasse à Jimani se fit sans problème majeur. L'agent d'immigration dominicain myope passa une heure à consulter la règlementation en vigueur, qui avait subi peu de modification durant les dix ans qu'il avait déjà passés à ce poste frontalier. Quand il me demanda : « Qui est-ce que vous connaissez à Ciudad Trujillo ? » je lui répondis : « Eh bien, il y a le colonel Abbes Garcia. » Il avait naturellement l'air inquiet et après avoir consulté son supérieur à Ciudad Trujillo pour s'assurer qu'il pouvait permettre à l'éditeur du *Haiti Sun* de poursuivre son voyage, il apposa sa signature sur ma carte de touriste puis me confia à l'agent de douane de la localité. Après vérification des documents de ma voiture, il m'invita à partager une bière Presidente plutôt matinale avec lui. (La bière Presidente de la République dominicaine a la réputation d'être l'une des meilleures bières de la Caraïbe.)

Traversant à toute vitesse les plaines salées, chaudes et arides de la zone frontalière et dépassant un derrick monstrueux utilisé pour chercher vainement du pétrole, je parvins enfin à l'autoroute principale menant à Ciudad Trujillo. Il n'y avait presque pas de circulation sur cette route à l'atmosphère inquiétante. Seul le visage omniprésent de Big Brother, le généralissime Trujillo, parsemait le paysage et acclamait le dictateur comme l'être le plus bienveillant du monde et le « Bienfaiteur de la Patrie ». Dans les villes que je traversais, les édifices les plus importants étaient des « palais » d'un blanc éblouissant, hébergeant les bureaux du parti politique dominicain de Trujillo.

Lorsque je traversai les collines sablonneuses et désolées qui séparaient Barahona d'Azua, le moteur de ma Chevrolet se mit à crachoter puis s'arrêta. Après un bon bout de temps, une camionnette fit son apparition et les trois occupants masculins, ayant reconnu la plaque d'immatriculation haïtienne, m'offrirent leur assistance. Disant seulement qu'ils étaient des habitants de Santiago de los Caballeros, ils réparèrent le carburateur et continuèrent leur chemin. Dans un éditorial de *Haiti Sun* intitulé « Courtoisie routière », je rendis hommage à ce trio d'inconnus. L'éditorial me servait aussi d'alibi au cas où Johnny Abbes aurait des soupçons concernant le retard que j'avais pris en route, car grâce au système de communication par radio qu'il avait établi avec les postes de police et de l'armée le long des routes, il était en mesure d'être informé de la localisation d'un automobiliste à tout moment.

L'auteur photographié devant le poste de douane de Jimani à son entrée dans le fief de Trujillo.

Pendant une pause café que je prenais dans la ville de Bani, j'essayai d'abord de me rendre sympathique en cherchant à connaître l'endroit où était né Maximo Gomez, un natif de la ville qui devint un héros de la guerre d'indépendance de Cuba. Je tentai ensuite de changer de sujet en mentionnant la rumeur selon laquelle le gouverneur de la province avait dû arrêter son fils et sa fille soupçonnés d'appartenir à l'organisation clandestine anti-Trujillo. Tout le monde se tut dans le petit restaurant.

Il y avait en tout dix points de contrôle, se trouvant surtout, dans chaque ville, avant les forteresses peintes en vert de l'armée. La vérification était effectuée par des soldats portant des casques d'acier et des officiers de la Police nationale portant des uniformes gris.

J'arrivai finalement à l'Hotel Embajador de Ciudad Trujillo où je rejoignis Edward C. (Ned) Burks, autrefois du *Baltimore Sun*, mais maintenant au service du *New York Times*. Il était venu faire un reportage sur l'actualité en République dominicaine et avait eu un bref entretien avec Trujillo. Nous éprouvions tous les deux des difficultés à entrer en contact avec les membres du mouvement clandestin anti-Trujillo, dont plusieurs étaient incarcérés.

Burks suggéra que nous nous rendions en voiture à Santiago de los Caballeros pour prendre contact avec une source dont on lui avait communiqué l'adresse complète. Il proposa d'emprunter des routes secondaires afin d'éviter d'être pris en filature par des agents du SIM de Johnny Abbes ou par des Calies.

Burks était quelqu'un d'amusant et, bien que je lui aie prédit que cette adresse d'une source clandestine était probablement une blague étant donné le contrôle policier très serré du pays, nous entreprîmes une petite excursion par des routes secondaires défoncées. Nous n'étions pas surpris de constater que les gens ne voulaient pas s'ouvrir à nous. Des enfants nus jouant devant de petites maisons d'habitation criaient « *Viva El Jefe !* » à notre passage, croyant qu'une grosse voiture comme la mienne ne pouvait appartenir qu'à Trujillo. Nous étions bien naïfs, car Johnny Abbes, dont les hommes avaient des yeux et des oreilles partout, n'avait aucune difficulté à nous surveiller.

Nous fûmes finalement obligés de retourner sur la route principale et, à notre arrivée à Santiago, l'une des villes les plus pittoresques des Amériques, nous pûmes localiser l'adresse que nous cherchions. Elle correspondait à un terrain vide. Burks ne put s'empêcher d'émettre un juron, tandis que quelqu'un, quelque part, était certainement en train de rire. Et pour couronner le tout, plusieurs véhicules chargés de jeunes gens, sans aucun doute au service d'Abbes, tournèrent autour de la place centrale de la ville en criant « *Viva Trujillo !* » avec un ton de moquerie chaque fois qu'ils passaient à côté de nous. Comme on nous surveillait de trop près, nous décidâmes de ne pas passer la nuit à Santiago car cela ne servirait à rien. Sur le chemin du retour à Ciudad Trujillo, Burks, qui aimait le rhum dominicain, laissa imprudemment tomber une bouteille vide au moment où nous arrivions à toute allure au poste de police. Craignant que les gardes ne pensent que nous venions de rater l'explosion d'un cocktail Molotov, je m'empressai de leur dire que nous avions tout simplement jeté la bouteille. En fait, nous nous inquiétions pour rien. Ils savaient qui nous étions et se contentèrent de prendre note de notre passage, et nous laissèrent continuer notre voyage. Le pays tout entier était sous surveillance.

Le lendemain matin, je me rendis au Palais national pour répondre à la convocation du ministre sans portefeuille Manuel de Moya. Un bel homme affable ayant les manières d'un cadre administratif qui m'accueillit en disant : « Comment avez-vous trouvé Santiago ? » Je n'étais guère surpris. Je répondis en faisant les louanges de la ville et lui disant que franchement je préférais Santiago à Ciudad Trujillo. J'avais de bons rapports avec le ministre de Moya que j'avais rencontré plus d'une fois à l'aéroport de Port-au-Prince. Il m'avait convoqué pour me faire un briefing sur la situation et, lorsque notre entrevue prit fin, il me donna le conseil suivant : « Je vous souhaite un bon retour en Haïti. Conduisez avec prudence. Nous ne souhaitons pas qu'il vous arrive un accident. »

Le défilé monstrueux que le dictateur Trujillo avait commandité pour le 21 février 1960, afin de signifier son intention de retourner à la présidence officielle en 1962, était un évènement impeccablement organisé mais d'un excès grotesque. Il avait cédé le poste à son jeune frère Hector, surnommé « Negro », mais voulait à présent reprendre les commandes du pouvoir. Durant cinq heures et demie, environ un quart de million des sujets du Bienfaiteur défilèrent devant leur tyran au visage sévère, assis sur la tribune couverte installée sur le boulevard George Washington, au bord-de-mer. Le dictateur âgé de 68 ans portait un costume sombre avec une cravate noire et une chemise blanche et pas l'un de ses uniformes militaires de mauvais goût. Il sirotait parfois un verre de brandy, à l'ombre d'un dais et assis sur un fauteuil qu'il ne quitta pas une seule fois pendant la procession. C'était à se demander s'il avait un contrôle extraordinaire de sa vessie ou s'il portait une couchette de qualité industrielle.

La plupart du temps, nous étions debout, Burks et moi, sur la ligne médiane de l'autoroute, en face de la tribune, pour regarder le défilé. Une équipe de tournage de la chaîne de télévision américaine CBS filmait la scène surréaliste. Nous autres journalistes prenions de temps en temps des photos tout en nous demandant si on avait effectivement récupéré toutes les bombes que les comploteurs avaient voulu utiliser contre Trujillo. Des agents étaient là pour repousser rapidement et sûrement la foule lorsqu'elle se pressait trop près de la tribune.

Je me raidis quand je sentis soudainement qu'on me poussait du bout du doigt dans le dos, et lorsque je me retournai, je me trouvai face à face avec Johnny Abbes, le sinistre chef du SIM. Il m'interpella par mon nom de famille et me demanda ce que je pensais de la parade. « *Muy, muy interesante* » (Très, très intéressant), lui répondis-je diplomatiquement. Il arborait sur son visage gras un petit sourire satisfait qui déformait sa moustache. Ce chef du service de renseignement, craint, puissant, malfaisant, avait métaphoriquement beaucoup de sang sur ses mains boudinées. Il s'approcha ensuite de Burks et de l'équipe de tournage de CBS. Chose incroyable, il commença à nous montrer des poèmes que des fillettes portant des robes blanches avaient remis à Trujillo en même temps que des bouquets de fleurs. Trujillo avait ensuite personnellement remis les poèmes à Johnny Abbes en lui ordonnant de les montrer aux journalistes. Les poèmes étaient de typiques éloges scolaires du leader, tels que : les roses sont rouges, les violettes sont bleues, et le Bienfaiteur est le plus grand de tous. Burks et moi prîmes des notes et rendîmes les poèmes au chef du SIM, maîtrisant notre rire jusqu'à ce que nous soyons en sécurité dans ma voiture.

Il n'y avait partout que des représentations de Chapita. Ici, sa tête agrandie accueille les visiteurs se rendant à la foire qu'il avait organisée.

La parade était comme un carrousel, avec des contingents d'hommes, de femmes et d'enfants représentant toutes les classes sociales, y compris l'élite, qui défilaient en cercle autour d'*El Jefe*, le saluant d'un signe de la main quand ils passaient devant la tribune. Des agents d'Abbes, qu'on pouvait identifier par les étuis bombés de leurs pistolets, régulaient le flot des marcheurs avec leurs bâtons, surtout ceux qui traînaient les pieds. Pour les femmes portant des robes bien ajustées et des souliers à talons hauts, garder le pas avec les autres marcheurs devenait une vraie torture. Une procession de fanfares et de groupes musicaux venant de tous les coins du pays jouait à plein volume. Des banderoles proclamaient l'amour du peuple pour « le Leader » et l'exhortaient à redevenir président en 1962. Le spectacle tout entier était purement orwellien. Il était évident qu'on avait mis beaucoup de temps et de créativité dans la réalisation de plusieurs des banderoles qui portaient le visage du Bienfaiteur.

L'armée privée de J. Arismendi (Petán) Trujillo « Les lucioles de la Cordillère » défila devant la tribune en brandissant ses machettes neuves et brillantes. Je notais dans mon reportage pour *Time Magazine* que de temps en temps Trujillo faisaient des signes lents et mous de la main, tel un vieil archevêque aspergeant avec bienveillance ses ouailles d'eau bénite. Après environ six heures, *El Jefe* donnait des signes évidents de fatigue, et on demanda aux marcheurs d'accélérer le pas. Dès qu'ils avaient fini leur tour dans le défilé, on les mettait en autobus pour rejoindre leurs villes et villages respectifs.

Pour retourner en Haïti, je me mis en route aux premières heures de la journée et roulai en direction de la frontière à grande vitesse dans l'espoir d'arriver au poste de contrôle de l'immigration aussitôt qu'il ouvrirait ses portes. Soudain, en abordant un virage, mes phares éclairèrent des wagons d'un train servant à transporter du sucre stationnés en travers de l'autoroute. Afin d'éviter une collision, je braquai de côté, freinai et me retrouvai dans un champ de canne à sucre. Un pneu avait éclaté sous l'impact du bord de la route, mais à part cela, la Chevrolet n'était pas endommagée. Je réussis à ramener le véhicule sur la route, mais je n'étais pas en mesure de remplacer la roue car le cric ne fonctionnait pas. Au lever du jour, une camionnette arriva transportant des hommes qui travaillaient sur le derrick. Ils m'aidèrent à remplacer le pneu, mais refusèrent d'accepter mon offre de paiement. Je leur consacrai également un éditorial de remerciement dans *Haiti Sun* intitulé « Courtoisie routière dominicaine ».

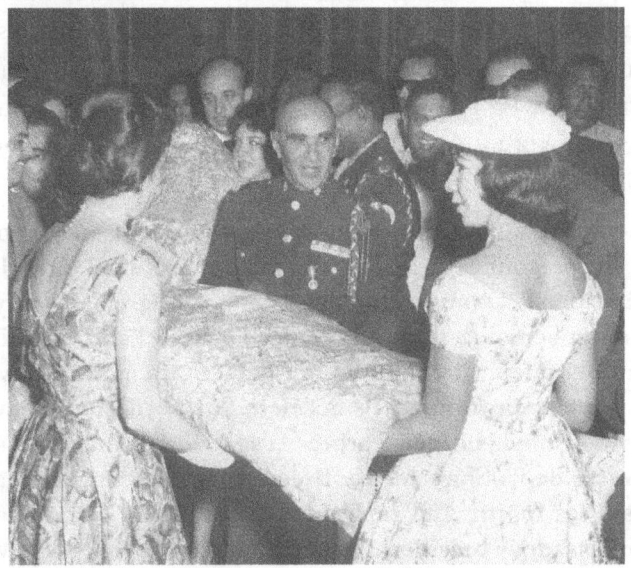

J. J. Arismendi (Petán) Trujillo qui, tout comme son frère Rafael, aimait s'entourer de belles femmes, reçoit ici un cadeau lors de l'anniversaire de sa station de radio très puissante, La Voz Dominicana, utilisée pour attaquer Haïti et Cuba.

Mais ces bons samaritains ne voulaient pas causer, et je remarquai qu'ils jetaient des regards perplexes sur les wagons vides. Je fis demi-tour pour me rendre à la ville de Barahona où je m'offris un somptueux petit déjeuner pendant qu'on réparait le pneu éclaté. Lorsque je repris à nouveau la route en direction de la frontière, le train avait disparu. Je me rappelai alors le conseil que m'avait donné Manuel de Moya, et cela me donna la chair de poule. Longtemps après, durant la période post-Trujillo en République dominicaine, un agent du SIM dominicain à qui je racontais comment j'avais failli perdre la vie en roulant à grande vitesse réagit en disant : « Pourquoi pensez-vous qu'il y avait un train stationné au travers de l'autoroute à ce moment de la journée ? »

Time Magazine publiait, le 7 mars 1960, un article basé sur mon reportage en République dominicaine, qui était accompagné d'une photo montrant un groupe d'employés de l'Hotel Embajador portant un grand panneau sponsorisé par les propriétaires d'hôtels et de restaurants. La bannière représentait le portrait d'*El Jefe* resplendissant, coiffé d'un chapeau à plumes, et proclamant : « Avec Trujillo en 1962. » L'article cependant mit l'accent sur autre chose :

« **Ayant appris que leurs noms figuraient sur la longue liste de personnes à arrêter du dictateur Rafael Trujillo, un groupe de 17 Dominicains appartenant à la classe moyenne décida la semaine dernière de se mettre à l'abri en utilisant des armes à feu. Circulant tranquillement un matin à travers la ville dans deux voitures, ils accélérèrent, sortirent de l'avenue Maximo Gomez bordée d'arbres et se garèrent sur l'allée située à l'entrée de l'ambassade du Brésil. Un policier dominicain fit feu sur les fugitifs qui répliquèrent avec leurs deux pistolets. L'ambassadeur brésilien se rendit compte, après avoir vérifié leurs identités, qu'il s'agissait d'un médecin, d'avocats, de fonctionnaires et d'étudiants.**

« **Comme l'asile diplomatique accordé à des opposants politiques constitue l'un des droits et avantages que le généralissime Trujillo ne reconnaît pas, ces réfugiés de l'ambassade brésilienne ne pourront probablement pas bénéficier avant longtemps d'un sauf-conduit leur permettant de sortir du pays. Lorsque, suite à la rupture des relations diplomatiques entre** le Venezuela et la République dominicaine, l'ambassade de l'Équateur assuma la responsabilité du bâtiment et des fugitifs qui s'y trouvaient [ambassade du Venezuela], des « travailleurs routiers » de Trujillo creusèrent de profonds fossés en travers de la route pour empêcher tout trafic vers ou hors de l'ambassade.

« La fuite des réfugiés vers l'ambassade du Brésil était un symptôme de la continuation par Trujillo de mesures répressives contre l'opposition après le complot de janvier visant à assassiner le dictateur et tramé par des Dominicains appartenant à l'élite et à la classe moyenne. »

Time Magazine reprit ma description de la parade « patriotique » d'*El Jefe*, mais, malheureusement, au grand mécontentement des employés de l'Hotel Embajador, ils choisirent de publier leur photo en train de défiler avec une affiche du « bien-aimé » *El Jefe*.

De toutes les photos que j'ai prises de la parade de Trujillo, *Time Magazine* a sélectionné celle-ci qui a soulevé la colère des employés de l'Hôtel *Embajador*.

CHAPITRE 4
Bombarder Cuba ?

À la une du numéro de *Haiti Sun* paru le mercredi 24 février, 1960 – car nous étions revenu trop tard de Ciudad Trujillo pour pouvoir le publier le dimanche 21 – on pouvait lire ce titre : « Haïti dément les allégations des États-Unis : les raids de bombardement de Cuba ne proviennent pas de l'île. » Selon notre article : « Cuba et les États-Unis s'accusent mutuellement à propos de la localisation de la base aérienne utilisée dans la série récente de bombardements des plantations et des usines de sucre cubaines.

« Actuellement Cuba émet l'hypothèse que les avions ayant pris part à ces excursions sont partis de la Floride, tandis que le Département d'État américain suggère fermement trois pays de la Caraïbe comme points de départ des avions bombardiers : Haïti, la République dominicaine ou les Bahamas. »

Le point de vue du Département d'État était présenté dans un article du *New York Times*. Cependant, l'idée qu'Haïti pourrait avoir servi de base pour de telles attaques fut rejetée par une source militaire haïtienne qui observa que non seulement les deux aéroports existants sont sous vigilance militaire stricte, mais qu'ils sont dépourvus du dispositif d'éclairage nécessaire pour les vols de nuit et que, de plus, des barils d'essence vides sont installés sur la piste afin d'y empêcher tout atterrissage.

En outre, l'article du *Haiti Sun* attirait l'attention sur le fait qu' « un haut placé du gouvernement haïtien a fait remarquer que le gouvernement Duvalier désire garder la neutralité et se tenir à l'écart de toute dispute dans la Caraïbe ».

« Dans un éditorial publié en première page de son édition d'hier, le journal *Le Matin* affirme que Cuba désire normaliser ses relations avec Haïti et que le ministère des Affaires étrangères de Cuba a déjà sondé le gouvernement haïtien dans la perspective de l'envoi d'un nouvel ambassadeur. L'éditorial ajoutait qu'Haïti accepterait probablement la proposition cubaine si Cuba s'engage à respecter les règles diplomatiques et s'il y a des assurances mutuelles de respect, de fair-play et de non-ingérence dans les affaires internes d'Haïti. »

« Techniquement, les relations diplomatiques entre les deux républiques voisines n'ont jamais été rompues ; cependant les deux pays ont retiré le personnel de leur ambassade respective à la suite du débarquement dans le sud d'Haïti d'un groupe de 31 hommes menant une invasion depuis Cuba, au mois de juillet dernier. » (En fait, le consulat d'Haïti à Santiago de Cuba, dont le consul était Lamy Camille, n'a fermé ses portes qu'en 1961.)

L'édition de *Haiti Sun* du 20 mars contenait une petite note concernant Cuba tirée de *Haïti Journal*. Roussan Camille, qui signe régulièrement une chronique intitulée « Regards » dans *Haïti Journal*, fait un commentaire sur l'arrestation de quatre exilés haïtiens le 1er mars à Santiago de Cuba. Selon Camille : « Le deuxième bureau des Forces armées d'Haïti savait depuis fin février que des armes et de l'équipement étaient destinés à un commando préparant une seconde expédition d'assassins contre notre pays. »

Les bombardements aériens avaient lieu à un moment où la tension montait entre Washington et La Havane. Vers la fin de 1959, Philip Bonsal, alors ambassadeur des États-Unis à Cuba, déclarait dans un télégramme au Département d'État que la « situation ici s'est détériorée considérablement au cours de la semaine dernière ». L'ambassadeur Bonsal mentionnait les efforts entrepris par Washington pour bloquer la vente de jets à Cuba par la Grande-Bretagne, la possible réduction du quota de sucre cubain et les bombardements de La Havane et d'autres endroits du pays par des avions prétendument basés en Floride. Ayant en soi des conséquences désastreuses, ces développements ont été grandement exagérés vu la manière hostile dont Castro les a traités durant ses apparitions à la télévision. »

Plus tard, au mois d'octobre 1959, le Département d'État et la CIA soumirent au président Eisenhower un programme lui recommandant de donner son approbation pour « accorder un soutien à des éléments opposés au régime de Castro à l'intérieur de Cuba, en procédant de sorte que la chute de Castro semble être le résultat at de ses propres erreurs.

Eisenhower donnera son approbation au début de 1960 à ce qui deviendra éventuellement la Baie des Cochons. Au même moment, des exilés cubains anticastristes, dont plusieurs étaient d'anciens militaires du régime de Batista, envahissaient de plus en plus le sud de la Floride, et certains d'entre eux étaient déterminés à faire tout ce qui était en leur pouvoir pour renverser Castro.

Souvent pour leur compte, et en certaines occasions avec des mercenaires américains, ils lancèrent des raids aériens ainsi que des attaques par voie maritime contre Cuba, à partir de bases situées au sud de la Floride.

CHAPITRE 5
Duvaliéristes contre duvaliéristes

De retour à Port-au-Prince après le voyage qui faillit me coûter la vie, je me trouvais bientôt en train de faire un reportage sur une directive présidentielle de Papa Doc. Celle-ci avait été rendue publique le 10 mars 1960, à la suite d'une autre série de querelles intestines et mortelles parmi les partisans de Duvalier. Les disciples de Doc avaient tendance à ne faire front commun que lorsque leur gouvernement collectif était menacé, autrement ils se comportaient comme des crabes dans un panier – celui d'entre eux qui grimpait le plus haut était ramené dans le panier par les autres.

La nouvelle directive de Duvalier dénonçait avec virulence des fonctionnaires arrogants, des pilleurs des caisses de l'État et leurs complices. Dans son édition du 10 mars, le *Haïti Sun* utilisa les caractères les plus gros pour titrer son article à la une du journal comme suit : « Deuxième directive présidentielle : fonctionnaires escrocs dénoncés sans détours. » La directive reflétait remarquablement la situation à laquelle Duvalier devait faire face concernant ses propres partisans. Plusieurs d'entre eux, qui s'étaient portés volontaires pour joindre les échelons les plus bas des Tontons Macoutes, étaient issus de la lie de la société. D'autres étaient de flagrants opportunistes qui n'étaient intéressés que par la possibilité de moissonner du lucre en faisant partie du régime. Duvalier était en fait sérieux et en colère.

Condamnant « l'arrogance des agents de l'État qui s'enorgueillissent de leurs fautes et de leurs exploits », le Président déclara : « Le peuple ne m'a pas élu pour distribuer des faveurs à de faux citoyens dont l'ambition est de rechercher, de récolter et de multiplier pour eux-mêmes des avantages de toutes sortes. » Il ajouta :

« Beaucoup d'entre eux se soucient peu de leur mission et de leurs devoirs ; leurs postes ne sont que des instruments, des mécanismes au service de leurs objectifs malhonnêtes. S'ils ne pillent pas les autres citoyens en faisant de la justice un trafic ignoble, s'ils ne se servent pas de la loi pour satisfaire leur haine personnelle ou pour saboter les efforts de réconciliation que le gouvernement a généreusement poursuivis, alors ils utilisent la menace pour provoquer la peur et ils se servent de moyens qui déshonorent notre révolution et la philosophie morale du gouvernement. »

Puis le Président conclut par cette menace : « Je suis déjà en possession d'un dossier bien rempli. »

Était-ce simplement une tactique de Duvalier pour exonérer son régime des crimes commis durant les deux ans et demi passés ? Avait-il réellement pris conscience de la nécessité de contenir ceux des membres de son gouvernement qui étaient des gangsters et des parasites attirés non pas par des idéaux mais par la promesse de pillage ? La pratique du pillage par le parti au pouvoir était coutumière dans la politique haïtienne ainsi que dans d'autres pays de l'Amérique latine. Les duvaliéristes se débrouillaient pour trouver de l'argent leur permettant de se procurer des voitures et de nouvelles maisons. Des délégations gouvernementales assistaient à toutes les rencontres multinationales, gouvernementales ou sportives et dépensaient avec libéralité. Même les Tontons Macoutes du plus bas échelon devenaient prospères en vendant de la « protection » aux hommes d'affaires qui n'étaient que trop contents d'avoir leur *makout* personnel.

Le mardi gras demeure encore l'événement le plus important de l'année pour le commun des Haïtiens, et au *Haïti Sun* nous avons consacré une couverture complète aux trois jours de carnaval qui sont traditionnellement des jours d'abandon. Et ce furent en effet trois jours de festivités bruyantes. La différence avec les précédents carnavals était une présence policière beaucoup plus forte et des moqueries plus contenues à l'endroit du gouvernement.

Il y eut un défilé de chars bien décorés et de groupes jouant de la musique populaire ainsi que des clubs carnavalesques portant des costume aux couleurs vives, tels que Dérangé, Dragon, Diabolo et Ti-Ta-To en concurrence les uns avec les autres et dont la rivalité prit souvent le dessus et causa plusieurs altercations.

Dans notre reportage nous prenions soin de respecter le ton ironique du carnaval. L'article d'*Haïti Sun* relatait ainsi les choses : « Vêtus de chemises jaunes et de pantalons noirs, les membres du club Ti-Ta-To dansaient et marchaient autour d'un char bâti comme une forteresse et qu'on appelait "Fort-Jacques." Le fort était hérissé de mitrailleuses en bois de dimension démesurée et plusieurs membres de l'armée Ti-Ta-To étaient équipés de casques, de fusils et de cartouchières contenant des balles également en bois. Malheureusement, il semble que pendant le défilé du lundi des membres de ce groupe, environ 200 personnes, se laissèrent emporter par leur enthousiasme et commencèrent à lancer une volée de pierres dans la foule dense des spectateurs alignés des deux côtés de la route du cortège. Ils faisaient également exploser des pétards bruyants qui finirent par causer la dispersion de la foule.

Des policiers apparurent sur la scène suivis d'un véhicule blindé surmonté de mitrailleuses (qui n'étaient pas en bois) et ils mirent vite fin aux troubles en tirant des coups de pistolet en l'air. Les festivités du lundi furent suspendues après cette altercation, mais elles reprirent le mardi soir avec un club Ti-Ta-To plus contenu que pendant les jours précédents.

Il n'y eut pas de rapport officiel sur le grand événement qui s'est déroulé cette nuit du lundi, second jour du carnaval. La famille présidentielle, y compris Jean-Claude, assistait au défilé à partir d'un poste d'observation au centre-ville au moment où la volée de pierres avait débuté dans les rues et que la police commença à tirer des coups de pistolet en l'air pour disperser la foule. La police fit également venir des Casernes Dessalines un véhicule blindé pour escorter le Président et sa famille au Palais. La rumeur se répandit très vite que quelqu'un aurait attenté à la vie de Duvalier.

Pendant que j'observais les soldats et les policiers en train de vider les rues, j'entendis une grande explosion venant du côté du Palais et des Casernes Dessalines. Je parvins à me rendre rapidement sur le lieu de l'explosion, laquelle avait projeté la petite voiture Vauxhall Victor de Clément Barbot sur le trottoir, à moins d'une centaine de mètres de l'entrée des Casernes Dessalines. Des policiers et des soldats avaient déjà enlevé du trottoir le corps de Paul Nicolas, un caporal des Forces armées d'Haïti, qui était l'un des principaux assistants de Barbot. Avant qu'on n'ordonne à notre groupe de curieux d'évacuer les lieux, j'eus le temps d'observer que le pare-brise arrière de la voiture semblait avoir été brisé par des balles.

Dans son bref rapport de l'événement, la police omit de faire une mention quelconque de Barbot. Le *Haïti Sun* avait rapporté l'évènement de la façon suivante : « Un caporal de l'Armée d'Haïti a connu une mort prématurée dans la nuit du lundi au cours de ce que les autorités affirment être un accident.

« Le caporal Paul Nicolas, un soldat d'allure soignée, a été tué par l'explosion d'une grenade, sur le trottoir en face de la statue du président Alexandre Pétion, au bord de la grande avenue menant aux Casernes Dessalines.

« On ne dispose pas de beaucoup de détails concernant ce violent accident, mais on sait que le caporal Nicolas conduisait une petite Vauxhall Victor immatriculée 2502 qui, selon le témoignage des officiers de police présents sur les lieux, appartenait à la police.

Clément Barbot, le secrétaire du Président, brandissant son pistolet-mitrailleur favori, la main sur la gâchette. Il avait perdu la faveur du Président à son retour d'Allemagne et fut éventuellement remplacé par Jean Tassy dont la réputation était encore pire.

«Vers 8 h 30 dans la nuit du lundi, environ une heure après que la police eut été alertée et dispersé la foule assistant à la parade du carnaval à cause des gens qui lançaient des pierres sur la foule, la voiture Vauxhall transportant trois soldats frôla une autre voiture de police et dérapa en travers de la chaussée pour se retrouver sur le trottoir.

« Le choc de la collision aurait éjecté le caporal Nicolas de la voiture et l'aurait projeté sur le trottoir où il atterrit en même qu'une grenade à main qui explosa et le tua instantanément. L'explosion d'une grenade ne fait pas de doute. Le devant de la voiture était sérieusement endommagé et largement criblé de trous causés par des fragments de la grenade explosée ainsi que la vitre du côté droit à l'arrière de la voiture.

« Peu de temps après l'incident, les pompiers furent appelés pour nettoyer le trottoir. Les funérailles du caporal Paul Nicolas eurent lieu le mercredi. »

Personne ne crut à la version d'un accident et les rumeurs allaient bon train concernant la version selon laquelle Barbot était celui qu'on cherchait réellement à éliminer et que Nicolas aurait été tué parce que les assassins s'étaient trompés et l'avaient pris pour Barbot.

Au cours de la même semaine, un autre article à la une de *Haiti Sun* était titré comme suit : « Meurtre de Rousseau : Avertissement à tous les ardents duvaliéristes ? »

L'histoire qui accompagnait ce titre était un post-scriptum sinistre aux tragédies qui avaient gâché le carnaval.

Durant la nuit du Mercredi des cendres, le 2 mars, le jour même où on venait d'enterrer l'homme de main de Barbot, le Dr Roger Rousseau, un médecin âgé de 45 ans et important duvaliériste qui habitait sur l'avenue Muller non bitumée, rentra chez lui et, comme à l'accoutumée, gara sa voiture au bord de la rue et s'assoupit pendant une dizaine de minutes. Il sortit ensuite de la voiture pour gagner sa maison en traversant la rue. Son épouse et des voisins l'entendirent parler à quelqu'un dehors puis dire à haute voix et d'un ton choqué : « Mais qu'est-ce que je vous ai fait ? » Comme il prononçait ces mots, on entendit une rafale de mitraillette, et lorsque sa femme et plusieurs de ses huit enfants parvinrent à lui, ils trouvèrent le corpulent docteur Rousseau mort, abattu presque à bout portant, sa tête et son torse littéralement criblés de balles.

Le docteur Rousseau, ancien chef du département d'urologie à l'Hôpital général, était le directeur général du ministère de la Santé publique et venait récemment d'être nommé membre du Grand Conseil technique, un organe consultatif. Lui et son frère André Rousseau, le procureur général de la République, comptaient parmi les tout premiers supporters de la candidature de Duvalier. Les deux hommes étaient considérés comme des potentats duvaliéristes qui prenaient les armes lorsque le gouvernement semblait menacé.

Des duvaliéristes auprès de qui je me suis informé m'ont dit qu'ils pensaient que Barbot avait orchestré l'assassinat mais que Duvalier l'avait peut-être commandité. Barbot était un ami intime du docteur Rousseau au point qu'il se cacha quelques temps chez ce dernier sous le régime de Magloire. Beaucoup de gens, y compris des membres de sa famille, croient que le docteur assassiné ne s'adressait à personne d'autre qu'à son vieil ami Barbot lorsqu'il demanda à son assassin : « Mais qu'est-ce que je vous ai fait ? » Le lendemain de l'assassinat, Papa Doc alla rendre visite à la famille du défunt pour lui offrir ses condoléances, mais pour des raisons de sécurité, selon ses assistants, il ne prit pas part aux funérailles et se contenta d'ordonner à la fanfare du Palais de jouer la marche funèbre.

Jean Magloire, un duvaliériste qui fut successivement ministre du Tourisme, puis ministre de l'Intérieur et de la Défense nationale avant d'occuper son présent poste de directeur de la Loterie, continuait à éditer son magazine hebdomadaire intitulé *Œdipe*. Dans l'une des parutions du journal, il conseillait avec insistance à ses camarades duvaliéristes de tirer la leçon du meurtre du docteur Rousseau qui, selon lui, était un avertissement lancé à tous les duvaliéristes de la ligne de front. Une traduction de la théorie avancée par Magloire apparut dans le *Haïti Sun*. Magloire suggérait que « Jusqu'à ce que la lumière soit faite sur le meurtre de Rousseau, et elle sera certainement faite un jour…, les duvaliéristes doivent être sur leurs gardes à l'égard des « terroristes étrangers » qui ont entrepris de « créer de l'anarchie ».

L'opinion haïtienne interpréta l'intervention de Jean Magloire comme une tentative de stopper les rumeurs selon lesquelles une lutte d'influence intestine et mortelle se déroulait parmi les duvaliéristes. Magloire conseillait que le gouvernement devrait « mettre en application toutes les lois existantes contre le communisme et les activités subversives de l'ordre public et privé ». Il suggérait qu'on fasse « un contrôle strict de tous les étrangers entrant dans le pays car le terrorisme est quelque chose d'entièrement nouveau pour nous et qui a été introduite par des étrangers ».

À l'approche du 1er mai, la fête du Travail, nous nous demandions au *Haïti Sun* quel autre complot contre le gouvernement allait être découvert cette année. L'année précédente, le gouvernement avait annoncé au mois d'avril qu'un autre complot à la bombe, planifié pour le 1er mai, avait été découvert. À première vue, cela avait l'air d'être une opération militaire dirigée contre Papa Doc. Selon les allégations du gouvernement, 143 grenades avaient été découvertes et Robert Deschamps, le dirigeant de la principale imprimerie du pays, l'Imprimerie Deschamps, était impliqué dans cette affaire. En fait, il ne s'agissait pas du tout d'explosifs : les prétendues grenades n'étaient que des morceaux de tuyaux en fer et en aluminium qu'on avait découverts dans une fonderie à Portail Léogâne, dans les environs de la capitale. Cependant, le ferronnier arrêté, qui était un partisan du président exilé Daniel Fignolé et qui travaillait pour l'Imprimerie Deschamps, aurait impliqué Robert Deschamps, lequel se trouvait aux États-Unis depuis un mois pour une visite médicale. En son absence, la police arrêta son frère Jacqui Deschamps. Une semaine plus tard, Paul Blanchet, le ministre de l'Information, rompit son silence habituel pour annoncer que Jacqui Deschamps avait été relâché de prison car l'enquête avait révélé qu'il n'était pas impliqué dans « le complot ». Il défendit l'action du gouvernement en disant que l'arrestation de Jacqui Deschamps « n'était ni un acte discriminatoire ni de l'injustice » ; que le principal complice du ferronnier était Robert Deschamps qui était encore à l'étranger ; et que les deux seraient jugés pour atteinte à la sécurité de l'État. On n'entendit plus par la suite parler du « complot des grenades ».

L'artiste Jasmin Joseph au travail au Centre d'Art. Reconnu internationalement pour son talent, il s'efforça de rester en dehors de la politique.

CHAPITRE 6
La mort d'un informateur dominicain

Faire des reportages dans les deux systèmes dictatoriaux qu'étaient Haïti et la République dominicaine équivalait à écrire le scénario d'un film d'horreur d'Alfred Hitchcock. Il se passait toujours secrètement ou ouvertement quelque chose de terriblement effrayant ou d'inattendu. Le Dominicain Trujillo avait un comportement plus prévisible que celui de son homologue haïtien Papa Doc. Tandis que le caudillo parlant espagnol exhibait ses grandioses projets publics et son contrôle total sur la politique, son homologue, le médecin parlant français de Port-au-Prince, semblait être profondément enraciné dans le passé. Cependant, tout comme les méchants psychopathes d'Alfred Hitchcock, les deux tyrans pouvaient être faussement doux et agréables et ne trahissaient rien de leur indifférence absolue envers toute autre vie humaine. Tous les deux étaient

essentiellement des prédateurs sournois au point que, comme le Big Brother d'Orwell, ils pouvaient se tromper eux-mêmes et prendre leurs propres mensonges pour de la « vérité ».

Chapita (autre nom de Trujillo) recourait à des méthodes innovatrices afin d'empêcher les journalistes étrangers d'en savoir trop sur son régime qui cultivait le mystère. Je m'étais rendu à l'aéroport de Port-au-Prince le 8 mars 1960 pour rencontrer

Edward Burks du *New York Times,* qui arrivait sur un vol en provenance de Ciudad Trujillo. Croyant que sa longue mission à Ciudad Trujillo s'était achevée normalement, je l'accueillais en plaisantant : « On t'a finalement flanqué à la porte ! » Clairement agité et même quelque peu pâle, Burks ne put se retenir et s'écria : « C'est sérieux ! » Je me suis dit que Trujillo s'était une fois de plus manifesté et qu'il y avait là matière à article pour le *Haïti Sun.*

Burks se sentait tellement épuisé par l'expérience qu'il venait de vivre qu'il me chargea d'envoyer à sa place une dépêche pour informer le *New York Times* de son expulsion de la République dominicaine. Voici le contenu de la dépêche que j'ai envoyée :

« *Port-au-Prince, Haïti — Un correspondant du* New York Times *a été effectivement obligé de quitter la République dominicaine aujourd'hui.*

Il a été l'objet de poursuites criminelles desquelles il ne pouvait se défendre sans mettre en péril des opposants au régime dictatorial de la République dominicaine.

Il s'agit du correspondant Edward C. Burks. Il est arrivé ici par avion cet après-midi. Il avait reçu tôt ce matin un coup de téléphone d'une autorité dominicaine lui conseillant de quitter le pays immédiatement.

M. Burks séjournait dans le pays depuis un mois. Au cours de ces deux dernières semaines, il y était le seul journaliste américain.

Ce matin à Ciudad Trujillo on a tenté de signifier à M. Burks sa citation à comparaître qui l'accusait d'outrage envers l'autorité publique et de diffamation de caractère à l'encontre d'un officier de l'armée.

L'officier en question est le lieutenant-colonel Horacio Frias, l'ancien commandant du pénitencier La Victoria.

L'été dernier, le régime avait engagé une action quelque peu similaire contre Tad Szulc du New York Times *qui fut condamné par contumace.*

Le procès de M. Burks est prévu pour vendredi. »

C'était une méthode originale qui permettait non seulement de se débarrasser des journalistes qui s'attardaient trop longtemps dans le domaine de Chapita afin d'entrer en contact avec les membres de l'opposition clandestine, mais aussi de s'assurer que ces correspondants ne pourraient plus revenir et continuer leur reportage tant qu'ils étaient sous la menace d'un procès qui pourrait se solder par un emprisonnement et des amendes.

Cela était déjà arrivé auparavant. Le dimanche 19 juillet 1959, à Ciudad Trujillo, on frappa à la porte de la chambre d'hôtel où logeait Tad Szulc, le correspondant du *New York Times*, un journaliste coriace d'origine polonaise et maîtrisant la langue espagnole. Dans la dépêche que M. Szulc envoya plus tard ce jour-là au *New York Times* à partir de Miami, il décrivit le moyen inventif qui fut utilisé pour l'expulser du pays :

« *Aujourd'hui à 6 h 00 du matin, le présent correspondant a reçu notification dans sa chambre d'hôtel d'un mandat assermenté à l'aube par le président de la Cour criminelle de première instance de Ciudad Trujillo lui ordonnant de comparaître jeudi pour répondre à l'accusation de calomnie et de diffamation envers le brigadier général Maximo Bonetti Burgos, l'ancien chef d'état-major de l'armée.*

« *Dans une dépêche publiée hier dans le* New York Times, *ce correspondant avait écrit que selon des sources dignes de foi, le général Bonetti avait été relevé de son poste de chef d'état-major il y a quelques jours pour n'avoir pas agi avec suffisamment de détermination contre les envahisseurs le mois dernier et parce qu'il envisagerait de s'emparer du pouvoir.*

« *Ce correspondant avait été informé qu'il ne serait pas autorisé à quitter la République dominicaine en attendant le procès. Cependant, au milieu de la journée, l'ambassade des États-Unis, qui avait entrepris des démarches en son nom, fut informée qu'il serait libre de partir immédiatement.*

« *Escorté par un représentant de l'ambassade, ce correspondant a été autorisé à prendre place à bord d'un avion à destination de Miami. Cependant, on lui a signifié clairement que si jamais il remettait les pieds en République dominicaine, une plainte serait portée contre lui.* »

Afin de s'assurer en plus que Szulc ne remettrait pas les pieds dans le pays, le jeudi suivant la Cour le trouva coupable et le condamna à une peine de prison et à payer des dommages et intérêts de $ 50 000 à la partie « offensée », c'est-à-dire au général Bonetti.

Lors de son passage à Port-au-Prince cet après-midi-là, en route pour Miami, j'eus la première et unique occasion de voir ce journaliste coriace dans un tel état de bouleversement. Cependant ce qui le tourmentait plus que sa propre expulsion, c'était la mort de l'une de ses sources d'information.

- - -

Tad Szulc, qui était basé à Rio de Janeiro, était déjà reconnu comme l'un des journalistes les plus tenaces faisant la ronde de l'Amérique latine. Comme tout bon journaliste, il croyait en la nécessité de cultiver de bonnes relations avec des sources au plus haut niveau. Il était sur le point de publier un ouvrage intitulé *Twilight of the Tyrants* (*Le crépuscule des tyrans*) qui paraîtra chez l'éditeur Henry Holt de New York en 1959. (Plusieurs de ses collègues pensaient au contraire qu'un tel titre était prématuré étant donné que la politique en Amérique latine avait tendance à se répéter). Szulc observait dans son ouvrage que six dictateurs avaient disparu de la scène et que « seule la République dominicaine où règne Rafael Trujillo se distingue par sa résistance à l'influence de cette période de changement ». Duvalier, qui n'avait pas encore été classé par le Département d'État des États-Unis comme étant un dictateur à part entière, n'était pas mentionné par Szulc.

Szulc s'était rendu à Ciudad Trujillo au début de juillet 1959 afin de fouiner dans la situation post invasion de la République dominicaine. Les reportages qu'il produisait n'étaient pas du tout du goût de Chapita, tel l'article daté de Ciudad Trujillo qu'il réussit à faire publier en première page du *New York Times* du dimanche 12 juillet 1959. L'article intitulé « La corruption pose un danger pour Trujillo » citait à cet effet des informations non confirmées mais fiables. Dans la rubrique « Nouvelles de la semaine » du *New York Times*, il y avait également un long article analytique envoyé de Ciudad Trujillo par Szulc qui concluait ainsi : « Comme la base du pouvoir dictatorial de Trujillo commence à s'éroder, les préoccupations augmentent de savoir, au cas où ce jour viendrait, s'il serait remplacé par un gouvernement modéré, ce qui éviterait qu'un vide ne se crée et ne favorise le chaos et des politiques irresponsables qui ajouteraient aux troubles de la Caraïbe. »

Trujillo, qui avait pouvoir de vie et de mort sur son peuple, préférait souvent que ses victimes trouvent la mort « par accident ».

Selon certaines sources d'information, Trujillo cherchait à savoir qui pourrait diriger un gouvernement « modéré » susceptible de le remplacer.

Stan Swinton, l'éditeur pour les informations internationales de l'Associated Press, m'avait ordonné plus tôt de me rendre à Ciudad Trujillo. Cependant je ne pouvais pas entreprendre ce voyage car Duvalier avait institué de nouvelles règles d'immigration qui exigeaient des résidents étrangers et des Haïtiens voyageant hors du pays d'obtenir d'un consulat haïtien le visa leur permettant de revenir en Haïti. Ces nouvelles mesures constituaient pour le régime non seulement une nouvelle source de revenu, mais également un moyen supplémentaire de contrôle et une nouvelle façon d'exiler les Haïtiens dont il ne souhaitait pas le retour. Ce décret de Papa Doc eut pendant un certain temps pour effet de décourager tout voyage à l'étranger, particulièrement aux États-Unis dont les règles d'immigration étaient en conflit avec le décret. Après avoir envoyé sa dépêche de Miami, Szulc s'était rendu à Cuba pour y interviewer des exilés de la République dominicaine, après quoi il avait expédié une dépêche le 14 juillet 1959 rapportant que bien que ceux-ci ne planifiaient pas de nouvelles attaques contre Trujillo, ils se sentaient néanmoins « encouragés ».

Le même jour, le sous-secrétaire du ministère des Affaires étrangères de la République dominicaine, Luis Ginebra Hernandez, déclara à la presse à Ciudad Trujillo que des « rapports tendancieux » publiés par des correspondants américains concernant la situation en République dominicaine « jetaient de l'huile sur le feu » de la crise caribéenne. Il accusa Szulc et Joseph A. Taylor, un correspondant de la United Press International, d'avoir récemment publié des dépêches qui étaient à son avis « malhonnêtes » car ces deux journalistes avaient eu l'occasion de constater par eux-mêmes que la situation en République dominicaine était normale.

Une autre dépêche que Szulc envoya encore de Miami annonçait une triste nouvelle. L'article qui fut publié en première page dans l'édition du *New York Times* du dimanche 20 juillet rapportait que Ramon Marrero Aristy, le ministre du Travail de la République dominicaine, qui exerçait « une influence libérale remarquable au sein du régime dictatorial du pays », avait été tué le vendredi précédent, durant la nuit, « dans un mystérieux accident de voiture sur une route montagneuse ». L'article de Szulc laissait peu de doute sur le fait que la victime était l'une de ses sources d'information.

En fait, Szulc et Joe Taylor de l'UPI avaient eu un entretien avec Marrero à Miami seulement quelques jours plus tôt. Ce dernier se rendait ensuite à New York pour inaugurer le bureau des relations publiques de la République dominicaine. Pendant qu'il se trouvait à Manhattan, Marrero reçut un coup de téléphone bref et brusque de Trujillo qui l'incita à faire une déclaration à la presse déniant les informations selon lesquelles il y avait de la corruption en Républicaine dominicaine. Selon Szulc, avant de rentrer à Ciudad Trujillo le jeudi de cette semaine tragique, Marrero lui avait téléphoné à La Havane pour lui conseiller de ne pas se rendre en République dominicaine « jusqu'à ce que l'histoire de la corruption soit oubliée ». De retour à Ciudad Trujillo, Marrero assista à un déjeuner officiel puis, le jour suivant, il mourut « dans un accident de voiture » selon le communiqué diffusé à la radio. (Nous apprendrons plus tard d'une source digne de foi que Marrero avait été tué au Palais national et que son corps et celui de son chauffeur avaient été placés dans une voiture qui fut incendiée. Leurs corps avaient été carbonisés au point d'être méconnaissables, et de toutes les façons, à l'époque on ne pratiquait pas d'autopsie à Ciudad Trujillo.

L'article de Szulc concernant la mort prématurée de Marrero, qui fut publiée dans le *New York Times* du lundi 20 rapportait ce qui suit :

« Sa mort a mis un terme au combat persistant et presque solitaire qu'il menait en faveur d'un relâchement des pratiques strictes du régime dictatorial.

« Comme jamais auparavant, les journalistes étrangers pouvaient travailler librement et sans être censurés en République dominicaine. Ramon Marrero Aristy, ministre et coordonnateur de l'Information, était à l'origine de ce changement. »

Szulc nota cependant qu'après la publication le 12 juillet de son article sur la corruption en République dominicaine, « des restrictions strictes furent placées sur les correspondants ». La dépêche continua ainsi :

« Monsieur Marrero, âgé de 45 ans, était un écrivain, un journaliste et un spécialiste des questions du travail, qui pensait que le régime du généralissime Rafael Leonidas Trujillo Molina ne pourrait survivre à la crise à laquelle il faisait face qu'à condition qu'il se libéralise et élimine la corruption qui se répandait dans les hautes sphères du pouvoir.

« Il y a des raisons de croire que Monsieur Marrero se considérait comme une alternative politique possible en République dominicaine au cas où le régime de Trujillo s'effondrerait.

« Il pensait que sa réputation de partisan du libéralisme le rendrait acceptable aux adversaires du régime, et cela a été confirmé, du moins provisoirement, par ce correspondant au cours des conversations qu'il a eues il y a deux semaines avec des leaders rebelles dominicains à La Havane.

« Le régime dominicain est soumis à d'énormes pressions de la part des opposants à l'intérieur du pays ainsi qu'à Cuba et ailleurs.

« Monsieur Marrero s'était fait beaucoup de puissants ennemis en prônant des changements dans la politique du régime dictatorial, mais il était resté fidèle au généralissime Trujillo, car il pensait que le vieux dictateur âgé de 67 ans était malgré tout la meilleure personne qui pouvait résoudre les problèmes dominicains.

« Monsieur Marrero avait la réputation d'être courageux et franc. En tant que ministre du Travail en 1957, il était tombé en disgrâce après un mois de service pour avoir entrepris une campagne en vue de briser le monopole gouvernemental sur le café, qu'il considérait comme nuisible aux producteurs.

« Monsieur Marrero avait informé ce correspondant, il y a quelques semaines de cela, qu'il avait été "complètement ruiné " financièrement durant sa période de disgrâce. Cependant, au début de cette année [1960], il fut de nouveau nommé ministre du Travail et devint l'un des conseillers les plus importants du généralissime Trujillo.

« Son bureau était situé dans l'enceinte du Palais national à Ciudad Trujillo et on le voyait fréquemment en compagnie du Généralissime. Pour les journalistes étrangers, il constituait le principal lien avec le régime. »

Naturellement, *El Jefe* rendit un hommage approprié à son ministre décédé. Il ordonna au diffamé général Bonetti de prendre la commandement des troupes devant rendre des honneurs militaires aux obsèques de Marrero qui furent, selon *El Caribe,* ceux accordés à un lieutenant général de l'armée. Trujillo n'y assista pas lui-même, mais se contenta d'envoyer une couronne de fleurs portant une dédicace à son « Bon ami et collaborateur efficace ». La scène avait tout l'air d'être tirée directement du dernier épisode du film *The Godfather (Le Parrain).*

Personnellement, j'avais eu très peu de contact avec Marrero, l'ancien éditeur de *La Nación* qui servait souvent d'agent de liaison entre Chapita et les correspondants étrangers, préférant plutôt traiter avec Manuel de Moya, un plus charmant personnage. Contrairement aux autres journalistes employés à plein temps, je disposais d'un compte de dépenses limité et Marrero était un informateur coûteux qui avait la réputation parmi les journalistes d'être un bon vivant aimant son verre d'alcool toujours rempli.

Plus tard, dans le cercle des journalistes, on se demanda si en publiant ses nombreuses dépêches Szulc avait donné suffisamment de temps à Marrero pour couvrir ses traces. Cependant, on pourrait dire que le défunt avait pris des risques et en avait payé le prix, car personne ne connaissait mieux que lui les dangers encourus en parlant à des journalistes étrangers.

Ce n'était pas seulement les journalistes étrangers qui s'attiraient les foudres de Trujillo en sapant ses efforts pour maintenir un contrôle ferme sur les nouvelles. Les diplomates également s'exposaient à des risques. Au début de mai 1960, *El Jefe* déclara Carl E. Davis, le directeur de la US Information Service de l'ambassade des États-Unis à Ciudad Trujillo, persona non grata. Agé de 33 ans, Lewis était en service dans le pays depuis sept mois et était bien informé des manigances qui se déroulaient dans le fief de Trujillo. Après son expulsion de la République dominicaine, Davis, accompagné de son épouse et de leurs deux enfants, transita pendant deux heures à l'aéroport Bowen Field de Port-au-Prince en route pour son nouveau poste à Panama. C'était assez pour que le *Haiti Sun* le photographie et le soumette à une interview durant laquelle Davis expliqua que le gouvernement dominicain avait protesté contre des informations qu'il l'accusait d'avoir fournies à un journaliste britannique.

À Washington, l'irritation contre Trujillo ne cessait de croître, causée par ses machinations contre son opposition interne et externe. En représailles contre la décision prise par *El Jefe* de flanquer Carl Davis à la porte, Washington rappela son ambassadeur, Joseph S. Farland. Originaire de la Virginie de l'Ouest et ancien agent du FBI reconverti dans les affaires, Farland s'était vu attribuer ce poste en 1957 comme un boulot en or pour sa loyauté envers le Parti républicain. Le travail s'avéra cependant plus dur que prévu mais Farland se distingua comme un diplomate à la hauteur de sa tâche, qui noua des relations partout où il pouvait et particulièrement avec l'opposition clandestine contre Trujillo.

Le colonel de l'armée de l'air américaine Manuel J. Chavez, qui avait servi comme attaché militaire à Ciudad Trujillo à l'époque, se rappelle une histoire concernant le départ de Farland ordonné par Washington. Durant la visite protocolaire d'adieu qu'il avait rendue à Trujillo, le généralissime lui aurait dit : « *Adios, ojo de águila* » (Adieu, œil d'aigle) auquel l'ambassadeur américain aurait répondu : « *Adios, ojo de pato* » (Adieu, œil de canard). Sa réponse fit réfléchir Trujillo. C'était évident qu'en tant qu'ambassadeur des États-Unis, Farland représentait les « yeux et les oreilles de l'aigle américain ». Mais qu'est-ce que « œil de canard » à l'endroit de Trujillo pouvait bien signifier ? Trujillo ordonna à Manuel de Moya de se rendre vite à l'aéroport pour demander à Farland qui se préparait à prendre l'avion de lui expliquer ce qu'il voulait dire par « œil de canard ». Selon la blague qui circula plus tard dans Ciudad Trujillo, Farland aurait dit à de Moya : « C'est mon mauvais espagnol – j'ai confondu les mots. Je voulais dire " Adios, hijo de puta "(Adieu, fils de pute.) On ignore si de Moya a effectivement transmis la clarification linguistique de l'ambassadeur à *El Jefe*.

L'ambassadeur Farland et *El Jefe*

Monsieur Farland ne revint plus jamais à Ciudad Trujillo et fut plus tard nommé ambassadeur à Panama. Il mourut en 2007.

- - -

Le journalisme exercé de part et d'autre de la frontière qui traverse l'île d'Hispaniola était loin d'être celui pratiqué dans des sociétés libres. Faire des reportages sur des dictateurs ressemblait davantage à du « journalisme en temps de guerre ». C'était du journalisme aux marges plus que restreintes, confronté aux contraintes les plus ardues. Le Big Brother de George Orwell ne quittait jamais des yeux les machines à écrire. Dans les années 1950, avant l'avènement de Papa Doc, le chroniqueur américain Westbrook Pegler, après une visite effectuée en Haïti, avait comparé la façon curieuse et indépendante dont le *Haiti Sun* faisait ses reportages à du « Mark Twain dans la Caraïbe ». Au cours des années 1960, on avait appliqué les freins. Il y avait une ligne invisible qu'aucun éditeur n'osait franchir à moins d'être suicidaire. Nous étions donc obligés de travailler avec les informations que nous pouvions obtenir. Nous ne pouvions pas toujours répondre à toutes les questions, mais nous étions décidés à faire de notre mieux pour que nos lecteurs soient informés, dans la mesure du possible, de toute l'ampleur de la tragédie humaine qui se jouait sur l'île.

Malgré la peur que l'on éprouvait sous le régime de Duvalier, la République dominicaine sous Trujillo était une société encore plus dangereuse pour quiconque voulait faire du journalisme. Il y avait de bons journalistes à *El Caribe* et *La Nación* [un autre journal appelé *Listin Diario* fut frappé d'interdiction par Trujillo]. Bien que ne pouvant pas dévier de la propagande officielle ni la soumettre à la critique, ils exerçaient leur métier du mieux qu'ils pouvaient. Cependant, des deux côtés de la frontière, il y avait des éditeurs qui pratiquaient la flagornerie, fréquentaient les despotes et qui étaient souvent généreusement récompensés d'une sinécure gouvernementale ou d'un poste diplomatique à l'étranger.

Dans de telles circonstances, nous faisions de notre mieux pour démêler les histoires particulièrement intéressantes, tel ce meurtre dans le style de la mafia qui eut lieu à Mexico et qui fut une fois de plus attribué à Trujillo.

Le 19 juin 1960, sous le grand titre « Comment des tueurs de Mexico ont obtenu des visas haïtiens », le *Haiti Sun* publia l'histoire de deux prétendus tueurs à gages qui avaient réussi à prendre la fuite une fois leur forfait accompli à Mexico à l'aide de visas fournis par l'ambassade d'Haïti au Mexique. Grâce à des sources basées au Mexique et à Miami, le *Haiti Sun* avait pu résoudre l'énigme.

Tôt dans la matinée du 4 mai, à Mexico, un homme appelé Jose Almoina Mateos se rendait à pied à la maison d'édition où il travaillait depuis plus d'une décennie, lorsqu'une voiture Ford de couleur verte le renversa et roula sur sa jambe. La Ford s'arrêta dans un crissement de pneus et, dans le style classique des gangsters, il en surgit un homme de courte taille et au teint foncé, ayant à la main un pistolet automatique de calibre .38 dont il se servit pour tirer cinq coups sur la victime. Il se retourna ensuite en courant vers la voiture qui partit en trombe, avec un homme de plus grande taille au volant. Bien qu'atteint par deux balles à la cuisse droite et d'une autre à l'abdomen, Almoina, qui était un Espagnol robuste et grisonnant, survécut à son agression. Il fut secouru par des passants qui avaient assisté à la scène. Les journaux mexicains rapportèrent qu'au moment où on le transportait vers l'ambulance, Almoina aurait dit aux brancardiers : « Ce sont les hommes de main de Trujillo qui ont fait ça. »

À son arrivée à l'hôpital, Pilar, l'épouse d'Almoina, informa la police que son mari avait reçu non seulement des menaces mais aussi la visite à plusieurs reprises de deux hommes dont la description fournie par des témoins correspondait à celle des exécuteurs de la fusillade. Après qu'il eut recouvré assez de forces, Almoina dit aux enquêteurs de la police mexicaine : « Trujillo avait donné l'ordre de me tuer il y a plusieurs années de cela. C'est à lui que je dois mes blessures. Il m'en veut depuis que j'ai refusé de rédiger un ouvrage critiquant mon compatriote espagnol exilé Jesus Galindez. Un agent dominicain m'a demandé trois fois de produire une attaque contre Galindez et j'ai refusé chaque fois. Cependant, peu de temps plus tard, Galindez disparut. » (Galindez était le fameux exilé anti-Trujillo qui, alors qu'il travaillait comme professeur à l'université Columbia de New York, fut un jour kidnappé et envoyé par avion en République dominicaine où il fut exécuté.)

La police mexicaine se mit à la recherche d'un assassin réputé à la solde de Trujillo connu seulement sous le sobriquet de « El Cojo » (l'Estropié). L'ambassade dominicaine fut placée sous surveillance et tous les aéroports notifiés de surveiller les deux assaillants d'Almoina. Et même plusieurs anciens membres du service secret mexicain furent questionnés.

Almoina était un natif de Lugo, en Galicie, qui avait combattu dans les rangs des républicains contre les nationalistes du général Francisco Franco durant la guerre civile espagnole de 1936-1939. Après un bref séjour en France, Almoina, de même que Galindez et plusieurs autres intellectuels espagnols du camp des vaincus, émigra en République dominicaine où il occupa un poste de professeur d'histoire à l'université de Santo Domingo, à Ciudad Trujillo. Il attira l'attention de Trujillo qui fit de lui son secrétaire privé. Il a été rapporté qu'Almoina aurait dit avoir entretenu avec le dictateur des relations de nature « intellectuelle plus que politique » et qu'ils s'étaient séparés en bons termes lorsqu'il émigra au Mexique en 1947.

Un ouvrage intitulé *Una satrapia en el Caribe* (*Un gouvernement despotique dans les Caraïbes*) parut en 1949 portant la signature d'un certain Gregorio R. Bustamente. Le livre décrivait Trujillo en termes peu flatteurs et révélait plusieurs détails concernant ses intrigues et magouilles internationales. Bien que distribué à Mexico, l'ouvrage avait été publié au Guatemala, commandé par le président du Guatemala de l'époque, Juan Jose Arevalo, et imprimé par les presses du gouvernement.

Les révélations faites dans l'ouvrage avaient suscité la colère de Trujillo qui conclut que l'auteur réel ne pouvait être qu'Almoina, le seul présumé capable de connaître des détails contenus dans le livre.

Même si l'année suivante Almoina publia sous son propre nom un ouvrage flatteur et favorable à Trujillo intitulé *Yo fui secretario de Trujillo* (*Je fus le secrétaire de Trujillo*) qui, contrairement à *Una satrapia en el Caribe*, se vendit très peu, on spécula qu'Almoina l'avait écrit soit pour se racheter d'avoir écrit le livre précédent, soit pour tenir à distance les agents de Trujillo. Quelle qu'en soit la raison, le destin d'Almoina était scellé

Quelque temps après l'attaque perpétrée par les deux tueurs à gages, il sembla qu'Almoina allait rester en vie, mais avant que les enquêteurs de la police mexicaine aient eu le temps de reprendre leur interrogatoire, il mourut.

La police mexicaine révéla que les deux suspects qui détenaient des passeports colombiens avaient réussi à fuir Mexico grâce à des visas octroyés par le premier conseiller de l'ambassade d'Haïti à Mexico, et annonça qu'elle allait mener une enquête sur l'octroi des visas qui avaient permis aux suspects de fuir le pays.

Le reportage de *Haïti Sun* disait ceci : « En réponse aux allégations des autorités mexicaines, le Dr Adrien Raymond, premier conseiller à l'ambassade d'Haïti, a publié un communiqué cette semaine disant que le 3 mai, après la fermeture du bureau de la chancellerie à Mexico, un agent de la Pan American Airways lui téléphona chez lui en le priant d'accorder de toute urgence deux visas touristes à des colombiens en attente de départ. »

Selon le Dr Raymond « les soi-disant passagers se présentèrent chez lui (...) et, conformément à la loi haïtienne, il reçut $ 9,30 en paiement du service sollicité ».

Le Dr Raymond conclut son communiqué en promettant que l'ambassade apportera son soutien total à la police mexicaine afin d'appréhender les coupables au cas où ces derniers atterriraient en Haïti.

Ce n'est que le 3 juillet que le *Haiti Sun* fut en mesure de rapporter que les tueurs présumés d'Almoina ne se trouvaient pas en Haïti mais dans une prison de Miami, en Floride.

Les deux hommes, Francisco Quintana Valdes et Artimio Molina Fernandez, avaient été identifiés comme étant d'anciens agents cubains de la police secrète du régime Batista. Ils étaient détenus à Miami sur un mandat d'arrêt mexicain pour le meurtre d'Almoina, mais ils résistaient à leur extradition en prétendant être innocents. Selon les médias d'information de Miami, ils auraient affirmé avoir accepté « le boulot de tuer Almoina comme le seul moyen de sortir vivant de la République dominicaine ». L'itinéraire qu'ils avaient suivi les avait conduits de Ciudad Trujillo à Mexico en passant par le Panama et Costa Rica. Leur avocat de Miami déclara que ses clients prétendaient qu'ils n'avaient pas l'intention de remplir le contrat et qu'ils avaient même écrit au FBI pour l'informer concernant le « boulot ».

Extradés au Mexique, les deux hommes affirmèrent que, craignant d'être trahis, ils s'étaient rendus à l'ambassade d'Haïti où ils obtinrent des visas. Ils nièrent avoir tué Almoina et prétendirent qu'ils se trouvaient à l'aéroport où ils attendaient leur vol lorsque l'attaque contre Almoina eut lieu.

Les faits qui émergèrent plus tard prirent une tournure très différente. En effet, près de six mois après leur arrestation à Miami, les deux Cubains qui avaient été extradés au Mexique confessèrent qu'ils avaient reçu un paiement de $10 000 offert par un responsable de l'ambassade de la République dominicaine au Mexique pour faire le « boulot ». Le tribunal les trouva coupables et ils furent condamnés à de longues peines de prison.

En République dominicaine, Trujillo cherchait à présenter son visage sous un jour favorable, ne serait-ce que brièvement. Il permit à deux exilés gauchistes, Maximo Antonio Lopez Molina et Andres Marcelino Ramos Peruero, de rentrer au pays et d'ouvrir un petit bureau au deuxième étage d'un immeuble situé sur une avenue du principal centre commercial où ils firent flotter le drapeau rouge et noir du Mouvement populaire dominicain (MPD).

Trois fois par jour, ils se servaient d'un système de sonorisation pour transmettre leur message mais les passants choqués n'osaient pas trop s'attarder pour entendre des protestations anti-Trujillo contre la faim, la pauvreté et les arrestations arbitraires. Bien que l'opposition anti-Trujillo se soit tenue à l'écart des membres du MPD, croyant qu'ils ne servaient que de façade aux efforts d'*El Jefe* pour paraître sous un nouveau jour, Trujillo lui-même finit bientôt par en avoir assez. Une petite foule attaqua et détruisit le bureau peu meublé du MPD en se servant de plusieurs chaises pour en bastonner les membres.

Pour symboliser les aspirations de Trujillo à l'éternité, le sculpteur Juan Cristobal Gonzalez mettait la dernière main à l'une des plus grandes statues équestres. La statue représentant le généralissime en uniforme mesurait 6,7 mètres de hauteur, depuis les sabots jusqu'au sommet de la tête découverte d'*El Jefe*.

CHAPITRE 7
Papa Doc joue avec l'Oncle Sam

Était-il possible d'appliquer une logique à la méthode de gouvernement de Papa Doc ? Quiconque s'ingéniait à faire une analyse complexe de son comportement si contradictoire perdait son temps. Car Duvalier ne faisait que jouer au vieux jeu de poker des saloons du Far West américain. Nous autres journalistes le surnommions entre nous « le jeu de poker de la guerre froide », et à ce jeu Washington était la dupe.

Papa Doc surprit tout le monde lorsqu'il commença au mois de mars 1960 à torpiller systématiquement les projets de l'aide américaine. Les responsables de l'ambassade américaine étaient pris au dépourvu, et dans un briefing au *Haiti Sun* sur la situation, ils soulevèrent la question de savoir si Duvalier ne souffrait pas de paranoïa. Encore récemment, l'ambassadeur Gerald Drew avait exprimé au cours d'une interview accordée à George Beebe du *Miami Herald* son optimisme au vu non seulement de la meilleure performance de l'économie haïtienne comparée à l'année précédente, mais aussi du programme national de création d'emplois.

En fait, la raison du revirement soudain de Papa Doc n'était pas un si grand mystère. Il envisageait effectivement de créer de l'emploi, mais pour les duvaliéristes. Le clientélisme et le copinage motivaient toutes ses actions. Il craignait aussi que les projets agricoles de grande échelle proposés par les Américains n'érodent sa base de support rural.

Duvalier n'éprouvait aucun scrupule à se servir de la souveraineté nationale comme mise d'une partie de jeu quand cela servait ses intérêts. La politique pour lui n'était rien d'autre que l'art de la supercherie, et la souveraineté rien qu'une pièce dans le jeu de pouvoirs. Il avait fait se retourner dans leurs tombes les ancêtres héroïques de la nation. Dans sa quête du pouvoir, au moment où les relations entre Washington et Cuba se détérioraient, il alla jusqu'à offrir aux Américains le môle Saint-Nicolas (en vue de l'établissement d'une base navale) ainsi que l'autorisation d'installer une base de missiles en territoire haïtien. De plus, le fait qu'il ait autorisé les Marines américains à revenir dans le pays par le biais d'une mission de formation était perçu par les Haïtiens comme une insulte à la mémoire de leurs compatriotes qui avaient sacrifié leurs vies en s'opposant aux Marines durant leurs dix-neuf ans d'occupation d'Haïti. C'était comme si Papa Doc avait enfoncé un autre clou dans la porte sur laquelle les Marines avaient exhibé au Cap-Haïtien le corps du chef de la guérilla des Cacos-Charlemagne Péralte. (Effectivement, afin de prouver à la population qu'ils avaient tué Péralte, les Marines avaient exhibé son cadavre qui, aux yeux de certains Haïtiens, prit l'apparence du Christ crucifié.)

Maintenant, sans avertissement, Papa Doc était en train de changer la mise du jeu. Selon un informateur travaillant au Palais, Duvalier avait pris connaissance d'un discours que le président des États-Unis, Eisenhower, avait prononcé à Porto Rico devant un groupe d'étude connu sous le nom de Caribbean Assembly (Assemblée caribéenne). Le président américain avait finalement prononcé cette adresse à l'issue d'une tournée dans quatre pays d'Amérique du Sud. Traitant du sujet de la pauvreté et de l'aide, le président Eisenhower s'était exprimé ainsi devant son audience à Porto Rico : « Les propositions qu'on prend pour des panacées, les solutions faciles, n'apporteront que de la désillusion. L'idée que les États-Unis à eux seuls produiront un super plan pour relever les niveaux de vie à travers l'hémisphère est condamnée à l'échec, car elle a été rejetée par nous ainsi que par les leaders des pays que nous venons de visiter.

« Chaque nation de l'Amérique latine a une situation singulière. Chaque nation doit faire l'analyse de ses propres ressources humaines et matérielles et développer un plan d'action spécifiant ses priorités. C'est alors seulement que les institutions financières bilatérales et multilatérales seraient disposées à lui prêter assistance pour qu'elle accomplisse son progrès (...) Il est évident que la principale responsabilité dans le développement d'une nation incombe à son propre peuple et à ses propres dirigeants (...) »

Duvalier avait, selon notre informateur, pris note des propos tenus par le président Eisenhower.

C'était ironique que les pages de *Haiti Sun* n'avaient jamais tari d'éloges concernant « le vaste programme de renouveau économique en cours » grâce à l'aide américaine, et représenté en particulier par le projet Pote Kole dans le département du Nord ainsi que le projet ODVA de renouveau de la vallée de l'Artibonite. Grâce à ces projets, des tomates récoltées en hiver étaient acheminées aux États-Unis et la construction d'une usine de transformation de tomates dans la vallée de l'Artibonite était envisagée. Au *Haiti Sun*, nous conjecturions qu'il semblait enfin possible que des paysans fermiers haïtiens auxquels on ne pensait pas allaient bénéficier d'une aide dont ils avaient désespérément besoin ; que des enfants accablés de maladies allaient recevoir des soins de santé et que la vie deviendrait meilleure pour quatre millions de ruraux en Haïti.

Le *Haiti Sun* fut malgré tout obligé de publier en grand titre le 20 mars 1960 :

« Conflit autour des licenciements dans l'Artibonite : suspension des fonds destinés à l'OVDA. » Le projet OVDA était à l'arrêt et le jeu avait commencé.

Ce qui était apparemment en cause était de savoir si le conseil d'administration haïtien pouvait sommairement licencier des ingénieurs haïtiens et des responsables travaillant dans le projet contrôlé conjointement et puis les remplacer sans l'accord des partenaires américains impliqués.

Celui qui agissait pour le moment au nom de Duvalier dans ce dossier était Gérard Philippeaux, le grand et beau ministre des Finances et de l'Agriculture. En tant que président du conseil d'administration de l'ODVA, il avait (à la demande de Duvalier) limogé Nicolas Saint Laurent, l'ingénieur haïtien le plus important du projet, qui fut remplacé deux jours plus tard par l'ingénieur Antonio Rimpel. Dans le même temps,

Windsor Day, un important macoute qui se prenait pour un houngan urbain, fut également désigné comme membre du conseil d'administration de l'OVDA. Le ministre Philippeaux, qui refusa catégoriquement d'expliquer le licenciement de l'ingénieur Saint Laurent ainsi que les nouvelles nominations, se rendit dans la vallée de l'Artibonite, accompagné de Lamartinière Honorat, le ministre des Travaux publics, où ils organisèrent une petite cérémonie d'installation de l'ingénieur Rimpel à son nouveau poste.

La vallée de l'Artibonite commençait à prospérer grâce à l'ODVA qui y plantait du riz et même des tomates dont une bonne partie était exportée aux États-Unis. Mais tout cela fut torpillé par Papa Doc qui ne se préoccupait que de procurer des postes à ses fidèles partisans, lesquels s'emparèrent également de terres appartenant à des paysans. Photos montrant une affiche de l'ODVA, des silos de stockage, une jeune ouvrière cueillant des tomates, et des ouvriers préparant une aspersion d'engrais. (Photos prises par l'auteur.)

Harry Yoe, le chef de la Mission des opérations américaines (USOM), indiqua aux autorités haïtiennes que la situation soulevait une question de principe, car en signant un accord commun, ils s'étaient entendus sur les procédures de recrutement et de gestion du personnel susceptibles de procurer à l'ODVA un corps stable de techniciens compétents et ayant de l'expérience et des agents administratifs sélectionnés sur la base de leur talent personnel et leur intégrité.

Le fait qu'Antonio Rimpel ait été limogé de son poste de ministre des Travaux publics durant le remaniement ministériel de juin 1958 et emprisonné à l'époque suite à des accusations de détournement de fonds était apparemment en contradiction avec cet idéal d'intégrité. Il avait été relâché de prison au mois d'octobre suivant sans avoir été inculpé pour utilisation irrégulière de fonds publics. Durant les quatre mois précédant sa nouvelle nomination, l'ingénieur Rimpel travaillait pour la compagnie américaine d'ingénierie chargée de la réalisation du projet d'irrigation de la vallée de l'Artibonite. Il en résultait que sa nomination à son nouveau poste le plaçait en position de supervision par rapport à son ancien employeur.

Le ministre Philippeaux soutenait qu'Haïti était dans son droit d'embaucher et de licencier le personnel du projet de la vallée de l'Artibonite. Mais les Américains continuaient d'insister que le contrat d'octroi du crédit contenait une clause exigeant un accord mutuel dans les décisions concernant le personnel, et la situation stagna pendant plus de six semaines. Les responsables américains espéraient éviter la question de la souveraineté nationale d'Haïti en adoptant la position que les États-Unis agissaient tout simplement en responsable financier de l'opération et qu'ils devaient insister pour que le contrat soit suivi à la lettre. Entre-temps, une commission de la Chambre des députés faisant partie d'un parlement contrôlé par Duvalier avait mené une enquête sur le projet de l'Artibonite dont le but était d' « examiner les conditions dans la vallée ». Elle produisit un rapport hyperbolique dans lequel des paysans de la région étaient cités qui accusaient l'administration de l'ODVA de toute une série de crimes.

La vieille méthode utilisant l'énergie des bœufs pour broyer la canne à sucre était au moins plus favorable à l'environnement.

Dans un éditorial de *Haiti Sun* daté du 27 mars 1960 et intitulé « Le public haïtien devrait être informé », nous critiquions le manque d'information concernant les interventions du gouvernement dans la vallée de l'Artibonite en disant qu'il s'agissait d'« un jeu silencieux (…) qui, à date, se joue sans que le public n'en soit informé et dont les enjeux sont centrés sur un crédit de $ 4 300 000 (…) La présente impasse entre les deux adversaires nourrit la grave réflexion du peuple haïtien et particulièrement des fermiers et paysans de la vallée de l'Artibonite ». Cette région constitue potentiellement le « grenier » de la République d'Haïti et nous ajoutions qu' « Il est dans l'intérêt national que ce « grenier » fertile soit maintenu dans un état productif et prospère ».

Ce reportage demandait qu'on lui consacre beaucoup de temps même si les bureaux de *Haiti Sun* et ceux de la Mission des opérations américaines (USOM) n'étaient séparés que d'un kilomètre et demi sur le boulevard Harry Truman. Il fallait souvent attendre que les participants finissent leurs longues réunions et ils n'étaient pas toujours disposés à répondre aux questions d'un reporter. Notre gros titre à la une du journal de fin mars résumait ainsi la situation : « Aucun réchauffement du gel du crédit américain : le baromètre du travail de l'ODVA descend. »

Puis, après une impasse de six semaines, la Mission des opérations américaines et le conseil d'administration de l'ODVA tombèrent d'accord sur la restauration du décaissement des prêts pendant huit jours en même temps que la quête d'une solution mutuellement satisfaisante au problème de l'embauche et du licenciement du personnel se poursuivrait. (La nomination de l'ingénieur Rimpel fut mise en suspens.)

Les réunions qui se tenaient dans les locaux de l'USAID duraient longtemps et étaient initialement infructueuses. La délégation haïtienne comprenant Jean Pierre, Clovis Désinor et Jacques Monpoint faisait face à une délégation américaine comprenant Thomas Hart, le chef de la section éducation de l'USOM, David Keogh, un conseiller en planification, et Charles Briggs, l'adjoint de Thomas Hart. Ces trois derniers étaient loin d'être des méchants Américains et étaient en fait favorables aux Haïtiens. Ils étaient toutefois soumis aux règlementations américaines. Clovis Désinor, un aimable et astucieux politicien, était le responsable du côté haïtien et rendait compte directement à Duvalier.

Norman Ward, l'expert américain qui s'était efforcé de donner le meilleur de lui-même dans son poste dans l'Artibonite, fut renvoyé par Duvalier.

Finalement, le 8 mai, un porte-parole du gouvernement annonça que le président Duvalier avait accepté la démission de l'administrateur de l'ODVA, Garvey Laurent (aucune relation avec l'ingénieur Nicolas Saint Laurent), et que celui-ci avait été remplacé par Roger Cantave, un ingénieur expérimenté et ami de Duvalier. Quant à Norman Ward, l'assistant du chef du projet ICA dans la vallée de l'Artibonite, qui était revenu en Haïti sur l'invitation de Duvalier, il fut informé qu'il était peut-être temps pour lui de retourner au Texas, et c'est ce qu'il fit.

Le gouvernement annonça également qu'afin de mettre fin aux difficultés rencontrées, le Président avait créé une commission technique pour étudier la question. Cette commission constata que le contrat relatif au crédit pour le développement octroyé par Washington ne contenait aucune règlementation écrite conforme à la loi ni un accord concernant le personnel. Les États-Unis recommencèrent le décaissement des prêts. Duvalier avait gagné la partie.

CHAPITRE 8
La politique en zigzag de Papa Doc et sa tactique de recours à la foule

Papa Doc, qui continuait de mener en zigzag son jeu de poker de la guerre froide, égaya la « saison morte » de l'été 1960 en jouant encore au dur avec le grand voisin du Nord.

Le gros titre à la une de notre journal du 22 mai était ainsi libellé : « Manifestations d'étudiants contre l'impérialisme. » À l'occasion de la fête du Drapeau le 18 mai, le *Haiti Sun* et les autres journaux de la capitale avaient observé la marche inhabituelle de plusieurs centaines d'étudiants habillés de bleu. Sous escorte policière et de façon disciplinée, les étudiants s'étaient assemblés devant la statue de l'empereur Jean-Jacques Dessalines puis, après un salut symbolique au drapeau, ils avaient regagné l'université, après quoi ils s'étaient tranquillement dispersés. Durant la manifestation, ils portaient des bannières sur lesquelles étaient écrits les messages suivants : « À bas l'impérialisme, la ségrégation, le colonialisme et la dictature » ; « Nous voulons des actes et non pas des discours » ; « Aucun pays sous-développé ne peut améliorer sa situation sous l'impérialisme. » Un autre groupe d'étudiants avait également organisé une manifestation à l'Arcahaie.

La semaine suivante, un autre gros titre de notre journal concernait un thème connexe et disait : « À bas le colonialisme, les dictatures. D'accord avec Cuba. »

L'Union des étudiants haïtiens conclut son premier congrès en adoptant une résolution condamnant toute une litanie de maux allant du colonialisme français qui opprimait

« les patriotes algériens » aux dictatures militaires de droite de trois pays de l'Amérique latine. Cependant la résolution exprima catégoriquement sa solidarité envers la Révolution cubaine et les aspirations de la jeunesse cubaine à plus de liberté et de bien-être.

Les 80 délégués des étudiants appartenant à huit facultés et écoles supérieures avaient au cours d'un vote secret choisi les individus suivants pour diriger leur syndicat : Guy Lominy de la Faculté de droit comme président ; Yves François Flavien de la Faculté de médecine comme secrétaire général ; Déjean Bélizaire de la Faculté des sciences comme chargé des affaires nationales ; Claude Auguste de la Faculté d'odontologie comme chargé des affaires internationales ; Joseph Roney de l'École normale supérieure comme chargé des finances ; tandis que le président sortant, Jean Malan, de la Faculté de droit, était chargé de la presse et de l'information.

Les dirigeants des étudiants savaient que Duvalier avait tout simplement décidé que cela l'arrangeait de leur permettre de se faire entendre. Ils n'étaient pas dupes et se rendaient bien compte que Duvalier se servait d'eux. Mais ils croyaient aussi en leur unité et leur force et étaient préparés à tirer avantage de ce moment d'ouverture.

Complot contre le gouvernement

« Aucune déclaration officielle. Le public dans le noir. » Tel était le gros titre de l'édition de *Haiti Sun* du 5 juin qui traitait d'une autre prétendue conspiration de nature plutôt bizarre. Il s'agissait d'une lettre interceptée le 25 mai, adressée à Louis Déjoie alors en exil, qu'un de ses partisans aurait supposément écrite. Le gouvernement prétendit que la lettre avait utilisé un langage codé que la police était en train de déchiffrer. Les commentaires du public, eux, disaient que ce n'était pas un code mais tout simplement du mauvais français. Malgré tout, *Le Matin* et *Le Jour*, deux journaux favorables au Palais, publièrent de longs et absurdes articles concernant « un complot ». Les seuls éléments factuels qui émergèrent furent que quelques déjoieistes d'un certain âge avaient été arrêtés et cinq autres, dont Charles Millery et son épouse Jeanine, l'auteur présumé de la lettre, s'étaient réfugiés à l'ambassade du Venezuela qui leur avait accordé l'asile.

Le Jour, un quotidien de langue française, déclara sombrement : « D'autres [déjoieistes] ont été placés sous surveillance et des agents secrets contrôlent tous leurs mouvements et leurs moindres activités. » Le journal ajouta : « C'est une affaire encore plus sérieuse car il y a en même temps une autre affaire dans l'air dont l'origine est d'inspiration communiste (...) » Aucun autre élément factuel n'émergea et on fit peu de cas par la suite du « complot » qui ne fut plus considéré que comme un cas d'intimidation de plus. *Le Jour* n'offrit non plus aucune explication concernant le prétendu complot « communiste. »

Papa Doc se sert de la foule

Entre-temps, Papa Doc avait pris pour sa nouvelle cible Pote Kole, le projet modèle de développement conjoint américano-haïtien du nord d'Haïti. Les politiciens en Haïti ont souvent recours à la foule pour pressurer leurs adversaires. C'est une méthode relativement peu coûteuse pour eux, car ils peuvent toujours compter sur des chefs ruraux pour leur fournir un quota de paysans pauvres disposés à produire sur commande une performance zélée moyennant un paiement ou une faveur.

C'est ainsi que, le 25 mai 1960, une foule fut recrutée et soigneusement manipulée par des responsables duvaliéristes dans le département du Nord. L'objectif, qui n'était pas du tout subtil, n'était rien moins que le démantèlement du projet Pote Kole en utilisant un groupe d'agitateurs prenant leurs ordres du gouvernement. Les manifestants descendirent dans les rues de Cap-Haïtien pour exiger le renvoi du directeur de Pote Kole, le commandant Robert Bazile, un ancien chef des Gardes-côtes d'Haïti qui avait la réputation d'être un homme honnête et un administrateur compétent. Un mécontentement réel existait en fait parmi les paysans du Nord car de grosses pluies avaient causé des inondations et endommagé les récoltes. Toutefois, le gouvernement ne leur était pas venu en aide et le projet haïtiano-américain avait été lent à produire de l'emploi.

Les manifestants lançaient à grands cris des épithètes contre la « vie facile » des employés de Pote Kole qui étaient bien payés et vivaient dans des maisons nouvellement construites. Pour faire bonne mesure, la foule avait reçu l'ordre de manifester également contre un certain nombre d'administrateurs dont elle demanda le renvoi. Ainsi ils exigèrent consciencieusement le départ du représentant de CARE, du conseiller juridique et des dirigeants de la West Indies Fruit and Steamship Company contrôlée par les trois frères Taylor de West Palm Beach, en Floride. Pour compléter l'orchestration de l'attaque, le préfet de Cap-Haïtien, qui représentait Duvalier, émit un décret recommandant au personnel haïtien de soutien du projet Pote Kole de rester chez eux ou de quitter la ville pour leur propre sécurité.

Dans un numéro spécial décrivant l'action de la foule, le journal du Cap-Haïtien, *Le Septentrion*, observa que le préfet du Cap-Haïtien, Louis Durand, avait « franchement et courtoisement » conseillé aux administrateurs haïtiens, pour leur propre sécurité, « de quitter le département le plus tôt possible à cause de la colère populaire ».

Le journal ajouta, en faisant allusion à des « personnes dont les vies étaient menacées » : « Nous devons constater que les autorités ont accordé toute la protection nécessaire aux personnes ciblées par les manifestants, et ont manifesté la courtoisie la plus parfaite à leur endroit. » Cependant, *Le Septentrion* rapporta en usant d'euphémismes : « On pouvait encore entendre les tambours lorsque la nouvelle se répandit que la queue de l'ouragan avait visé Nicolas Jeune et Hubert Sully, respectivement administrateur et enseignant du projet Pote Kole dans le village de Milot. Dans les villes de Plaisance et Chatard, l'ingénieur Ulrick Telson du projet Pote Kole et M. Christian étaient également visés par les manifestants. »

Le *Haïti Sun* avait reproduit la description haute en couleur que *Le Septentrion* avait faite de l'action de la foule. « La ville avait été secouée, semblait-il, par un tremblement de terre. Une réunion avait été convoquée à 7 : 00 du matin sur la place Toussaint Louverture. Une demi-heure plus tard, l'ouragan avait commencé à souffler frénétiquement et violemment. Des centaines de manifestants, hommes et femmes, transportant des drapeaux et des branches d'arbres, marchèrent tumultueusement en direction de la rue Bespangle en criant 'Vive Doc Duvalier !' Au son étourdissant de tambours, de trompettes, de vaksin et de lanbi, les manifestants, qui étaient précédés de solides et pittoresques cavaliers en selles, criaient à pleins poumons 'A bas Bazile ! À bas les réactionnaires ! À bas les ennemis de la révolution de 1946 et de 1957 ! »

« Pendant que les manifestants criaient devant les portes fermées du bureau de Pote Kole, on pouvait apercevoir les employés américains et haïtiens qui les observaient du haut du second étage du bâtiment.

« La foule se remit finalement en route (les portes des maisons de commerce et des magasins se fermèrent vite à leur approche) et fit le tour du bureau des impôts, de CARE, de l'hôpital et même du centre de santé avant de terminer la manifestation devant la préfecture vers 10 : 30 du matin. »

Dans l'ensemble, ce fut un spectacle bien orchestré, digne d'un film de Cecil B. DeMille. Les Capois appauvris n'étaient que trop heureux de faire partie d'une foule à louer.

Le journal conclut sa description ainsi : « Mais quel était donc le motif de ce soulèvement populaire ? Eh bien ! Ce n'était qu'une toute petite chose, mais qui possède la puissance de l'atome. Ils demandaient une distribution équitable et une répartition des faveurs conformes aux normes de la révolution. »

Le commandant Robert Bazile qui se trouvait à Port-au-Prince au moment des manifestations offrit sa démission du poste d'administrateur de Pote Kole dès qu'il fut informé de l'action entreprise par la foule. Bazile et Garvey Laurent de l'ODVA étaient tous les deux des professionnels noirs compétents, respectés et apolitiques

Les pauvres manifestants qui avaient pris part à ce spectacle clairement mis en scène par le gouvernement ne reçurent que quelques gourdes tandis que les duvaliéristes s'emparèrent de tous les bénéfices réels – des postes lucratifs.

Monsieur Henderiques, l'éditeur du *Septentrion,* fut convoqué par le préfet en ses bureaux après la publication du reportage sur l'incident Pote Kole afin de s'expliquer sur ce qui l'avait motivé à le faire : « J'ai expliqué au préfet que nos intentions étaient pures. »

Gérard de Catalogne, un Mulâtre non conformiste, avait fondé en 1958 au Cap-Haïtien un journal appelé Le *Nouveau Monde,* en collaboration avec le politicien bien connu Luc Fouché. Monsieur de Catalogne s'occupait également de la gestion de l'Hostellerie Roi Christophe qui appartenait à sa famille. Il prit tout de suite le train en marche et attaqua

Pote Kole dans ses articles. Il le fit non seulement pour s'attirer les faveurs de Duvalier, mais aussi parce qu'il en voulait à Pote Kole d'avoir favorisé commercialement son compétiteur, l'hôtel Mont-Joli. Pote Kole avait construit les résidences de ses employés sur un terrain que cet hôtel lui avait loué. Gérard de Catalogne était un véritable politicien caméléon qui avait collaboré avec la plupart des gouvernements haïtiens durant sa vie professionnelle. Dans l'édition du *Nouveau Monde* du 5 juin, à la suite du fabuleux spectacle de la foule, il s'en prit à Albert Slaughter, l'administrateur américain de Pote Kole, l'accusant d'être responsable du « beau gâchis » dans lequel, selon lui, Pote Kole était empêtré.

« (…) La démission de Monsieur [Robert] Bazile était logique », écrivit de Catalogne, et « l'on s'attend à ce que M. Albert Slaughter, le principal responsable de ce beau gâchis, suive l'exemple de son collègue haïtien… » Il suggéra que « Nous [la nation] devons donner à M. Slaughter une autre leçon d'intégrité professionnelle ».

Rollin Atwood, un gros bonhomme qui était le chef de la mission USAID pour l'Amérique latine, basée à Washington, arriva en Haïti au cours de la deuxième semaine de juin. Sous un gros titre de trois colonnes : « Atwood peint une image plus brillante que celle de l'opinion publique », le *Haiti Sun* publia trois articles dont le premier traitait de l' « entière satisfaction et de l'optimisme » de M. Atwood ; le deuxième, de l'attaque du journal *Le Nouveau Monde* contre l'administrateur américain de Pote Kole ; et le troisième, du fait inéluctable que le projet de développement allait rouvrir ses portes avec un nouvel administrateur et des employés haïtiens. La situation chaotique dans laquelle se trouvaient les projets ODVA et Pote Kole ne semblait pas préoccuper M. Atwood qui, pour des raisons politiques, se contenta de dire que les projets devaient être « accélérés ». Il avait mené des négociations avec le ministre

Philippeaux, le porte-parole de Duvalier, et ils étaient tombés d'accord sur le fait que le projet Pote Kole allait reprendre le 15 juin avec l'ingénieur Gérard Jospitre comme coordinateur désigné par Duvalier. Cependant, la sève s'était vidée du projet Pote Kole qui ne retrouva jamais son ancien élan. Il dégringola jusqu'à son déclin final et devint bientôt de l'histoire ancienne.

Cri de Jacmel

Jacmel, la pittoresque ville de la côte sud-est d'Haïti, était un cadre inhabituel pour un cinglant discours de Duvalier. L'un des principaux ports exportateurs de café, Jacmel était un oasis d'ordre, avec ses belles plages et plusieurs de ses vieilles maisons de style gingerbread qui ont survécu aux incendies et aux révolutions du passé. *Le Haiti Sun* l'a choisie à maintes reprises comme étant la ville de rêve du touriste.

Une compagnie américaine avait été chargée de remplacer le quai balayé par l'ouragan Ella au mois d'août 1959. Les exportations de café à partir du port de Jacmel avaient repris et plusieurs navires de la marine américaine et même un sous-marin allemand y avaient fait escale, permettant à leurs équipages de jouir de leur liberté en ville.

Cependant, la diatribe présidentielle délivrée le 21 juin 1960 dans la petite ville somnolente de Jacmel eut des retentissements jusqu'à Washington. Sous un dais à fanfreluches installé pour l'inauguration du nouveau wharf de 100 mètres financé par la compagnie Reynolds Mines, le ton nasillard et coléreux de Papa Doc avait éclaté. Le discours qui sera connu comme le « Cri de Jacmel » avait été rédigé soigneusement par le ministre Clovis Désinor. C'était son chef-d'œuvre.

Duvalier délivra le texte sur un ton approprié de juste colère. Il décrivit avec exactitude le triste état dans lequel se trouvaient les masses haïtiennes. « Dans le présent contexte international, déclara-t-il, quel peuple, quelle nation se contenterait indéfiniment de la saleté habituelle, de l'ignorance, et tout cela accompagné de la misère la plus pitoyable, durant cette ère où le progrès dans tous les domaines offre tant d'opportunités ? »

Duvalier poursuivit son discours dont le niveau hyperbolique s'éleva considérablement : « Une fois de plus, vous dirais-je, la démocratie n'est pas un système politique facile à réaliser. Et pour le peuple haïtien qui en est encore au stade de l'apprentissage, il est et il sera requis de ses dirigeants d'aujourd'hui et de demain, en cette nouvelle ère d'interdépendance internationale, une réflexion froide, lucide, dépourvue de tout romantisme négatif, pour s'attaquer aux problèmes découlant de cette interdépendance (…) Haïti et son gouvernement démocratique entrent pleinement dans cette ère d'interdépendance qui est à la fois culturelle, politique, économique et technique. »

« Durant mes trente-trois mois de dialogue avec le grand et capable voisin [les États-Unis], ma conviction renouvelée a été et continue d'être que le combat économique de ce petit peuple haïtien (…) devrait et doit bénéficier d'une solution dans le court terme. Car je ne cesserai de le répéter : dans un environnement physique où les êtres humains sont encore la proie de la famine, de la nudité, de la maladie et de l'analphabétisme, il n'y a pas de place pour le silence, il n'y a pas de place pour la paix, même pas dans celle de la mort. »

Duvalier continua à se plaindre en disant qu'il avait hérité d'une économie qui s'était effondrée à cause de ce qu'il a appelé la dilapidation criminelle des réserves de dollars d'Haïti par la dictature militaire du général Paul Magloire, et à cause aussi du fait que l'ouragan Hazel [1954] avait eu un impact à long terme sur l'économie. « Nous nous sommes étendus jusqu'à la limite de tout sacrifice dans notre détermination de vivre d'une manière humaine et digne (…) » Il se plaignit du fait que le Fonds monétaire international avait exigé l'adoption d'un programme d'austérité pour qu'Haïti réalise sa stabilité financière.

Papa Doc continua à débiter son discours à la manière d'un quémandeur insatisfait : « Le gouvernement, très conscient de ses hautes responsabilités, a géré l'acceptation (…) de tous ces sacrifices dans l'espoir qu'il en résulterait une stimulation de l'économie par l'injection de nouveaux dollars dans les travaux d'infrastructures qui ont été planifiés, tels que la route du Sud, un aéroport moderne, des aménagements portuaires, des usines hydroélectriques, des usines sucrières, des projets d'irrigation, etc., en association avec une augmentation de l'assistance économique et technique, cela dans un rapport de coopération qui n'est pas synonyme de subordination. »

« Jusqu'à présent, nous n'avons reçu qu'un crédit insuffisant de $ 4,3 millions pour l'Artibonite et le programme d'intégration Pote Kole dans le Nord. La nation se sent épuisée ; les masses sont insatisfaites de leur standard de vie ; l'État est obligé par les forces politiques démocratiques d'intervenir bien que sachant que toute honnête intervention visant à venir en aide aux non-privilégiés de la société sera condamnée par les privilégiés, et que le gouvernement, du fait qu'il se montre actif, sera accusé d'être antidémocratique. »

« Nous sommes au bout de nos sacrifices et nous nous trouvons à un instant critique. Rien que pour votre petite zone de Jacmel, le gouvernement a dû attendre trente-trois mois avant de répondre à l'un de vos nombreux besoins en vous offrant cet embarcadère que nous inaugurons aujourd'hui. »

À mi-chemin dans son discours, Duvalier révéla le mot de la fin : « C'est en toute honnêteté que, dans l'espoir d'une amitié franche et loyale entre le gouvernement haïtien et le peuple haïtien, d'une part, et le gouvernement américain et le peuple américain d'autre part ; pour (…) tester la collaboration, la coopération efficace et générale visant à aider la nation haïtienne à être prête à participer dans les destinées des États-Unis en particulier et du continent en général ; et afin d'empêcher l'éclatement de la démocratie haïtienne dans la haine et la colère que j'ai orienté toute l'action politique et économique du gouvernement sur le soutien moral de ce grand voisin et sur son aide matérielle effective. »

« J'ai refusé d'accorder à toute autre nation ce que j'ai accordé aux États-Unis et à son gouvernement. J'ai fait appel aux investisseurs américains pour développer l'économie du pays. J'ai fait appel à des techniciens américains pour organiser et réorganiser les institutions du pays. Et mon pays sous-développé constitue encore un marché sûr pour eux. Et pourtant, pendant trente-trois mois, mon gouvernement et son peuple ont vécu sur des promesses, des sourires, des encouragements, des recommandations, des hésitations, une longue attente et de l'incompréhension. »

« Pendant trente-trois mois (…) j'ai évoqué le concept d'économie internationale interdépendante (…) afin de faire comprendre que l'économie de mon pays, s'étant effondrée, ne pouvait pas par ses propres efforts internes être redressée et réanimée. Nous avons besoin (et Papa Doc appuya ici sur les mots) d'une injection massive d'argent afin de remettre le pays sur ses pieds, et cette injection ne peut venir que du grand et capable ami que sont les États-Unis. Elle peut venir de différentes façons : sous forme de crédits à long terme ; d'assistance technique et économique ; d'investissements privés (…) Conscient de mes responsabilités en tant que leader, j'ai indiqué clairement cette position par des actes politiques dont l'inspiration et les buts étaient supranationaux. »

Puis Duvalier joua la carte de la guerre froide : « Quant à nous, petit peuple situé au cœur des Amériques, dans la Caraïbe, une zone qu'un auteur américain a décrit comme le lieu où 'le communisme a établi des centres d'infection, l'endroit au monde le plus vital pour la sécurité des États-Unis' (...), quant à nous petit peuple nègre, bâtisseurs d'une nation, créateurs de la liberté et de l'indépendance (...) nous avons choisi la liberté. »

Duvalier continua de parler de nobles idées de liberté et de dignité de l'homme, puis conclut ainsi : « Car, souvenons-nous-en, la révolution haïtienne de 1804, qui doit se poursuivre, signifiait l'éclatement de la proportion exagérée et aveugle du monde des riches dans lequel la colère, sinon la haine grondait, ainsi que des préludes de dégâts et de désastres. »

Le même jour où le *Haiti Sun* avait publié la traduction du « Cri de Jacmel », notre éditorial s'en était pris à Paul Blanchet, le ministre de l'Information, l'avertissant que « des informations différées cessaient d'être des informations ». L'éditorial posa la question suivante : « Le système d'information au ministère de l'Information et de la Documentation a-t-il cessé de fonctionner ou bien la documentation est-elle tombée dans l'obscurité ? Peut-être les deux, semblerait-il ! »

Puis nous continuions ainsi : « Quarante-huit heures après que le président de la République, le Dr François Duvalier, s'eut adressé à la nation (un discours d'intérêt pour le public autant que pour les journalistes) durant les cérémonies d'inauguration du nouveau wharf de Jacmel, la presse nationale et internationale n'ont été avisées de RIEN. »

« Le discours du Président a été enregistré et diffusé sur les ondes de La Voix de la République le mercredi, le lendemain de la cérémonie de Jacmel, cependant, la seule chose qui a émané du ministère de l'Information et de la Documentation, c'est un silence de mort. »

« Le nom du ministère de l'Information et de la Documentation indique clairement son rôle, et pourtant, deux jours après que ce discours eut lieu, il n'a pas été rendu disponible. »

« D'aucuns disent pas de nouvelles, bonnes nouvelles. Mais pour des journalistes, des nouvelles différées sont des nouvelles inutiles, surtout pour la presse internationale. »

Lorsque je m'informai auprès de l'ambassade des États-Unis de leur réaction au discours de Duvalier, j'appris que l'ambassadeur avait ordonné au responsable des affaires économiques de mettre à jour pour publication l'information concernant les crédits et les aides qui avaient été accordés au gouvernement d'Haïti. Officieusement, un responsable m'informa que l'ambassade avait été prise de court. Duvalier n'avait fait aucune allusion à ce sujet, nota le responsable, la dernière fois que M. Drew et lui s'étaient rencontrés et s'étaient entretenus amicalement en partageant des verres de champagne dans les nouveaux bureaux de l'ambassadeur. Cela se passait il y avait un peu plus de trois semaines, le 28 mai, à l'occasion de l'inauguration de la nouvelle ambassade construite sur le boulevard Harry Truman longeant le bord de mer. Le *Haiti Sun* avait publié une photo de Duvalier dans son costume noir habituel, sur les pas de l'ambassade, en compagnie de Drew portant un costume blanc amidonné. Ce sera en fait la dernière rencontre de Drew et de Papa Doc.

Le *Haiti Sun* publia par la suite la réponse de l'ambassadeur Drew à Duvalier sous le titre « Les États-Unis donnent des éclaircissements sur leur aide à Haïti. » La ventilation de l'aide américaine de 1950 à 1960 totalisait $ 40,6 millions, y compris $ 7 millions d'aide alimentaire durant les six dernières années. Il était intéressant de noter que plus de la moitié du total, soit $ 21,4 millions, avait été octroyée à Haïti durant les trois dernières années, et quoique Washington n'ait pas accordé d'assistance spéciale avant 1955, il avait octroyé au régime de Duvalier un soutien budgétaire direct.

L'ambassade observa que le chiffre total de $ 40,6 millions ne comprenait pas les $ 24 millions octroyés au gouvernement Magloire pour la construction du barrage de Péligre ; un prêt au développement de $ 4,3 millions pour le projet d'irrigation de la vallée de l'Artibonite ; $ 300 000 pour l'étude de faisabilité de la route du sud d'Haïti ; et $ 3 millions pour la Centrale sucrière Nord-Haïti S.A., une raffinerie de sucre en construction par un groupe de prêtres expulsés de la Chine communiste. L'ambassade avait également inclu dans sa liste les crédits octroyés par la Banque internationale pour la reconstruction, par les Nations unies, et $ 5,4 millions de crédit de soutien accordé par le Fonds monétaire international afin de maintenir la convertibilité de la gourde. Les États-Unis étaient également sur le point d'octroyer à Haïti deux navires destinés aux Gardes-côtes d'Haïti.

C'était maintenant au tour de Duvalier d'être furieux. Et c'est alors qu'intervinrent les autres joueurs dans son jeu qui était essentiellement du chantage exercé dans le cadre de la guerre froide. Dans son journal intitulé *Panorama*, le ministre Blanchet tenta de donner un coup au *Haiti Sun* en se référant au journal comme une « feuille de la capitale éditée en anglais ». C'était un mélange de venin et de sarcasme, caractéristique de Blanchet. Ce journal qui faisait de la propagande pour le gouvernement suggéra que le personnel de l'ambassade des États-Unis reparte à l'école de commerce pour apprendre à compter.

Le quotidien *Le Jour,* dont l'éditeur Hubert Carrié était devenu l'ambassadeur de Duvalier en Argentine, était plus circonspect en observant que le montant de l'aide américaine à Haïti était « ridicule » comparée à ceux que des pays plus grands avaient reçus. Son commentaire se termina par l'avertissement que, comme d'autres l'avaient suggéré, l'Amérique latine avait besoin d'un plan Marshall pour tenir l'idéologie communiste à distance, et l'observation que les idées communistes ravageaient déjà les îles de la Caraïbe et principalement Cuba.

Un certain Raphaël M. Pierre-Louis se présenta à nous dans les bureaux de *Haiti Sun* et nous soumit ce qu'il décrivait comme étant le premier bulletin du Parti démocratique des forces rurales qu'il venait de fonder. Monsieur Pierre-Louis, un parfait inconnu, expliqua qu'il en avait déjà transmis une copie au Département d'État à Washington. Le journal de langue française qui se présentait ouvertement dans le style d'une affiche politique ne faisait que chanter les louanges de Duvalier qui, disait-il, avait été « appelé pour sauver Haïti grâce à son talent d'organisateur et qui faisait de la foi en la démocratie une profession ». Le thème était familier : Duvalier devait recevoir de l'aide afin que la démocratie soit sauvegardée dans l'hémisphère.

Un courageux journaliste critique les duvaliéristes qui s'enrichissent

Quant à savoir où les ressources financières limitées d'Haïti s'en étaient allées, le courage politique manifesté par quelques Haïtiens n'avait cessé de nous surprendre. Jean Price qui éditait quand il le pouvait un journal de quatre pages appelé *La Lutte*, publia dans l'édition du 26 juillet 1960 un éditorial intitulé « L'austérité engendre des châteaux ». C'était une critique sévère mais véridique et nous décidâmes de la traduire et de la publier dans le *Haiti Sun*.

Sans mâcher ses mots et courageusement, Jean Price raconta comment il avait observé les duvaliéristes passer de la misère à la richesse en trente-trois mois. Il commença son récit en relatant ce que les gens se disaient dans la capitale « sur le banc des soupirs, dans les bals, dans les bars, sous les vérandas des bourgeois (…) l'envie aux yeux rouges ne cessait de parler des richesses accumulées par le prince déchu qui voulait être l'égal de " Dieu " ; ils procédaient à l'énumération de sa résidence luxueuse, ses voitures, les stations-wagons (…) pour Madame, ainsi que des maisons ça et là pour ses maitresses, etc., etc. ; mais cette énumération leur permettait de parler également du luxe insolent exhibé par d'autres frères, tel celui-ci qui hier ne savait pas où poser son 'derrière' mais qui aujourd'hui possédait une villa surgissant du sol et ayant les dimensions d'un hôtel digne d'un nabab ou d'un pacha ».

Puis Jean Price continua ainsi sa jérémiade dévastatrice : « Après avoir circulé ici et là dans la ville, on est obligé de constater le luxe insolent, franchement révoltant que ces gens, autrefois aussi pauvres que Job, exhibent au regard de citoyens affamés dont ils semblent se moquer en même temps qu'ils prêchent leur évangile de l'austérité forcée et renforcée.

« Parfois on a envie d'envoyer au diable ces scélérats et ces maîtres-chanteurs, car nous ne vivons foutre plus à l'époque coloniale où les maîtres faisaient baptiser leurs esclaves et leur prêchaient une soumission sainte et douce afin qu'ils puissent mieux travailler presque 24 heures sur 24 heures en échange d'une poignée de riz et de haricots rouges.

« Il ne nous est pas nécessaire de mentionner les noms car ces noms sont sur toutes les lèvres. Mais nous ne pouvons pas nous empêcher de crier notre indignation contre ces gens qui disent suivre la politique d'austérité du président Duvalier et qui, au contraire, suivent l'exemple donné par ceux contre lesquels la révolution de 1956 a été faite, précisément à cause du luxe insolent qu'ils exhibaient avec leur argent obtenu au prix de la sueur et du sang des pauvres qui n'en peuvent plus.

« Comment pouvons-nous expliquer que des gens qui, il y a trois ans, ne pouvaient pas s'acquitter de leur loyer soient capables de construire des châteaux qui surgissent actuellement du sol ? Nul ne sait s'ils ont hérité de quoi que ce soit ; personne n'a jamais appris qu'ils ont gagné le gros lot à la loterie nationale ; personne ne sait qu'ils possèdent des industries florissantes en ville ou dans la plaine.

« Où est-ce qu'ils ont pu trouver tant d'argent leur permettant de faire étalage de tant de luxe insolent à la face d'une population qui a faim, dont les entrailles sont remplies d'air, et dont les bouches sont amères, amères et très amères ? »

Ce courageux et retentissant éditorial valut à Jean Price, son auteur, d'être mis en détention et sauvagement battu, tandis que son journal cessait d'exister.

- - -

Quant à Duvalier lui-même, après trente-trois mois au pouvoir, il figurait parmi les nouveaux riches. Bien qu'il n'ait jamais auparavant possédé de maison, il avait maintenant acquis, avec un salaire annuel officiel de $14 000, une grande villa située dans le riche faubourg de Deprez, où des travailleurs étaient à l'œuvre pour réaménager la maison en y ajoutant une grande piscine et un grand mur de soutènement. Tandis que sur l'arrière de la propriété une maison séparée était construite pour abriter les soldats gardant le Président, sa famille et les lieux. En plus de cela, Papa Doc avait fait construire au bord de la principale route du Nord, près de l'Arcahaie, un grand pavillon sur une vaste propriété qu'il fit entourer d'un mur de béton haut de 2,5 mètres. Selon certaines sources, l'achat de ces propriétés avait été réalisé avec l'argent de l'État.

L'ambassadeur Drew part

Le gros titre de notre édition du 3 juillet 1960 était : « Drew obtient un transfert aux États-Unis. » L'ambassadeur Gerald Drew en reçut notification dans la soirée du 30 juin pendant qu'il assistait à une réception organisée à l'hôtel Sans-Souci pour l'ambassadeur de France qui faisait également ses adieux. Le président Eisenhower avait confirmé le retour de Drew à Washington et sa nomination comme inspecteur général au Département d'État. L'ambassadeur Drew qui, à l'âge de 53 ans, avait une carrière impressionnante dans la diplomatie américaine, reçut une distinction de la part du président américain pour « la manière dont vous vous êtes acquitté de votre mission en Haïti [durant trois ans et demi] ».

L'ambassadeur sortant ne reçut rien de tel de la part de Duvalier. Les relations entre Drew et Duvalier avaient connu beaucoup de hauts et de bas, et maintenant que l'émissaire américain allait partir, Duvalier l'ignora du point de vue officiel. On s'attendait à ce qu'il lui remette une décoration pour avoir contribué à lui sauver la vie lorsque le président haïtien souffrit l'année précédente de l'occlusion d'une artère coronaire. Mais le Palais national ne fit aucun geste de ce genre.

L'ambassadeur et Duvalier avaient commencé leurs relations comme des adversaires. Au début de son mandat présidentiel, Duvalier considérait l'ambassadeur comme pro-Déjoie et, l'ayant mis de côté, comptait sur le conseil de son ami américain, le Dr Elmer Loughlin, et même de Ti-Barb Morrison pour se faire des amis et des supporters à Washington. Cependant, plus récemment, Drew était perçu comme utile au régime et il ne fit pas obstacle à la mission des Marines américains en Haïti, bien qu'il fût d'avis que c'était une erreur. Toutefois, il avait personnellement escorté Duvalier durant son tour de la nouvelle ambassade américaine au début de juin qui constituera leur dernière rencontre. Papa Doc refusa de recevoir l'ambassadeur américain pour une visite d'adieu comme le protocole l'exigeait, et en fait il fit répandre la rumeur que c'était lui qui avait obtenu le rappel de Drew.

Duvalier n'avait pas non plus fait acte de présence durant les dernières grandes festivités offertes par l'ambassadeur Drew en sa résidence à l'occasion de la fête de l'indépendance américaine du 4 juillet. Ce qui était ironique car non seulement Drew avait déjà une carrière distinguée dans la diplomate, il faisait également partie de l'histoire haïtienne. En effet, en tant que jeune membre de l'ambassade américaine en poste pour la première fois en Haïti, il avait pris la place du ministre Norman Armour malade, pour accueillir le président Franklin Delano Roosevelt au Cap-Haïtien lors de la signature du traité mettant fin à l'occupation d'Haïti par les Marines le 5 juillet 1934.

L'ambassadeur Drew était un partisan de la « petite voiture » et il conduisait lui-même sa « coccinelle » de fabrication allemande à travers la ville de Port-au-Prince. Cependant, aucun Tonton Macoute n'aurait été assez stupide pour stopper ce *Blan* au regard autoritaire, avec sa grosse moustache à la gauloise au volant de sa Volkswagen coccinelle.

Sous le titre « Un endroit difficile à aider », mon reportage câblé au *Time Magazine* notait que Duvalier avait refusé de recevoir Drew pour un adieu officiel, et de même procédait à un rapport très critique sur la tentative de Duvalier d'exercer du chantage sur Washington afin qu'il « ouvre plus grandement sa bourse ». L'article de *Time Magazine* rapporta à son tour ce qui suit : « Les États-Unis ont refusé de ratifier la nomination des acolytes de Duvalier aux postes de direction des projets, car ils sont convaincus que leur principal talent est leur habileté à charger le registre du personnel de parasites. »

Une lettre de Sidney Mintz

Dans l'édition de *Haïti Sun* du 3 avril, nous décidions de publier dans son intégralité une lettre datée du 25 mars 1960 qui nous avait été envoyée par le professeur Sidney Mintz de l'Université de Cambridge en Angleterre. La lettre était adressée au peuple haïtien et offrait peut-être le meilleur résumé des problèmes endémiques d'Haïti.

Voici ce qu'avait écrit le professeur :

« Cela fait trois mois que j'ai quitté Haïti où j'ai passé presque une année entière à entreprendre des recherches anthropologiques. Maintenant que j'ai eu un peu le temps de mettre de l'ordre dans mes impressions, je suis reconnaissant que l'occasion me soit offerte de les décrire, et aussi d'exprimer mes remerciements aux nombreuses personnes qui m'ont aidé dans mes études.

« Je me suis rendu en Haïti durant une période de troubles régionaux considérables et il m'a été difficile de poursuivre efficacement mes recherches sur le terrain. Cependant, ces difficultés étaient celles inhérentes au sous-développement : moyens limités, carence de ressources. J'ai une vraie dette de gratitude envers tous ces Haïtiens qui m'ont accueilli et fait de leur mieux pour rendre mon travail productif.

« J'étais un étranger et ma connaissance d'Haïti demeure au mieux rudimentaire. Cependant, je pense que j'ai appris certaines choses qui ne sont peut-être pas généralement connues des gens de la ville, des planificateurs et des personnes appartenant aux hautes classes sociales. Pour appréhender ces choses il m'avait fallu apprendre le créole le mieux que je pouvais ; nouer des amitiés dans le pays ; vivre parmi des gens loin de Port-au-Prince et, autant que possible, à leurs manières. La « méthode » de l'anthropologue, après tout, se résume à n'être rien de plus que la patience, la tolérance de l'inconfort, la volonté d'écouter et la curiosité. Au vu de ce que j'ai appris, j'ai été frappé par l'éloignement de la plupart des Haïtiens éduqués de la vie de leurs compatriotes moins privilégiés. Évidemment, en tant qu'étranger, j'avais pu nouer des amitiés et me comporter d'une façon qui aurait peut-être été très difficile pour un intellectuel haïtien. Le fait d'être un étranger peut être un avantage plutôt qu'un handicap dans de telles situations.

« Et pourtant, je ressens profondément que les problèmes fondamentaux d'Haïti ne trouveront pas de solutions tant que les Haïtiens eux-mêmes ne seront pas capables de communiquer aisément et dans la dignité à travers les barrières de l'éducation, de la classe, de la couleur, de la langue et des modes de pensée. Ceux des Haïtiens éduqués qui ont appris à fréquenter aisément leurs 'inférieurs' (le terme est inexact et insultant) du point de vue social sont ceux qui sont le mieux en mesure d'apprendre comment contribuer éventuellement à la résolution des problèmes nationaux. Les conseils prodigués par les experts, les visites de coopératives scandinaves, les bourses d'études dans des facultés d'agronomie anglaises, des formations techniques aux États-Unis, ou l'aide étrangère, rien de tout cela ne réussira à résoudre les problèmes d'Haïti tant que les Haïtiens ne communiqueront pas avec les Haïtiens sans tenir compte des barrières de naissance et d'éducation. En tant qu'américain, je n'ai pas le droit de sermonner car nous sommes encore aux prises avec les mêmes barrières. Cependant, je crois que nous avons eu beaucoup de chance d'aller plus loin qu'Haïti, en partie parce que notre héritage, au moins en dehors du Sud, a été moins amer, moins soumis à la tradition, et plus démocratique.

« Sur un sujet apparenté, j'ai été frappé par la quantité vraiment remarquable de planification qui semble être faite en Haïti, jour après jour, par des agences gouvernementales américaines et internationales ainsi que par des planificateurs privés de toutes sortes. Ce n'était pas tant la quantité elle-même de planification qui était surprenante, quoi qu'elle fût tout à fait remarquable, que le fait que tant de planification semblait se faire en l'absence d'informations concrètes de toutes sortes. On ne pouvait s'empêcher de remarquer, par exemple, que le recensement de 1950 n'avait malheureusement pas encore été publié dans son intégralité ; qu'Haïti ne disposait pas d'un registre cadastral adéquat ; que les chiffres concernant les superficies cultivées étaient pour la plupart des estimations ; qu'il n'existait pas d'étude exhaustive des formes de mariage et de vie familiale de la population haïtienne, quoiqu'on ne puisse ignorer les très importantes recherches d'experts haïtiens tels que Rémy Bastien et Jean et Suzanne Comhaire-Sylvain ; que la plupart de la connaissance anthropologique

était fortement concentrée dans les domaines du vodou, du folklore, de la musique et de la danse, avec seulement quelques précieuses études dans les domaines de l'économie, de l'ethno-agronomie, du marketing, du mariage et du divorce, des classes sociales, de l'éducation, etc. Et le plus surprenant de tout, c'était que quasiment personne ne semblait penser que ces lacunes avaient un effet sur le rythme et le caractère de la planification. Effectivement, le paradoxe est énormément renforcé par l'empressement de beaucoup d'intellectuels haïtiens à disserter sur n'importe lequel de ces sujets, en basant leurs observations sur un voyage de trois jours à Jérémie entrepris en 1944, ou sur une enfance passée au sein de la bourgeoise des Gonaïves. Les dangers implicites à cette situation seront évidents à quiconque y réfléchit pendant un moment. Il n'y a pas d'excuse à ce que des planificateurs étrangers soient parfois encore plus dédaigneux de la recherche descriptive minutieusement effectuée (par exemple en apprenant le créole).

« *J'ai pris la liberté d'être franchement critique à cet égard, Monsieur l'éditeur, parce que, quoiqu'il existe plusieurs chemins conduisant à la vérité, je crois qu'ils doivent tous finir par aller dans la même direction. Il n'est pas dans mes intentions de contester de quelque manière que ce soit la sincérité indiscutable de ceux que j'ai rencontrés qui travaillaient à la réalisation du bien-être du peuple haïtien. Mon désir de m'exprimer franchement provient, soyez-en assuré, de ma profonde admiration pour les populations rurales d'Haïti auxquelles j'adresse mes meilleurs et sincères vœux et envers lesquelles j'exprime ma gratitude pour l'assistance qu'elles m'ont accordée si volontiers. Meilleures salutations, Sidney W. Mintz.* »

On ne saurait concevoir d'analyse plus pénétrante de la situation en Haïti, et le *Haiti Sun* était fier, en la publiant, d'apporter sa contribution à un pays et à un peuple qui entreprend des efforts pour trouver son identité.

Un résident russe de Kenscoff meurt

Michel Breitman chez lui à Kenscoff, en compagnie du professeur Sidney Mintz et de l'anthropologue Caroline, son assistante.

« Cette photo prise l'été dernier est l'une des toutes dernières de Michel Breitman en compagnie de ses amis dans le jardin de sa demeure à Kenscoff. Il discutait de musique, de poésie et du pays natal avec le professeur Sydney Mintz en yiddish, et aussi en français afin de se faire comprendre de l'assistante du professeur qui ne parlait que le français et le créole. M. Breitman appréciait beaucoup ce genre d'occasions.

« Ce Russe cultivé qui avait fait d'Haïti son pays d'adoption dans les années 1930 rendit l'âme vendredi dernier, à son domicile à Kenscoff. Il avait quitté sa Russie natale quand il était jeune, et il avait près de quatre-vingts ans quand il mourut. [On n'a jamais connu son âge réel.]

« Se trouvant avec son père en France au moment du déclenchement de la Première Guerre mondiale en 1914, le jeune Breitman s'enrôla dans la Légion étrangère et combattit dans les tranchées contre les forces du Kaiser, obtenant le grade d'officier. Quittant la France après la guerre, il voyagea à travers l'Amérique du Sud et aboutit finalement en Haïti où il s'installa dans les années 1930 comme directeur de la centrale électrique des Cayes. Bien reçu dans la communauté, il épousa Lamercie Racine qui partageait son goût de la musique classique, de la poésie et des livres.

« Après la mort de sa femme, il s'installa à Kenscoff d'où il fit des visites occasionnelles à Pétion-Ville et à Port-au-Prince. Bien qu'il n'ait pas été en contact avec sa Russie natale, il était un constant admirateur du regretté poète russe Boris Pasternak, lauréat du prix Nobel de littérature en 1958, et reçut en cadeau de la part de la sœur du poète qui vivait à Londres un enregistrement de sa poésie.

« Parlant couramment le russe, l'allemand, le français, le Yiddish et l'hébreu (il était contre l'usage du créole), l'affable vieil homme était un hôte parfait et n'aimait rien mieux que d'entretenir une conversation dans l'une de ces langues, autour d'une bonne tasse de thé des hauteurs haïtiennes servi à la manière russe.

« L'un de ses moment les plus malheureux ces dernières années fut la découverte que Ti-Barb Herbert Morrison s'appelait originellement Jerome Breitman. Le vieil homme répugnait à se rappeler comment les gens ne cessaient de lui demander s'il était le parent de l'aventurier éhonté de Brooklyn. Il leur répondait que non seulement il n'était pas le parent de Breitman, mais qu'il n'avait aucune intention de le rencontrer.

« Le vieil homme de culture russe de Kenscoff nous manquera. »

CHAPITRE 9
La morte saison

L'été est traditionnellement considéré en Haïti comme la « morte saison », le « calmi » quand les activités se réduisent progressivement après le mardi gras et la récolte des cultures. Mais l'été 1960 fut loin d'être une morte saison. Le tourisme se portait bien. Les 250 membres de la section du Midwest de l'American Society of Travel Agents (Société américaine des agents de voyage) (ASTA) se trouvaient au pays pour une célébration et pour visiter les sites touristiques d'Haïti. L'actrice Anne Bancroft était de retour dans le pays et séjournait à l'hôtel Oloffson en compagnie de l'actrice Hilda Brawner. Craig Clairborne, le fameux chroniqueur et éditeur d'une revue gastronomique visita le pays et publia un article de fond sur Ibo Beach, la nouvelle station balnéaire de Robert Baussan située sur l'île Cacique. Un spectacle de variétés appelé Le Caroussel de la chanson se déroulait au Rex Théâtre, et l'un des nombreux artistes qui y participaient était le chanteur Herbie Widmaier, également une vedette de Radio Haïti dont sa famille était le propriétaire. Une équipe de la Ligue haïtienne de bridge remporta une compétition contre une équipe de quatre joueurs de Floride comprenant le capitaine Charles H. Goren qui ne tarit pas d'éloges pour l'équipe haïtienne. Les exportations de bananes en direction de la Floride à partir du Cap-Haïtien avaient repris. Il y avait des articles de fond d'un vif intérêt et amusants à publier.

L'une des principales séries d'articles de fond que le *Haiti Sun* publia sur plusieurs éditions du journal était intitulé « Religion and Magic in Haiti » (Religion et magie en Haïti) et avait pour auteur Maya Deren. En septembre 1947, mademoiselle Deren, une Américaine, arriva en Haïti pour un séjour de huit mois, chargée de trois caméras et titulaire d'une bourse de la fondation John Simon Guggenheim pour l'exécution de « travaux originaux dans le domaine filmographique ». À l'occasion de cette première visite, Melle Deren n'avait pas l'intention d'écrire un livre, mais elle fut prise d'une telle fascination pour les croyances et les rituels populaires du peuple haïtien que les mois devinrent des années et que l'écriture prit le dessus sur la cinématographie.

Le résultat initial de la recherche approfondie de trois ans de Mlle Deren fut un texte traitant des nombreuses divinités du vodou intitulé *Divine Horesemen : The Living Gods of Haiti* (Cavaliers divins : les dieux vivants d'Haïti). Cependant, cette recherche avait traité de nombreuses autres questions qui constituèrent la base d'un autre ouvrage intitulé *Religion and Magic in Haiti* (Religion et magie en Haïti). Selon l'auteur, cette étude « présentait une approche cyclique de l'histoire de la religion et de la magie haïtiennes ». C'était un honneur pour le *Haïti Sun* de publier les observations de Maya Deren dans ses pages.

Il y avait également de tristes nouvelles. « Jolly Roger » Coster qui avait fait du grand hôtel Oloffson « ze Greenwheech Veeliage of ze tropeeks » (le Greenwich village des Tropiques) comme il le disait, nous annonça la nouvelle un jour pendant que nous déjeunions. La table où il s'asseyait pour déjeuner était stratégiquement située à l'extrémité de la longue véranda de l'hôtel, à côté de la cuisine, d'où il pouvait surveiller son cuisinier haïtien aux tendances anarchistes. Monsieur Coster, un ancien soldat appelé sous les drapeaux de l'armée française avant la Seconde Guerre mondiale, avait réussi à s'échapper de France pour s'établir à Lisbonne au moment de la capitulation de la France aux Allemands. Il parvint à se rendre plus tard par bateau aux États-Unis où il travailla comme photographe de mode. Monsieur Coster qui prétendait être doué d'un sixième sens qui l'avertissait de l'imminence d'un danger (un atout distinctif pour quiconque se trouvait dans le royaume de Papa Doc), m'informa qu'il était sur le point de « s'échapper » une fois de plus. « Il faut se rendre à l'évidence », dit-il. Les hommes de main de Papa Doc le harcelaient déjà et lui adressaient des menaces. « Pourquoi ne l'achèterais-tu pas (l'Oloffson) ? » me demanda-t-il. « Je te le donnerai pour $12 000 tout compris, avec les meubles et tout. » Je lui rappelai qu'il l'avait acheté pour $ 5 000. « Mais l'endroit était une épave complète », protesta-t-il avec raison. Maintenant il dispose de bons meubles et d'une très bonne réputation, comme le Ritz à Paris et le Raffles à Singapour. » Je lui dis en riant : « Merci, mais ma réponse est non ! Je préférerais être harcelé par les duvaliéristes en tant qu'éditeur de journal qu'en tant qu'hôtelier. » L'idée de gérer un hôtel, même le bien-aimé Oloffson, était un cauchemar que je ne souhaitais pas envisager.

Roger et Laura Coster en compagnie de M. Haiti Sun

Monsieur Coster me renseigna plus tard que l'hôtel avait été vendu ; que Ti-Barb Morrison avait contribué à hauteur de $ 2 000 ; Monsieur Issa Saieh avait également contribué ; et qu'Al Seitz serait le nouveau détenteur du bail. L'Américain Seitz, qui était le responsable des ventes du grand magasin *La Belle Créole*, avait même déjà installé sa jolie compagne haïtienne Gert Pressoir comme gérante. Roger et Laura, son épouse haïtienne au corps souple, allèrent s'installer aux Îles Vierges américaines.

C'était la fin de l'ère Coster. Roger Coster avait la capacité de faire rire les gens même quand il était sérieux. Mais mises à part ses plaisanteries et sa nature joviale, c'était un fin observateur de l'esprit humain et de la politique.

Ce rondelet Franco-Russe naturalisé américain avait fait beaucoup plus de publicité pour Haïti que le bureau gouvernemental chargé du tourisme. Monsieur Coster et l'hôtel Oloffson avaient fait l'objet d'un article de fond dans l'édition de la revue *Saturday Evening Post* du 14 novembre 1959. La publicité que Coster avait générée pour Haïti et l'Oloffson dans nombre de magazines à travers le monde était sans bornes. Il avait été l'hôte d'une gamme de célébrités, de gens sans complexes et d'excentriques. La liste des clients de l'hôtel comprenait des personnes riches et célèbres, des metteurs en scène et des vedettes de Broadway. Roger nous avait raconté l'histoire d'un psychiatre new-yorkais qui tomba non seulement amoureux de l'Oloffson, mais également de la voluptueuse jeune femme âgée de vingt ans qui y chantait en créole et qu'il épousa. À son départ d'Haïti pour se faire une nouvelle vie à New York, celle-ci se serait exclamée de façon inimitable devant M. Coster : « J'adore tout simplement Freud ! »

- - -

Il y avait enfin de merveilleux signes de progrès dans la capitale : la principale artère de trois kilomètres de long appelée Grand-Rue était finalement en train d'être pavée. Peu de temps après que le président Duvalier entra en fonction, son ministre des Travaux publics avait fait décaper la Grand-Rue qui, bien qu'accidentée, était jusque-là utilisable, puis il avait suspendu les travaux par manque de fonds. La chaussée défoncée et boueuse non seulement choquait la vue mais était presque impraticable pendant la saison des pluies, tandis que les commerçants se plaignaient des épais nuages de poussière qu'elle causait pendant la saison sèche.

Les travaux reprirent finalement pour de bon au mois de mars en vue de paver la Grand-Rue avec du béton. Duvalier avait pris la décision de financer l'opération à l'aide d'une émission d'obligations d'État d'un montant de $ 1 000 000 à 7 % d'intérêt, garantie par une taxe spéciale sur l'essence. Oswald [O. J.] Brandt, un homme d'affaires natif de la Jamaïque, acheta l'entièreté de l'émission avec un rabais de 10 %. C'était une bonne affaire et il se faisait en plus des amis au sein du Palais national. L'entrepreneur Adrien Roy promit d'achever de paver

la Grand-Rue en six mois, beau temps ou mauvais temps, guerre ou paix.

Time Magazine sauta sur l'article que je suggérai qui occupa presque une page entière de son numéro du 21 mars 1960 et était illustrée par une photo que j'avais prise de O. J. assis dans son petit bureau devant une photo de sa mère.

Monsieur Brandt était persuadé qu'il savait tout

de la politique en Haïti et il prit l'habitude de verser des contributions aux campagnes présidentielles et d'offrir des donations aux levées de fonds du Président. Cependant, lorsque la campagne de Duvalier pour des donations destinées à l'achat d'armes vint frapper à sa porte, il n'offrit rien et prétexta simplement que ceux qui menaient cette campagne « manquaient d'intégrité ». Lequel manque de solidarité lui valut, croyait-il, d'être interpellé par la police pour se justifier. À une autre occasion, il avait dû se réfugier pendant quelques jours à l'ambassade de Grande-Bretagne jusqu'à ce que les choses se soient calmées. Il avait conservé son passeport britannique, juste au cas où.

Il y avait aussi de bonnes nouvelles du côté de l'éducation. « Les membres de notre église travaillaient, planifiaient et priaient depuis une vingtaine d'années pour l'avènement de cette école. » C'est ainsi que le révérend H. O. McConnell, M. B. E., annonça dans une interview accordée au *Haiti Sun* l'ouverture par l'église méthodiste du Nouveau Collège Bird. Natif du comté de Cork en République d'Irlande mais ayant grandi dans la ville protestante de Belfast, en Irlande du Nord, le révérend McConnell était venu en Haïti en 1933 comme missionnaire de l'Église méthodiste. Mise à part la religion, ce pasteur irlandais était avant tout un éducateur et un constructeur.

L'école et l'église d'origine, dédiées au révérend Mark Bird, un missionnaire et éducateur anglais arrivé en Haïti en 1840, avaient été construites à la rue de la Révolution en 1817, au temps du président Pétion, par les deux premiers missionnaires anglais de l'Église méthodiste en Haïti, les révérends John Brown et James Catts. Le bâtiment originel fut victime de la révolution de 1908 qui détruisit plusieurs autres bâtiments avoisinants. L'école fut reconstruite l'année suivante, mais en 1960, grâce à une donation de $ 80 000 provenant essentiellement de la Société missionnaire méthodiste de Londres, le pasteur McConnell fit rénover complètement et agrandir la vieille école, la faisant renaître sous l'appellation de Nouveau Collège Bird.

Le pasteur McConnell, les yeux brillants, nous décrivit la manière providentielle dont il avait « trouvé » des enseignants pour la nouvelle école qui pouvait accueillir 400 élèves. Le Dr Robert de Saussure, un pasteur méthodiste suisse en visite en Haïti avec sa femme et d'autres membres de sa famille décida d'aller jeter un coup d'œil aux peintures murales primitives de l'église épiscopale de Port-au-Prince et loua un taxi à cet effet. Le chauffeur qui avait confondu les églises conduisit le pasteur et sa famille à l'église méthodiste et la résidence missionnaire où ils furent accueillis par le pasteur McConnell. « Lorsque le pasteur suisse s'enquit des peintures murales, se rappela le pasteur McConnell, je lui avais répondu qu'il s'était trompé d'adresse. »

Le révérend McConnell nous dit que par politesse il avait parlé de la pluie et du beau temps avec le visiteur et « Je lui avais dit que j'avais visité son pays [la Suisse] il y avait à peine un mois de cela, en quête d'enseignants et qu'on m'avait dit que c'était chose impossible ». De cette rencontre due au hasard, il résulta que lorsque le pasteur de Saussure retourna en Suisse et lança un appel pour recruter des enseignants destinés au Nouveau Collège Bird, un autre pasteur méthodiste suisse, le révérend Paul Decorvet qui était titulaire d'une maîtrise en mathématiques et en théologie, manifesta son intérêt. Ce dernier devint en fin de compte le directeur du Nouveau Collège Bird et, assisté de huit autres enseignants suisses, il introduisit en Haïti les méthodes pédagogiques actives, une approche pédagogique suisse d'avant-garde, largement diffusée en Suisse et en France. De plus, pour la première fois en Haïti, les élèves étaient en mesure de réaliser des expériences scientifiques dans un laboratoire moderne bien équipé.

Avant même son ouverture, la nouvelle école était remplie à capacité. Selon le révérend McConnel : « Nous ne sommes pas ici pour bourrer les têtes des gens avec de la religion, mais pour leur assurer une bonne vision chrétienne et une éducation de qualité. »

- - -

Comme les affaires de *Haiti Sun* prospéraient et que mes reportages internationaux étaient suffisamment lucratifs, je décidai de construire une maison sur un terrain que j'avais acheté de mon futur beau-frère, le Dr Georges Hudicourt, et qui était situé en dehors de Port-au-Prince, dans une zone rurale appelée Frères. La colline sur laquelle j'avais choisi de bâtir la maison étant dénudée et rocheuse, je mis en application ce que j'encourageais dans des éditoriaux et entrepris de la reboiser. Je transportai, sous les rires des paysans du voisinage, des chargements de terre de la vallée d'en bas pour les déposer sur le flanc dénudé de la colline afin de permettre aux arbres plantés de croître, et cela réussit.

La section de cinq pages de *Time Magazine* consacrée aux affaires de l'hémisphère était réceptive à des articles excentriques souvent plus édifiants sur un pays que les reportages de nouvelles en temps de crises. Cela me donna la chance d'écrire des articles au sujet du génie des Haïtiens ordinaires et de leur esprit inventif né de la pauvreté.

L'un de ces articles que j'avais écrit pour *Time Magazine*, intitulé « Voyage avec des cannettes », était illustré par une photo occupant deux colonnes du journal et montrant des artisans port-au-princiens confectionnant des bagages à partir de sections de cannettes de bières. La société haïtienne n'étant pas une société de consommation, les Haïtiens étaient devenus des experts en recyclage. Dans ce cas-ci, la matière première était constituée de rejets de cannettes de bière qui avaient été mal étampées par des presses aux États-Unis. Importées en

Haïti et vendues à un prix dérisoire, ces plaques de fer-blanc désassorties et mal imprimées servaient de matière première dans la fabrication de mallettes. À l'aide de fer de soudage et de marteaux, les ferblantiers de trottoir de Port-au-Prince transformaient ces plaques en bagages solides et voyants dont aucun n'était identique à l'autre. Ils étaient munis d'encadrements faits du bois de caisses de lait Carnation, de revêtements intérieurs en papier peint, de serrures, de poignées et de charnières. Le modèle le plus petit se vendait à $ 1,12 tandis que le plus grand modèle de luxe se vendait à $ 2,50. Le modèle populaire qui se vendait le mieux était un tape-à-l'œil rouge et jaune fait de cannettes de bière de marque Pearl Beer portant encore l'inscription « Brassée au Texas depuis 1886 avec la fameuse eau artésienne de San Antonio ». En un rien de temps, les touristes s'en retournaient chez eux en arborant fièrement la nouvelle valise faite de cannettes de bière *made in Haiti*.

Un autre produit de l'ingéniosité haïtienne qui provoqua la critique du Département d'État et éventuellement même celle du Congrès des États-Unis était la commercialisation du drapeau américain comme tissu d'habillement bon marché. Une fois de plus, *Time Magazine* sauta sur l'article qu'il accompagna de la photo que j'avais prise de marchandes au marché de Croix-des-Bossales de Port-au-Prince se pavanant fièrement dans des chemisiers et robes aux tons vifs de la bannière étoilée. La disponibilité de stocks excédentaires du drapeau américain, résistant et bon marché, avait causé un changement bigarré dans l'habillement de plusieurs marchandes. (Haïti s'étant dotée de son propre moulin à farine, la source de robes faites auparavant de sacs de farine Pillsbury avait disparu.)

Des rouleaux de drapeaux américains non coupés se vendaient au détail à Port-au-Prince à 20 centimes le yard et, au moment de la parution de notre article dans l'édition de *Time Magazine* du 13 juin 1960, les marchands de tissus de Port-au-

Prince avaient déjà vendu l'équivalent d'un million de drapeaux américains.

Quelques touristes américains furent choqués de voir la bannière nationale de leur pays couvrir les fesses de marchandes haïtiennes assises au milieu de leurs produits et crièrent à la profanation. Cependant, comme l'article de *Time Magazine* le faisait remarquer : « Le code actuel relatif au drapeau indique comment il devrait être déployé ou plié, il n'existe aucun règlement contre son utilisation vestimentaire. » Le représentant américain (député) Charles O. Porter introduisit au Congrès un projet de loi interdisant la manufacture, la vente ou la donation de tout type de drapeau américain pour tout usage qui pourrait « le faire mépriser ». Entre-temps, comme le faisait remarquer le *Time*, la paysannerie haïtienne continuera à « ressembler à une affiche de recrutement de la marine américaine ».

Quand le courant revient

La Compagnie d'éclairage électrique, S. A. appartenant à des Américains était en butte aux attaques des membres du gouvernement Duvalier et du parlement haïtien qui l'accusaient de ne pas fournir suffisamment d'électricité. Les pannes de courant d'une durée de quinze minutes à heure trente étaient fréquentes chaque nuit. Le *Haiti Sun* présenta une couverture intégrale du problème d'électricité et dans un éditorial demanda l'exploitation du barrage de Péligre pour fournir de l'électricité. Selon la compagnie d'électricité, l'insuffisance d'énergie était en grande partie due aux méthodes ingénieuses utilisées par les Haïtiens pour se raccorder illégalement au système électrique et voler le courant dont ils avaient besoin. Un appareil largement utilisé permettant de court-circuiter les compteurs d'électricité était surnommé, pour une raison ineffable, le Cumberland, du nom de M. William W. Cumberland, un ancien receveur des douanes américaines ayant servi en Haïti durant l'occupation américaine.

J'envoyai au *Time Magazine* un reportage intitulé la « Bataille du Cumberland » pour sa livraison du 27 juin 1960. Le magazine hebdomadaire était plus exigeant que les journaux quotidiens et demandait que les faits soient vérifiés et souvent revérifiés. Les éditeurs voulaient toujours plus de matériel que celui fourni dans le reportage original. De sorte que je dus décrire les différentes méthodes haïtiennes utilisées pour court-circuiter le compteur de courant. Un individu très innovateur avait installé un interrupteur sous le plancher situé devant le compteur de sorte que lorsque le lecteur de compteurs se positionnait à cet endroit pour relever le niveau actuel de consommation de courant, son poids coupait l'interrupteur de contournement Cumberland et faisait redémarrer le compteur de la compagnie de façon normale. Le ccoût de l'installation d'un système Cumberland atteignait $ 30 pour un appareil anti-détection. D'après certaines informations, l'un des Cumberland avait déconcerté la compagnie d'électricité à un point tel qu'elle offrit à son concepteur de lui fournir gratuitement et à vie de l'électricité contre la révélation de son secret. La compagnie prétendit que les Cumberland lui avaient volé 112 millions de kwh durant les dix années écoulées, équiva-lant à un coût de $ 950 000 rien que pour le mazout utilisé par ses génératrices.

Le ministre des Travaux publics, M. Michel Lamartinière Honorat, prétendit que la compagnie américaine réalisait tout de même du profit et ne se trouvait pas au rouge. Il ajouta que le tarif local d'électricité de 12 centimes le kwh comptait parmi les plus élevés de l'hémisphère. Il reconnut néanmoins que le gouvernement lui-même devait $ 711 000 à la compagnie.

Commémoration de l'épidémie de variole

À l'occasion du 80ᵉ anniversaire de la terrible épidémie de variole qui avait ravagé la population haïtienne, un pèlerinage spécial commémorant cette tragédie fut organisé par l'Église catholique en l'honneur de Notre-Dame du perpétuel secours. Durant le pèlerinage au Bel-Air, les pèlerins, parmi lesquels se trouvait l'archevêque Mᵍʳ Poirier, transportaient un gigantesque cierge, don de sa Sainteté le pape Jean XXIII.

Un autre évènement important pour les catholiques d'Haïti était l'inauguration en novembre 1959 par les jésuites d'une grande maison de retraite destinée à être une oasis de paix où ils pourraient renouveler leur foi religieuse. Construite pendant trois ans par des jésuites canadiens, la Villa Manrèse était un nouvel immeuble phare situé à la limite des arbres au-dessus de la ville et offrant une vue splendide de la capitale. Le Grand Séminaire où de jeunes Haïtiens recevaient une formation pour la prêtrise se trouvait à quelques centaines de mètres de là.

L'imposante villa de trois étages portait le nom de la petite ville espagnole où le jeune laïc qui allait devenir le fondateur de l'ordre des jésuites, saint Ignace de Loyola, passa plusieurs mois dans une grotte à méditer et rédiger ses *Exercices spirituels* qui sont utilisés jusqu'à ce jour dans les maisons de retraite des jésuites à travers le monde.

Lorsque le *Haïti Sun* publia un article de fond sur la Villa Manrèse en avril 1960, plus de 1 300 personnes avaient déjà pris part à des retraites de trois jours (les retraites se faisaient en alternance pour les hommes et les femmes). Chaque visiteur disposait de sa chambre privée, l'une des 66 chambres peu équipées, ne disposant que d'un lit, d'une table et d'une chaise. Certaines ne comportaient qu'un lavabo tandis que d'autres avaient une douche et un W. C.

La maison de retraite Villa Manrèse

Deux retraites étaient organisées par semaine durant lesquelles chaque journée commençait par une messe dans la chapelle située au second étage. La messe était suivie d'instructions spirituelles après lesquelles les participants retournaient dans leurs chambres pour méditer. Selon le supérieur de la Villa Manrèse, le père Antonio Poulin, S. J., un Canadien d'âge mûr, plein d'entrain et de contenance souriante : « Le temps passe si vite que les gens généralement veulent rester deux ou trois jours de plus. » C'était seulement durant les repas que les participants à la retraite étaient autorisés à parler, si bien qu'un grand silence régnait généralement sur la villa. Une grande cuisine gérée par des sœurs canadiennes de la Charité fournissait les repas.

« La vie spirituelle est aussi importante que la vie matérielle et intellectuelle », expliqua le père Poulin au *Haiti Sun*. « Nous donnons donc aux gens la bonne instruction sur tous les sujets importants de la vie. Nous leur enseignons des choses telles que l'amour de Dieu et du prochain et la justice. »

Les retraites étaient organisées à la Villa Manrèse durant dix mois de l'année. Cependant, ajouta le père : « Il y a beaucoup de gens qui expriment le souhait de revenir pour une seconde fois au courant de la même année, mais notre problème est qu'il n'y a pas assez de chambres pour accommoder tout le monde. » Au moment où nous publiions notre article, il y avait une longue liste d'attente d'Haïtiens souhaitant participer à la retraite de trois jours qui coûtait la princière somme de $ 5, 00.

C'était aux jésuites qu'on avait attribué l'introduction au XVIIIe siècle des plants de caféiers dans la colonie française devenue aujourd'hui Haïti. Le régime colonial français finit par les expulser à cause de leurs idées « modernes », c'est-à-dire humanistes.

Les jésuites revinrent en Haïti en 1953 sur l'invitation du président Paul Magloire. En plus de la formation de séminaristes haïtiens à la prêtrise qu'ils assuraient au Grand Séminaire, ils initièrent leurs œuvres de charité à Quartier-Morin, dans le département du Nord, qui se trouvait être la ville natale du président Magloire.

« J'avais parcouru pendant cinq mois les collines d'Haïti afin de découvrir le bon endroit pour la maison de retraite. Je n'avais pratiquement pas d'expérience lorsque je conçus ce bel édifice », se rappela le joyeux père Poulin. À l'arrière du foyer, il y avait une grande peinture murale qui accueillait ceux qui entraient dans la maison de retraite. Sous le pinceau de l'artiste primitif haïtien Castera Bazile, l'œuvre d'art aux couleurs vives représentait une scène biblique avec des personnages et des fleurs.

Le père Poulin était né à Notre-Dame-des-pins, au Canada. Ses ancêtres constituaient l'une des 19 familles françaises qui immigrèrent au Canada quelque trois cents ans plus tôt. La famille Poulin se multiplia et devint l'un des clans européens les plus nombreux dans le nord du Canada, si bien que lorsqu'une réunion fut organisée en 1927, 10 000 personnes portant le nom de famille Poulin y prirent part.

Controverse autour de l'ancre de Colomb

Les Haïtiens maîtrisent bien l'art épistolaire et la preuve qu'ils lisaient les rubriques de *Haiti Sun* était la lettre du professeur Luc Dorsinville, l'un des principaux historiens d'Haïti. Celui-ci contestait ce que nous avions dit dans un reportage concernant une légendaire ancre marine. Le président Duvalier avait autorisé qu'on remette ladite ancre au Smithsonian Institution à Washington, D. C. Ce n'était pas une ancre ordinaire, mais son authenticité était mise en doute. Edwin A. Link, le multimillionnaire créateur du Link Trainer, avait lancé en 1955 une recherche en vue de découvrir les restes de la *Santa Maria*, le vaisseau amiral de Christophe Colomb, qui avait heurté un récif au large du Cap-Haïtien le jour de Noël, en 1492. La seule chose que Link et son équipe avaient trouvée était une ancre, qui, selon eux, faisait probablement partie de l'infortunée *Santa Maria*. Monsieur Link fit généreusement don de l'ancre au Musée haïtien où elle fut placée à côté de l'ancre originelle de la *Santa Maria* qui avait été authentifiée comme appartenant au vaisseau de l'amiral et qui fut découverte par des Indiens des centaines d'années plus tôt.

Voici ce que le professeur Dorsinville disait dans sa lettre à l'éditeur :

« Mon nom ayant été cité en référence à votre édition du 24 avril, je me sens dans l'obligation morale de vous dire que, grâce à ma connaissance de l'histoire et à mon honorabilité, j'ai empêché [en critiquant] M. Ed Link de tourner Christophe Colomb en dérision, lequel est dans l'impuissance de protester dans la cathédrale de la vieille Santo Domingo de Guzman, aujourd'hui Ciudad Trujillo [où, selon des sources, les restes de Colomb sont préservés].

« Les faits sont comme suit (et j'espère que le Smithsonian à Washington fera des investigations au musée de la marine à Madrid, comme je l'ai fait moi-même, ainsi que dans les archives de la marine française) : de la fin du XVIe au XVIIIe siècle au moins quatre vaisseaux français ont coulé dans le chenal de Picolet [à l'entrée du Cap-Haïtien] où M. Ed Link a trouvé son ancre.

« Il ne faut pas oublier que la Santa Maria de Colomb a fait naufrage à Caracol, à trois lieues du chenal de Picolet. L'Amiral lui-même a rendu compte à leurs Majestés espagnoles qu'il avait récupéré l'équipement du vaisseau et qu'il l'avait laissé à « Navidad » [Navidad était le fort – construit avec les planches récupérées sur le navire naufragé – où il avait laissé le reste de son équipage pendant qu'il retournait en Espagne sur son autre bateau]. Avec les hommes qu'il avait laissés derrière, il y avait l'équipement du bateau et notamment la fameuse ancre découverte par les Indiens sur la côte dont les Haïtiens disposent au Musée national d'Haïti. »

Six échappent aux crocs du cheval de fer

Six échappent aux crocs du cheval de fer. *Haïti Sun*, 10 juillet 1960. Six jeunes braves récemment rentrés au pays après des études à l'étranger ont perdu leur voiture de location ainsi qu'un morceau de peau de leurs nez ce lundi lorsque la voiture dans laquelle ils circulaient tomba en panne en travers des rails du chemin de fer. Express de Saint-Marc ou convoyeur de ciment, on n'a pas encore déterminé lequel des deux vestiges de cheval de fer utilisait les rails à ce moment-là.

Alors qu'ils revenaient d'un safari de pêche au harpon à Montrouis, leur Volkswagen coccinelle verte, selon une version, enfourchait la ligne de chemin de fer lorsque sa batterie tomba en panne.

Quatre des passagers réussirent à s'échapper à temps de la voiture alors que le train qui galopait à quelques vingt kilomètres à l'heure se ruait sur eux.

Le train poussa la voiture hors de la piste blessant légèrement les deux occupants qui étaient pétrifiés.

Parmi ceux qui avaient échappé de si près aux crocs du cheval de fer, se trouvaient : Reynold Bonnefil, Bibim Prézeau, Alfred Roy, Eddy Riobé et Ti Georges Wiener.

CHAPITRE 10
Notre propre imprimerie

Après cinq ans et des dernières semaines de dur labeur pour l'équipe, notre presse à plateau de modèle Kelly était en état de marche dans l'imprimerie établie derrière les bureaux de l'éditeur de *Haiti Sun*. L'enthousiasme en ce jour tant attendu du 1er mai 1960 était compréhensible en voyant une page après l'autre de *Haiti Sun* tomber de la vétuste presse manuelle. C'était comme si nous étions témoins d'un miracle moderne. L'acquisition de l'équipement complet de l'imprimerie avait pris plusieurs années et c'était grâce au salaire que je recevais pour mon travail de correspondant international que je fus finalement en mesure d'effectuer tous les achats. Le *Haiti Sun* était mon enfant naturel et je ne m'attendais pas à ce qu'il rapporte du profit. L'installation du nouvel équipement n'avait pas été une tâche facile. Les dimensions des pages tabloïds de *Haiti Sun* devaient être réduites afin d'être compatibles avec la nouvelle presse ; cependant, nous pouvions étoffer notre hebdomadaire jusqu'à 24 pages, et même plus si les nouvelles l'exigeaient, sans que cela n'ajoute au coût du journal pour nos lecteurs.

Dans l'édition du 1er mai 1960, nous informions ainsi nos lecteurs :

« Avec ce numéro, Haiti Sun *est heureux d'inaugurer un tabloïd d'une nouvelle dimension présentée en toute confiance à nos nombreux lecteurs. Le changement de format facilite le traitement du journal et son envoi à nos souscripteurs situés à l'étranger. Nous pensons que sous sa nouvelle forme, le tabloïd poursuit toujours la politique que nous suivons depuis une dizaine d'années en Haïti qui consiste à offrir à nos lecteurs*

les actualités d'intérêt concernant Haïti et des articles à thèmes ainsi que des faits divers.

« *Notre nouveau tabloïd sera imprimé sur une nouvelle presse que nous venons d'installer dans nos locaux et le volume du journal passera de 16 pages à 24 pages comprenant des photos, des articles et des rubriques d'intérêt pour Vous, nos lecteurs…*

« *Avec la présentation de ce nouveau tabloïd nous vous remercions, vous nos lecteurs, pour le soutien que vous nous avez accordé par le passé et, par anticipation, nous vous remercions pour votre support continu dans le futur de ce journal de langue anglaise en Haïti.* »

Et il y avait plus que jamais des nouvelles susceptibles de faire l'objet de reportages.

Il y avait des changements perceptibles dans notre journal reflétant le passage du temps en Haïti. Déjà en 1955, il avait consolidé sa place comme un journal populaire, plein d'humour, reflétant l'esprit exubérant d'Haïti, et comme nous le répétions souvent dans nos éditoriaux, s'efforçant « d'aider de toutes les manières possibles » la marche du pays vers le progrès. Nous n'avions jamais oublié de prendre en compte les gens du commun dont la voix n'était pas entendue sur la scène publique ou politique. Notre journal publiait beaucoup d'informations concernant leurs métiers, leurs malheurs et leurs humbles gloires, et nous leur donnions l'occasion de s'exprimer à leur manière. Notre rubrique régulière intitulée « Le long de chaque rue » avait décrit des métiers tels que le mystère de la mayotte, le brouettier vendeur de pierres, le vendeur de noix de coco sur le trottoir et, bien entendu, la douche publique à quatre centimes. Pour les Haïtiens de la classe ouvrière, même dans leur climat chaud, une douche était un luxe qui en valait bien le prix ; et ils comptaient parmi les personnes les plus propres du monde. Le *Haiti Sun* était heureux de laisser les nouvelles du monde aux autres journaux, car pour nous les nouvelles et les articles de fond concernant les Haïtiens eux-mêmes étaient plus importants.

Par exemple, le *Haiti Sun* avait déniché des visiteurs dont les ancêtres avaient joué des rôles dans l'histoire d'Haïti, tel ce touriste dont l'arrière-arrière-grand-père qui était un sellier avait travaillé avec Henry Christophe dans les étables de Cap-Français à l'époque coloniale française.

La nostalgie était également au programme. Une Américaine au foyer, qui avait visité Port-au-Prince en 1922, nous informa dans une interview accordée en 1960 qu'elle avait remarqué que beaucoup avait changé depuis son retour dans le pays. Elle se rappelait que le Champs de Mars était alors envahi par la végétation et que Vénus était seule à tenir compagnie à la statue de l'empereur Jean-Jacques Dessalines. « Posséder une voiture à cette période était presque inouï, commenta-t-elle. Il n'y avait pas de routes pavées et les chansons des vendeurs de rue étaient la seule musique que l'on entendait, et non pas les klaxons de voitures qui finirent par couvrir les sons émis par les poumons les plus robustes des colporteurs de marchandises. »

Cependant, déjà en 1960, comme Duvalier durcissait son régime, il devenait de plus en plus difficile pour le *Haiti Sun* de remplir le rôle qu'il s'était assigné en tant qu'hebdomadaire : concentrer son attention sur les informations locales. Nous continuions malgré tout à remplir notre mission de notre mieux. Ce qui suit représente un échantillon des articles sur divers sujets parus dans le *Haiti Sun* durant le mois de mai 1960 :

La musique : La performance du chanteur Herby Widmaier et de ses starlettes, qui fit salle comble au Rex-Théâtre.

L'art : Max Pinchinat, un peintre haïtien ayant connu du succès à Paris en tant qu'artiste et qui n'était pas homme à éviter la controverse, en provoqua une au cours d'une visite en Haïti durant laquelle il mena une révolte d'artistes haïtiens contre le Centre d'art de Port-au-Prince en disant qu'il craignait que le Centre ne restreigne à jamais l'art haïtien dans les chaînes du primitivisme.

Pinchinat était un ex-lieutenant de l'armée d'Haïti, qui avait quitté le service militaire pour aller vivre à Paris. Il avait gagné une médaille d'or durant l'Exposition internationale de Port-au-Prince de 1949. Un critique parisien avait fait l'éloge de son œuvre en disant qu'« il approche la limite de l'abstraction tout en gardant contact avec la nature avec enthousiasme et talent ».

Dans le même numéro, le *Haiti Sun,* qui ne partageait pas l'avis de Pinchinat concernant le Centre d'art et le primitivisme des artistes haïtiens, loua leurs travaux et observa que 23 œuvres de Robert Saint Brice, le plus distingué des peintres locaux, avaient fait l'objet d'une exposition à la Galerie Cobber de New York.

Le directeur du Centre d'Art, Dwitt Peters, et Castera Bazile exhibant son œuvre.

Gastronomie : « L'une des principales attractions consiste en l'ascension de la montagne Boutillier pour atteindre l'atmosphère brumeuse et presque éthérée du restaurant *Le Perchoir*. Un rêve pour les gourmets à cause de sa cuisine à la fois haïtienne et continentale. Les fenêtres spacieuses du restaurant forment un écran vivant qui peut exposer au visiteur un panorama sans pareil de Port-au-Prince et de ses environs ; panorama qui, avec un défilé sans fin de cumulonimbus, peut en quelques secondes s'embuer, plaçant le restaurant perché au sommet de la montagne dans un monde différent et enchanté. Déjeuner : $ 1,75 ; $ 2 à la carte. Menu préparé par le chef cuisinier suisse.»

Culture et thème de beauté : L'énorme et imposante Citadelle surplombant une montagne sur la côte nord d'Haïti est considérée par beaucoup d'Haïtiens comme leur Statue de la Liberté. La Citadelle constitue la Mecque du tourisme et sert de rappel suprême de la richesse du pays, car Haïti est immensément riche en culture, en beauté et en vestiges d'un passé glorieux.

« Un bastion où se dressent des remparts, des donjons sombres et des galeries froides et trempées où d'énormes canons du XVIIIe siècle sont alignés, cette immense forteresse avait été construite pour défendre Haïti contre une seconde invasion des armées de Napoléon qui ne se matérialisa jamais. Mais chaque année, de nos jours, des « armées » de touristes de la Caraïbe envahissent le puissant monument situé à presque 1 000 mètres au-dessus des plaines chatoyantes du Cap-Haïtien, la deuxième ville d'Haïti.

« En 1953, le gouvernement haïtien dépensa plus de $ 3 000 000 pour l'amélioration des aménagements touristiques de la région du Cap-Haïtien, dont une bonne partie fut consacrée à la restauration de la ville du Cap-Haïtien ainsi que de la petite ville de Milot, située une vingtaine de kilomètres plus loin et de son palais Sans-Souci qui est une copie du palais de Versailles en France. C'était à Sans-Souci que, il y a plus de cent cinquante ans de cela, le créateur de la Citadelle, le roi Henry Christophe, tenait cour dans une redingote bleue avec de longues chaussettes blanches, des hauts-de-chausses de soie et des escarpins à boucles. »

Urgent besoin d'infrastructures. « La situation ironique provoquée par les fortes pluies qui ont une fois de plus dévasté plusieurs des routes principales menant à la capitale aurait bien pu prêter à rire, n'étaient sa gravité et les répercussions qu'elle imposait.

L'exemple choquant du grand axe routier de Frères peut servir à illustrer cette situation. Il y a environ un mois, à la suite de fortes averses, l'unique pont de fortune construit en terre avait été emporté, coupant ainsi toute communication avec la ville.

« Le jour suivant, des réparations d'urgence furent rapidement entreprises et après seulement dix-huit heures, la circulation routière fut rétablie grâce à l'érection d'un nouveau pont – fait bien entendu de cette substance durable qu'est la boue.

« Tout alla bien et la circulation se rétablit à travers l'unique petit pont de Frères qui avait une déclivité en son milieu, jusqu'au weekend dernier, quand des averses torrentielles se déversèrent une fois de plus. Devinez ce qui se passa ! Le pont disparut durant la nuit et après sept jours un espace vide de deux à trois mètres de long témoigne que rien n'a été fait pour le réhabiliter en le comblant avec de la terre, du sable, des roches ou autres matériaux. À part ce pont situé près du night-club Djoumbala, les pluies continuelles avaient empêché tout trafic militaire dans la zone en causant l'effondrement d'un autre pont situé plus bas sur la route de Frères. »

Nous avons remarqué que *Haiti Sun* n'était pas le seul à se plaindre de l'isolement de Frères où habitait son éditeur !

Dans son commentaire sur cette situation déconcertante, *La Phalange* déclara que l'Académie militaire, l'église Sainte-Claire, six fermes d'élevage de poulets, une entreprise de nettoyage à sec, une exploitation laitière, une ferme-école avec un effectif de 500 élèves, et des maisons résidentielles avaient été isolées par les inondations pluviales et l'absence de pont. Le journal avait omis de mentionner dans sa liste des personnes bloquées, des patients et des infirmiers et infirmières travaillant à l'hôpital Claire Heureuse pour handicapés ainsi que les milliers de petits fermiers qui acheminent leurs produits en ville via cette route.

La Phalange lança un S. O. S. plaintif pour la construction d'un pont en béton et l'intervention de TECHINT, le service de réparation des routes du ministère des Travaux publics. D'autres voient cependant l'affaire différemment, et tout Haïtien ayant eu même un bref aperçu du travail des fameux ingénieurs américains appelés Seabees (CBs), ou d'ingénieurs d'autres pays, pourrait appréhender la présente situation et rire à en mourir de l'obstacle insurmontable qui isole les institutions, les entreprises et la population de Frères du reste du monde. En fait, tout cela n'est pas drôle lorsqu'on considère que chaque fois qu'il pleut, les activités d'institutions telles que l'Académie militaire où 44 cadets reçoivent une formation d'officiers, sont circonscrites uniquement à la zone de Frères.

Le *Haiti Sun* remarqua : « Il existe un simple remède et le voici... un pont Bailley que même des boys scouts peuvent facilement assembler, et il en existe des milliers en stock à travers le monde à utiliser dans de telles situations d'urgence.

La jeunesse haïtienne : « Le premier congrès de l'Union nationale des étudiants haïtiens se tiendra à la Faculté de droit, dans la salle des Pas-Perdus, du 17 au 27 mai. Le ministre de l'Éducation a accordé aux étudiants son soutien moral et matériel afin de leur permettre de travailler dans les meilleures conditions possibles et, à cet effet, la journée du 20 mai a été décrétée jour de congé pour tous les étudiants des institutions d'enseignement supérieur.

« La fête du Drapeau tombe le 18 mai et, à cette occasion, le ministre de l'Éducation, le révérend père Hubert Papailler, adressera un message aux étudiants qui, selon les reportages de la presse, ont placé leur congrès sous le double signe de la lutte contre la ségrégation et le colonialisme.

« Selon le reportage du journal *Le Matin* cette semaine, les congressistes débattront également de la question de l'émission d'un timbre de solidarité qui sera mis en circulation le 18 mai par l'Union nationale des étudiants haïtiens afin de collecter des fonds au bénéfice de la population noire d'Afrique du Sud.

« *Haïti Sun* a reçu une invitation à participer au congrès de l'Union nationale des étudiants haïtiens que lui ont envoyée son président, Jean Malan, et son secrétaire général, Alexandre Lavaud. »

Le nouveau quai de Jacmel : « C'était pratiquement la population entière de la petite ville de Jacmel située au sud-est d'Haïti qui avait afflué au bord-de-mer pour être témoin de l'arrivée le 11 mai du premier navire de haute mer à faire son entrée dans le port douillet depuis près de deux ans.

« Il s'agissait d'un grand évènement pour les 12 000 habitants de Jacmel, car le 11 mai était également le jour de saint Philippe et saint Jacques, les saints patrons de Jacmel ; dans une atmosphère festive, des milliers de gens s'étaient rassemblés sur le bord-de-mer pour applaudir le navire français *MV Ariès* qui jetait l'ancre dans le quai d'acier et de béton flambant neuf ayant coûté $ 258 000.

« Jacmel, le second port d'exportation du café d'Haïti, avait perdu son quai durant les ravages causés par l'ouragan Ella en août 1959. Le nouveau quai de 100 mètres de long, 12 mètres de large, planté sur des pilotis de 30 centimètres dans de l'eau de 6 mètres de profondeur, avait été construit dans l'espace de six mois par la compagnie TECON Construction de Dallas, au Texas, à l'aide de redevances avancées au gouvernement haïtien par la compagnie minière Reynolds de Miragôane. Le projet avait été réalisé par l'ingénieur John Wiley du Texas.

« Le nouveau quai de Jacmel est capable d'accueillir des navires allant jusqu'à 1 500 tonnes ou jusqu'à 3,5 mètres de tirant d'eau, mais peut aussi accommoder de plus grands navires en utilisant pour leur chargement et déchargement des péniches qui peuvent jeter l'ancre dans le port.

« Jacmel avait récolté 65 000 sacs de café cette année-là, dont 80 % devait être acheminé par camion à Port-au-Prince, au prix de 60 centimes par sac, pour être exporté à l'étranger. Maintenant que le quai de Jacmel est de nouveau ouvert aux navires de haute mer, les exportateurs de café sont confiants que le nouveau dispositif permettra chaque année un bénéfice pour la ville d'environ $ 80 000.

« Une cargaison de 1 750 sacs de café et 200 sacs d'épluchures d'orange destinée au marché européen avait été chargée dans les cales du navire français *MV Ariès* le 11 mai tandis que le navire *Lifana*, appartenant à la Royal Netherlands Steamship, Company des Pays-Bas, devrait jeter l'ancre à Jacmel le 18 mai pour charger 250 sacs de café et 30 tonnes de graines de ricin destinés à New York, constituant ainsi un stimulus pour l'économie de Jacmel.

À la mémoire de Mgr Morice : Les paroissiens des Cayes entreprennent une collecte de fonds afin d'ériger une statue à feu Mgr Jean Marie Morice, le premier évêque des Cayes, pour sa contribution durant vingt et un ans de service à la tête de la Paroisse, de 1893 à 1914. C'est lui qui avait fondé le collège Saint-Jean qui rendit tant de services aux familles du sud d'Haïti jusqu'à sa destruction dans un incendie en 1911.

Des registres de souscription portant la photo de Mgr Morice avaient été mis en circulation afin de permettre à la population de contribuer au mémorial. Le trésorier responsable des fonds collectés était le révérend père Georges, un natif des Cayes. Il était prévu qu'un livre d'or contenant les noms de tous les souscripteurs serait publié et la totalité des fonds obtenus serait remise à Mgr Colignon, l'archevêque des Cayes.

Une coopérative agricole prospère à Fermathe : « C'est comme une petite centrale électrique ; elle se trouve quelque part et elle envoie de la lumière à plusieurs autres endroits de la zone. » C'est l'heureuse phrase qu'un paysan a utilisée pour décrire Fermathe, une entreprise florissante de coopératives agricoles qui a servi d'hôte la semaine dernière au séminaire national sur les coopératives et le développement communautaire. »

Entreprises locales : « Marabou est le nom de la nouvelle salle d'exposition et de vente de meubles contemporains de la rue Bonne Foi et la plus récente entreprise de Charles Déjean et Co. Faisant allusion à la belle jeune Haïtienne immortalisée dans la chanson « Choucoune est une marabou… », le vieux local du magasin Charles Féquière a été complètement modernisé et doté d'une apparence longue, étroite et agréable à l'œil.

« Sous la direction de Pierre Clérié, le magasin vend de l'ameublement ménager fabriqué ici en Haïti, et bien qu'il offre déjà une gamme complète de meubles, de nouveaux modèles sont régulièrement ajoutés en réponse aux exigences des clients. La fabrication locale de meubles a été initiée par

Charles Déjean au mois de novembre de l'année dernière et emploie 30 menuisiers et des ouvriers spécialisés à l'usine MATECO, S. A. qui fait partie de la section industrielle de Charles Déjean et Cie. »

Oberstar, conférencier invité, 23, 24 mai : « La Déclaration d'indépendance et la Constitution des États-Unis sont les sujets que M. James Oberstar traitera au cours de deux conférences qu'il donnera cette semaine.

« Monsieur Oberstar, titulaire d'une maîtrise en études comparatives gouvernementales de l'université Georgetown, parlera de la Déclaration d'indépendance le 23 mai à l'Institut haïtiano-américain. Sa conférence sur la Constitution sera donnée le jour suivant dans la soirée, à la même heure et au même endroit. Les deux conférences seront données en français.

« Monsieur Oberstar est licencié *summa cum laude* en lettres françaises et sciences politiques du College of St. Thomas à Saint-Paul, Minnesota. Il est également détenteur d'un certificat des hautes études européennes du collège d'Europe à Bruges, en Belgique.

« Le conférencier fait partie de la Mission navale américaine en Haïti où il assure des cours de français et d'anglais. Il a travaillé au Département d'État comme interprète et traducteur et parle couramment le français, l'italien et le serbo-croate.

« Sa première conférence traitera de la théorie politique de la Déclaration d'indépendance, tandis que la seconde traitera de la Constitution des États-Unis dans son principe et dans sa pratique.

« Ayant la réputation d'être un penseur s'exprimant clairement et logiquement, et ayant une parfaite maîtrise de la langue française, M. Oberstar suscitera certainement un grand intérêt. Les conférences sont ouvertes au public. » (M. Oberstar devint plus tard un représentant au Congrès des États-Unis.)

Haltérophile a besoin d'aide (pour participer aux Jeux olympiques de Rome) : Un jeune Haïtien de 26 ans, Philomé Laguerre, a remporté l'année dernière le deuxième prix aux Jeux panaméricains alors qu'il participait pour la première fois de sa vie à une compétition internationale d'haltérophilie ; il a été finaliste dans la catégorie des poids lourds, disputant le premier prix aux meilleurs haltérophiles des Amériques.

Champion incontesté d'Haïti en haltérophilie, avec un record de 409 kilogrammes après trois essais olympiques, grâce à son entraînement acharné commencé en 1958, Laguerre a progressé jusqu'au point où il constituerait un investissement solide pour Haïti aux Jeux olympiques de cette année à Rome.

« Né en 1934 au Cap-Haïtien d'une famille très modeste, Philomé Laguerre a été scolarisé au Cap-Haïtien avant de se rendre en 1952 à Port-au-Prince où, en dépit du fait qu'il était difficile de trouver du travail, il se consacra au culturisme (bodybuilding), un sport exigeant de longs et patients entraînements, un régime alimentaire rigoureux et beaucoup de volonté. Au vu de son physique de 90 kilogrammes, il est évident que sa concentration a été payante. »

La convention ASTA octroie $ 1 000 à des causes charitables : Un chèque de $ 1 000 destiné à des œuvres charitables a été remis au président d'Haïti, le Dr François Duvalier, par Robert O'Malley, directeur du secteur 8 de l'ASTA, à l'issue de la convention que l'organisation a tenue cette semaine. Monsieur O'Malley qui est membre de l'agence de voyage Gary Travel Service de Gary en Indiana, a remis le chèque au président Duvalier au nom de l'ASTA (American Society of Travel Agents/Société américaine des agents de voyage) dont les chapitres du Midwest et du sud-ouest des États-Unis avaient tenu leur réunion annuelle du printemps ici à Port-au-Prince du 2 au 6 mai. Le chèque était une contribution aux œuvres sociales de Madame Duvalier qui en était la destinataire.

« Un communiqué du gouvernement informa la presse ce mardi que le chèque de $ 1 000 avait été utilisé pour aider les victimes des inondations dans les régions du nord d'Haïti (…) les inondations de ces dernières semaines avaient dévasté les terres, les maisons et le bétail.

« Les membres d'ASTA en visite en Haïti avaient reçu un accueil chaleureux de la part des responsables du gouvernement, des agences du tourisme et de la population. La séance d'ouverture de leur rencontre du printemps s'était tenue au Palais national et un programme complet de shopping, de tours et de divertissements avait été organisé au profit des 100 membres de l'Association et de leurs épouses.

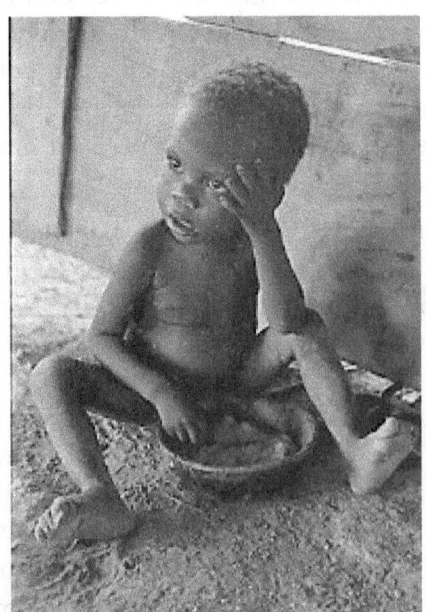

Une jeune victime de la famine qui avait sévi dans le nord-ouest d'Haïti.
Beaucoup moururent ; beaucoup ont fui par bateau aux Bahamas.

« En signe d'appréciation de la bienvenue et de la courtoisie qui leur avaient été accordées, les membres d'ASTA participant à la réunion du printemps adoptèrent la résolution suivante :

« Il est résolu que les membres du secteur 8 de la Société améri-caine des agents de voyage offrent leur plus chaleureuse gratitude et appréciation au Gouvernement et au peuple de notre bonne voisine, Haïti ; à son excellence le président Dr François Duvalier et à sa charmante épouse, Madame Simone O. Duvalier ; à l'honorable Paul Blanchet, secrétaire d'État à la Coordination et à l'Information ; à M. Jean Jacques Honorat, directeur de la Commission nationale du tourisme ; aux nombreux autres responsables du Gouvernement et leurs associés ainsi qu'à tous ceux qui ont joué un si grand rôle en nous aidant à faire de la cinquième rencontre annuelle du printemps du secteur 8 un remarquable succès. »

Pour en revenir au *Haiti Sun*, après beaucoup d'entraînement et d'ingénierie improvisée, nous continuions de nous réjouir du charmant rythme de notre trophée nouvellement installé, notre presse Kelly d'occasion. Enfin, elle émettait un bruit métallique en produisant soigneusement les pages de *Haiti Sun*. L'arôme de l'encre de l'imprimante se répandait à travers les bureaux du journal tel un opium euphorisant. Il est difficile de décrire notre bonheur après environ une décennie à être redevables à une usine d'impression peu fiable ou peu amicale.

CHAPITRE 11
La chute de Clément Barbot

Comme elle l'avait fait pour chacun des présidents des républiques d'Amérique latine, la publication hispanophone sœur de *Life Magazine*, *Life en Español*, nous demanda de lui obtenir une déclaration de Duvalier. Je savais qu'il me serait impossible d'obtenir une telle déclaration directement de Duvalier et je crus que Clément Barbot pourrait fournir une réponse à la question inoffensive. Après tout, Barbot avait assumé le rôle de Papa Doc pendant que le Président était malade et, en fait, il avait gagné des lauriers pour l'extrême efficacité avec laquelle il avait fait avancer les choses.

Dans la matinée du 15 juillet 1960, je pénétrai au Palais et m'adressai au sergent de service à la réception du corps de garde. « Oui ? » s'enquit-il. « Je voudrais voir M. Clément Barbot », lui dis-je. « Avez-vous rendez-vous avec lui ? » me demanda-t-il, pendant qu'il notait mon nom et les autres renseignements me concernant dans le registre journalier des visiteurs, et plaçait ensuite ma carte d'identité à côté de plusieurs autres. « Oui, il m'a dit d'être là à cette heure-ci. » J'exagérais, bien sûr, comme les journalistes le font souvent dans de pareilles circonstances.

« Quel est l'objet de votre visite ? » me demanda-t-il, et je pouvais voir les sentinelles assises dans le corps de garde qui me regardaient avec intérêt. La colère m'envahit.

À ce moment, plusieurs officiers de l'armée marchant à grands pas franchirent la porte du corps de garde et disparurent à l'intérieur du rez-de-chaussée du Palais. Devinant que quelque chose de grave était en cours, je demandai à l'un des officiers ce qui se passait. Il répondit d'un ton un peu vantard : « Nous venons de prendre Barbot. » Retournant devant le bureau du sergent pour récupérer ma carte d'identité, je lui dis : « Pas la peine, ce n'est pas important. Merci ! » Je pouvais l'entendre glousser pendant que je m'en allais.

Le reportage concernant l'arrestation de Barbot que j'avais envoyé à l'AP et au *New York Times* fut publié par les deux organes de presse sous forme de nouvelles brèves. J'étais tout de même inquiet : si je m'étais trompé et qu'il s'avérait que les informations concernant la détention de Barbot n'étaient que du bluff, ce serait l'enfer pour moi.

Cependant, Barbot avait effectivement été « pris ». Comme son épouse et lui regagnaient leur maison du quartier boisé et sélect du domaine Lyle, sur les hauteurs de la ville, à l'issue de la célébration du 14 juillet à la résidence de l'ambassadeur de France, un groupe d'officiers lourdement armés provenant du Palais lui tendit un piège. Ils se saisirent de Barbot et le désarmèrent ainsi que son escorte de gardes du corps sans qu'un seul coup de feu ne fût tiré. Pendant les six heures qui suivirent son arrestation, il fut gardé prisonnier chez lui. C'est seulement lorsqu'il tenta de s'échapper en se cachant dans un sac de linge sale qu'on emportait de sa maison que Duvalier ordonna qu'on l'enferme à Fort Dimanche. La belle amitié existant entre ces deux hommes avait pris fin.

On avait également arrêté dix-huit membres de l'armée privée de Barbot ainsi que des partenaires d'affaires, y compris le bijoutier libano-haïtien Fosy Lahamn ainsi qu'Edmond Khouri et Félix Francis. Barolet et Dejour, les deux principaux « macoutes » de Barbot, furent d'abord emprisonnés, ensuite relâchés pour être finalement tués.

La résidence de Barbot fut interdite d'accès et même le médecin qui traitait son fils Hervé pour une maladie mentale ne fut pas autorisé à y entrer. Les habitants du voisinage étaient horrifiés par les cris de désespoir que poussait le jeune malade. (Ce traitement inhumain de son fils aurait par-dessus tout, dit-on, rendu Barbot furieux contre Papa Doc, car il était un père qui prenait à cœur le bien-être de sa famille.) Comme dans toutes choses concernant l'Haïti de Duvalier, il y avait des contradictions. L'une des filles de Barbot fut autorisée à continuer de travailler à son poste au ministère des Finances comme si de rien n'était. Le gros chien de Barbot qui mourait de faim trouva finalement refuge dans une famille voisine dans le quartier du domaine Tonton Lyle.

Les rumeurs circulèrent bien vite disant que cet homme qui constituait naguère un pouvoir derrière le trône et qui, très récemment, considérait la présidence comme presque à sa portée, subissait des tortures et de constants interrogatoires. La rumeur se répandit qu'il aurait été jeté dans une cellule immonde où il moisissait parmi des prisonniers qu'il avait lui-même condamnés et envoyés dans ce foyer pestilentiel qu'était Fort Dimanche. Ces rumeurs étaient fausses, car il était gardé dans une chambre obscure au deuxième étage du vieux fort, avec un lit de camp comme seul ameublement.

L'énormité de la chute du second personnage le plus puissant du régime avait choqué les Haïtiens et les étrangers. Les familles Duvalier et Barbot étaient très proches : Jean-Claude, le jeune fils de Duvalier, fréquentait régulièrement la piscine des Barbot où il jouait avec deux des trois fils du lieutenant-colonel Thomas B. Tighe de la Mission navale américaine qui habitaient juste en face de la résidence des Barbot. C'était pour les duvaliéristes, une fois de plus, un rappel que, comme Staline, Papa Doc était capable de se tourner contre ceux qui étaient proches de lui et de les faire tomber. Comme Staline et Mao, la stratégie de Duvalier était de remettre à sa place quiconque lui paraissait un rival potentiel. Dans l'Haïti de Duvalier tout comme dans la Rome ancienne, il n'y avait pas de place pour deux Césars.

Ti Barb Morrison, plus arrogant que jamais, pouvait être considéré comme un don offert par Tin Pan Alley[1] au duvaliérisme. Après un voyage en Europe où il était allé se balader au volant d'une Mercedes 300 SL et un détour à Porto Rico, il revint à Port-au-Prince où il fut choqué d'apprendre que, non seulement son protecteur avait perdu le pouvoir, mais que tous ses amis et ses gardes du corps avaient été emprisonnés. Il dira plus tard à un ami à New York que, s'étant rendu compte qu'il était le seul membre du groupe à être en liberté, il avait rapidement emballé un trésor d'objets d'art haïtiens et d'autres biens qu'il avait amassés durant trois profitables années d'insouciance passées en Haïti et avait pris la fuite en traversant la frontière avec la République dominicaine, accompagné de ses danois. Le débrouillard Ti Barb se rendra plus tard aux Îles Vierges américaines où au moins cinq wagons remplis de butin haïtien le suivront.

Pourquoi Duvalier avait-il emprisonné Barbot ? Au *Haiti Sun*, nous nous étions limités à rapporter le simple fait que Barbot avait été relevé de ses fonctions au Palais national sans faire de dangereuses spéculations. Cependant, dans la rue et dans la sécurité relative de leurs domiciles et de leurs commerces, les Haïtiens prenaient plaisir à discuter de la chute du pouvoir de Barbot. Les théories ne manquaient pas concernant les raisons qui avaient motivé l'action de Papa Doc.

L'une des théories était que les ennemis du chef de la police secrète avaient entamé auprès de Papa Doc une campagne anti-Barbot dès le départ de celui-ci pour l'Allemagne où il était allé chercher son fils qui avait fait une dépression nerveuse pendant qu'il poursuivait des études de médecine là-bas. Le point de vue que Barbot avait été beaucoup trop efficace et avait bénéficié de trop d'éloges de la part des Américains pour

---

[1] Producteur new-yorkais de musique populaire vers la fin du XIXe et le début du XXe siècle (ndt).

son efficacité dans la conduite des affaires gouvernementales gagna en crédibilité. Pour Papa Doc, Barbot avait outrepassé ses pouvoirs. Comme dans toute bureaucratie alimentée par le pouvoir, il n'est jamais prudent d'éclipser le chef.

Un autre mystère s'ajouta bientôt à la spéculation qui se chuchotait sur les trottoirs. D'où provenait la forte somme de $ 28 000 en argent liquide que l'on avait trouvée au domicile de Barbot ? Sa plus récente affaire, réalisée avec son ami et homologue dominicain Johnny Abbes Garcia, concernait la vente de coupeurs de canne haïtiens pour effectuer la récolte de la canne à sucre de Trujillo. Encore plus importante était l'affaire de la revente de la franchise du Casino International à deux Américains, Paul Wesner de New York et Charles I. McMahon, un pétrolier d'Oklahoma. Les deux Américains avaient acheté la concession de jeu appartenant à Clifford Jones, l'ex-adjoint au gouverneur du Nevada, et son partenaire Jake Kozloff. C'était Barbot et ses partenaires commerciaux qui avaient négocié l'accord et, selon la rumeur, Papa Doc n'avait pas eu sa part dans cette affaire.

Il y avait même une rumeur selon laquelle Barbot aurait été en train de préparer un complot contre Papa Doc. Un mémorandum que le lieutenant-colonel Tighe de la USMC et voisin de Barbot a adressé au colonel Heinl dans lequel il rapporta une conversation qu'il a eue avec Barbot durant la célébration de la fête du 4 juillet à la résidence de l'ambassadeur des États-Unis, semble donner crédit à cette rumeur. Cette conversation étrange, même selon les standards haïtiens, est rapportée par le colonel Charles T. Williamson de la USMC dans son ouvrage intitulé *The U. S. Naval Mission to Haiti (1959-1963)*. Durant la fête, Barbot avait invité son ami, le colonel Tighe, à le rejoindre pour une conversation sur la pelouse de la résidence de l'ambassadeur. Dans son mémorandum, le colonel Tighe rapporte que Barbot lui avait dit « qu'il n'était pas superstitieux mais qu'il lui était arrivé beaucoup de choses inexplicables dans sa vie. Il me parla alors d'un vieux paysan de sa connaissance qui ne savait ni lire ni écrire, mais qui avait fait des prédictions exactes d'évènements bien avant qu'ils n'arrivent. L'homme avait prédit que Barbot occuperait un jour de hautes fonctions dans le gouvernement et, dix ans avant le fait, il avait choisi Duvalier parmi les amis de Barbot en disant que celui-ci allait devenir président. Barbot dit ensuite qu'il venait de recevoir un message de cet homme annonçant que quelque chose arriverait au président Duvalier durant le mois de juillet et que Duvalier ne quitterait pas le Palais vivant. Barbot dit que si la prédiction se révélait vraie, il (Barbot) prendrait le pouvoir ».

Le *Haiti Sun* publia à la fin du mois de juillet la traduction d'un article du journal *Le Jour* intitulé « L'enquête se poursuit dans l'affaire Barbot ». Selon ce quotidien de langue française ayant des rapports étroits avec le Palais, l'enquête qui se poursuivait dans les Casernes Dessalines était menée conjointement par le Bureau des recherches criminelles de la police dirigé par le commandant John Beauvoir et le capitaine Joseph Lamarre, et par des officiers de la Garde présidentielle sous la supervision du capitaine Henry Namphy.

Le *Haiti Sun* jugea également que la version de la fuite de Ti-Barb qu'avait donnée *Le Matin* méritait d'être reproduite en anglais. Franck Magloire, l'éditeur du journal *Le Matin*, détestait « Petite Barbe », l'effronté gars de Brooklyn, et ce dernier le lui rendait bien.

En saluant le départ de Morrison, *Le Matin* remarqua que son bureau était vide et que seuls des panneaux marqués « Port-au-Prince Times » et « Caribbean Anti-Communist League » constituaient les témoignages de son passage.

Fosy Lahamn, le partenaire d'affaires de Barbot, accusé d'attentat contre le gouvernement, fut détenu pendant sept mois dans une cellule de Fort Dimanche, puis jugé par un tribunal militaire dans les Casernes Dessalines et condamné à vingt ans de travaux forcés. Il fut cependant relâché le 7 février 1961. « Ils m'ont emmené de Fort Dimanche aux baraques à deux heures de l'après-midi », me dit-il, « Puis ils sont venus me prendre et m'ont déposé dans les locaux de la police. De là, le chef de la police, le colonel Daniel Beauvoir, m'a dit : Je vais vous ramener chez vous. »

Tandis que ses partenaires haïtiano-libanais avaient bénéficié d'un traitement et d'un logement de moindre qualité, Barbot lui-même n'avait été en fait ni soumis à un interrogatoire ni battu.

Quant à Ti-Barb, sa représentation de Duvalier changea radicalement presque du jour au lendemain. Il racontait maintenant que le « silencieux docteur de campagne » s'était transformé soudainement en un Dracula des temps modernes, une bête et un tueur impitoyable qui faisait subir des tortures à ses victimes dans le sous-sol du Palais (lequel Palais ne dispose en fait pas de sous-sol). L'ex-improbable ambassadeur itinérant de Papa Doc, que celui-ci avait décoré, décrivait maintenant dans des termes frankensteiniens hauts en couleur comment, dans une chambre située au sous-sol et couverte du sang de ses victimes, Papa Doc avait utilisé des méthodes diaboliques de torture, dont un cercueil médiéval du fond duquel affleuraient des clous tels des piquants de porc-épic dans lequel ses victimes étaient placées.

Pendant que Morrison colportait de telles histoires hallucinatoires qui lui étaient profitables, il fit également un battage publicitaire de ses relations avec Papa Doc. Dans le magazine excentrique *True* où la fiction était souvent traitée comme de la réalité, les horreurs du Palais, telles que Ti-Barb les avait racontées, n'étaient rien en comparaison à l'histoire prétendant qu'il avait fui Haïti parce que Duvalier voulait faire de lui son gendre en le mariant à sa pulpeuse fille Marie-Denise. C'était un fantasme bizarre. La simple idée de ce petit arnaqueur de *Blan* avec sa petite barbe tordue prétendant être celui que Papa Doc avait choisi pour être le mari de sa voluptueuse fille aînée était trop terre-à-terre pour être prise en considération.

Ti-Barb, le bruyant et effronté intrigant, natif de Brooklyn, New York, était un proche assistant de Duvalier. Lorsque son emploi en tant qu'agent de relations publiques de Duvalier s'effondra avec l'arrestation de son partenaire d'affaires et ami Barbot, il lança une campagne contre Duvalier qui était si scandaleuse qu'elle était ridicule, sauf qu'il y avait toujours ceux qui étaient disposés à croire n'importe quoi et tout concernant Haïti.

Ti-Barb continua malgré tout à colporter son venin anti-Duvalier et sa propre promotion auprès non seulement des magazines, mais également de la télévision et de la radio. Le tristement célèbre bonimenteur de Duvalier avait inversé son rôle mais continuait à tirer profit de sa connexion avec Papa Doc et de sa fertile imagination. À ceux qui choisissaient de l'écouter, Morrison raconta des histoires concernant la prétendue grande influence qu'il aurait exercée durant les premières années du règne de Duvalier. Il continua à exploiter sa relation avec le régime pendant longtemps, même après la mort de Duvalier. Il dit à l'écrivain Trevor Armbrister que Papa Doc ne fut plus jamais le même homme après sa crise cardiaque en 1959. « À partir de ce moment, il avait commencé à se désintégrer devant mes propres yeux. Il avait commencé à devenir fou. »

Durant la même interview, Morrison prétendit que « Duvalier se tourna de plus en plus vers le vodou. Il avait dressé un autel dans sa chambre sur lequel il y avait des poupées représentant le président Eisenhower et [le secrétaire d'État] John Foster Dulles. Il avait enfoncé des épingles dans le cœur d'Eisenhower et dans le pancréas de Dulles. Il fut très heureux lorsqu'il apprit la mort de Dulles ». Même après trois ans de séjour en Haïti, Morrison ne comprenait que la représentation hollywoodienne du vodou.

Encore aujourd'hui, lorsqu'un duvaliériste entend parler de Ti-Barb, il rit et le traite de plaisantin. Au cours d'une interview accordée à l'auteur l'année suivante en République dominicaine pendant qu'il servait comme membre d'une équipe de l'OEA venue enquêter sur le traitement infligé aux Dominicains arrêtés et emprisonnés après l'assassinat de Trujillo, l'ambassadeur Drew, qui était parti d'Haïti seulement deux jours avant l'arrestation de Barbot, se référa à Morrison comme « un escroc et une véritable ordure qui avait cependant endommagé les relations entre les États-Unis et Haïti au début du règne de Duvalier ».

Vers la fin de ses jours, Ti-Barb essaya d'intéresser l'écrivain Albert Goldman, le biographe d'Elvis Presley, à écrire un ouvrage traitant de sa vie à lui, Ti-Barb. Mais, selon Goldman, « Morrison était un escroc si évident qu'il en était presque un stéréotype ». Goldman nous a dit au cours d'une interview qu'il nous a accordée à New York que Morrison avait également tenté d'intéresser l'acteur de cinéma Robert De Niro à réaliser un film sur les relations que Ti-Barb avait entretenues avec Papa Doc.

Quel qu'ait été le métier exercé par Morrison les années suivantes, il disposait, selon Goldman, d'une « belle piaule » dans le quartier de Little Italy à New York. À un moment donné, Ti-Barb possédait une ferme de gombos à Costa Rica. En fin de compte, il acheta une maison en Jamaïque et une autre en Thaïlande et il faisait la navette entre la Caraïbe et l'Extrême-Orient. Ti-Barb mourut de diverticulose (une inflammation interne) en juin 1986 à la Jamaïque après son retour d'un voyage en Thaïlande. On se demande lequel de ses nombreux noms est inscrit sur sa pierre tombale en Jamaïque, tellement il avait usé de faux noms durant sa vie.

- - -

Le cruel commandant Jean Tassy

Jean Tassy, le commandant de l'armée d'Haïti à l'humeur exécrable, fut choisi par Duvalier pour occuper le poste de Barbot. Tassy hérita du bureau de Barbot au Palais mais pas de tous ses pouvoirs, car Duvalier ne permettrait plus jamais qu'un pouvoir excessif soit concentré entre les mains de l'un de ses subordonnés. Des travaux de routine de la police secrète tels que l'interrogatoire des prisonniers et la mise en place de méthodes créatives pour encourager les confessions furent confiés à Luc Désyr, un pasteur autoproclamé qui tenait un fusil d'une main et une Bible de l'autre durant les sessions de torture, et à Éloïs Maître, un ancien boulanger de Port-au-Prince qui faisait d'excellents pains au fromage. (Maître mourut paisiblement en Haïti en 2006 à l'âge de cent ans.) Papa Doc disposait cependant de son propre cercle d'informateurs macoutes. Ils constituaient une clique sinistre et montaient les escaliers situés à l'arrière du Palais pour présenter personnellement leurs rapports au Président. On les connaissait sous les noms pittoresques de Ti-Bobo, Boss Peinte, Pierre Novembre, Ti Milice, surnoms dignes des gangsters du légendaire écrivain américain Damon Runyon.

Duvalier avait maintenant non seulement divisé l'appareil sécuritaire, emprisonné son premier chef de la police secrète et décapité l'armée, mais encore divisé les Tontons Macoutes en un groupe de truands en tenue civile et une milice en uniforme. À l'occasion du deuxième anniversaire de l'invasion menée par Pasquet le 29 juillet 1960 (occasion qui sera désormais connue sous le nom de « Jour des macoutes »), les habitants de la capitale assistèrent à un impressionnant spectacle : la création de la milice de Papa Doc. Celui-ci dévoila fièrement sa milice comprenant 800 hommes et femmes portant des uniformes constitués de chemises en jean bleu ciel et de pantalons sombres. Des épaulettes rouge et noire portant une pintade en effigie étaient attachées à leurs chemises, constituant l'insigne de la milice. Les miliciens défilèrent sur la pelouse du Palais devant le Président assis sur une chaise d'armée en haut des marches, en compagnie des membres de son cabinet. Ce fut le sujet de l'article de fond de *Haiti Sun*, abondamment illustré de photos des participants au défilé.

La parade, qui dura une heure, était conduite par les pelotons d'honneur constitués de volontaires de Fort Dimanche et du Palais national portant des drapeaux.

Le milicien Léostens Nicoleau, commandant du second peloton du Palais national, prononça le principal discours dans lequel il mit en garde le Président et la foule assemblée contre « les éternels ennemis du peuple, étrangers aussi bien qu'haïtiens, qui étaient aveuglés par le matérialisme et qui avaient initié une guerre froide, organisé des expéditions pour handicaper le gouvernement et, qui, durant la nuit du 29 juillet, avaient pénétré dans les Casernes Dessalines. Cet évènement déplorable avait amené à la formation de la milice. »

Se tournant vers Duvalier, Nicoleau lui dit : « Votre Excellence, le fusil que Sonthonax nous a remis pour défendre notre liberté et que l'occupation américaine nous avait retiré, c'est le fusil que, sans crainte aucune, vous nous avez restitué. Soyez assuré qu'il ne sera pas utilisé contre vous. » (Sonthonax était un membre de la Troisième Commission civile qui avait été envoyée dans la colonie française de Saint-Domingue en 1796. Il remit 30 000 fusils aux esclaves en leur disant : « Voici votre liberté : quiconque retirera de vos mains ce fusil voudra vous asservir à nouveau. »)

Le jeune Jean-Claude Bordes, commandant de la milice des volontaires de Port-au-Prince, rendit hommage aux officiers et sous-officiers de l'armée « qui se sont dévoués pour faire des civils des éléments dignes de porter des armes ». Nicoleau avait cependant imploré le Président dans son discours préparé : « Nous avons besoin de formation technique et de connaissance dans le maniement des armes, afin d'être capables, au besoin, de défendre votre gouvernement. » Ce soir-là, Duvalier assista à une réception organisée dans les nouveaux locaux de la Garde présidentielle qu'il avait fait construire sur le terrain du Palais et avait dit au contingent des miliciens qui y étaient assemblés : « Gardez les yeux ouverts et jetez un coup d'œil en arrière et réfléchissez sur le passé. »

Il était clair que Papa Doc pratiquait ce qu'il prêchait, qu'il était toujours soucieux de précédents machiavéliques et combattait tout défi potentiel.

CHAPITRE 12
Reportage sur un kaléidoscope

Abderrahman décrit son âme comme « une chapelle où les dieux combattent, les dieux blancs et les dieux de ses ancêtres ».

-- « Abderrahman » (le nom de plume de Duvalier), dans *Action nationale*, 1934.

À bien des égards pour un journaliste, couvrir Haïti sous Papa Doc c'était comme si on essayait de suivre un kaléidoscope en rotation, tellement les pièces étaient nombreuses et complexes.

Pour commencer, afin de comprendre Papa Doc et d'essayer d'anticiper ses futures manœuvres, nous du *Haïti Sun* cherchions des indications en prenant souvent en considération les expériences de sa jeunesse. En 1934, Duvalier avait été un collaborateur du quotidien *Action nationale*, et peu importait s'il avait emprunté les mots qu'il utilisait ou pas, car les idées derrière les mots étaient les siennes. Le jeune François Duvalier écrivait sous le nom de plume « Abderrahman », l'orthographe phonétique francisée du nom arabe Abd al-Rahman, en référence à Abd al-Rahman III, huitième émir puis premier calife Omeyyade de Cordoue (912-961) qui fonda l'école de médecine de cette ville, durant le règne des musulmans arabes et maures en Espagne.

Le style d'écriture de Duvalier était typique de l'époque, fleuri, ardemment patriotique et teinté de termes vodou. Il condamna l'occupation américaine qui prit fin cette année-là et il critiqua sévèrement les membres de l'élite haïtienne pour leur égoïsme et leur manque d'intérêt envers les masses du pays dont le triste sort et la stagnation économique le faisaient « enrager » quand ils étaient « comparés à l'élite inutile, gonflée de fierté, stupide et imbécile ».

Cherchant des solutions aux problèmes endémiques d'Haïti à la « lumière d'une lampe fumante », Duvalier exprima dans l'une de ses rubriques son amertume et son découragement concernant le sort du pays et ceux qui en étaient responsables : « (…) ils ne font que cracher au visage des vrais enfants de cette mère-patrie immortelle. » Peut-être prophète sans le savoir, il exprima l'espoir qu'« un homme viendra rectifier ces injustices et remettre les choses dans l'ordre ! »

Chantage sur l'Oncle Sam

À l'approche de la fin de l'été de 1960, le Palais continuait de mener sa campagne bien orchestrée pour se donner les moyens de résoudre les problèmes du pays en soutirant autant de dollars que possible à Washington par le biais d'un chantage rudimentaire et humiliant. L'engagement anticommuniste de Papa Doc avait un prix. Le chantage consistait essentiellement à lancer l'avertissement alarmant que des bouleversements sociaux pourraient survenir dans le pays si les dollars ne se déversaient pas.

Comme à l'accoutumée, le quotidien *Le Matin* se surpassa en déclarant : « L'histoire a montré qu'une pluie de dollars peut guérir pas mal de plaies. » Il lança cependant l'avertissement que « (…) les responsables sont en train de jouer avec de la dynamite, car [Haïti] n'est qu'à un jet de pierre du foyer d'incendie que constitue Cuba » ! Il ajouta : « Si la détérioration des relations entre Haïti et les États-Unis continue au rythme actuel (…) cela mettra en branle une situation qu'il sera difficile à quiconque de contrôler. » Il affirma que les troubles sociaux vont toujours au-delà des prédictions les plus modérées. Le journal conclut en disant : « Et il semble que nous sommes maintenant précisément à un tournant décisif de l'histoire de notre hémisphère. »

Afin d'effrayer l'Oncle Sam, le journal invoqua les étudiants haïtiens en déclarant qu'il voulait attirer l'attention de l'ambassade américaine sur le fait que les étudiants étaient en état d'agitation. « Afin de permettre à nos lecteurs de juger par eux-mêmes de la gravité de la situation, nous publions dans ce même numéro un message de l'Union nationale des étudiants haïtiens qui révèle clairement l'état d'esprit de notre jeunesse. Il dépend de [Washington] de faire en sorte qu'une telle évolution de la pensée ne soit pas irréversible. »

Les étudiants mordent à l'hameçon

Le Matin avait correctement évalué l'humeur des étudiants de l'Université et des élèves des établissements secondaires d'Haïti qui étaient devenus de plus en plus agités. Les publications clandestines des étudiants étaient même plus véhémentes que les cris motivés par l'argent que lançait le gouvernement en proférant des menaces de désordres potentiels. Le fait que Fidel Castro se moquait du colosse du Nord réjouissait et motivait la jeunesse haïtienne ainsi que les étudiants d'Amérique latine et d'ailleurs. La Révolution cubaine a « attisé les flammes de la révolte dans nos cœurs », avait déclaré l'étudiant venu remettre au bureau de *Haiti Sun* une copie en français de la plus récente jérémiade provenant de l'Union nationale des étudiants haïtiens (UNEH).

Bien que le manifeste ait été déjà publié en français dans le journal *Le Matin* et que sa traduction en anglais demanderait beaucoup de temps, nous avions pensé qu'il servirait l'intérêt public de montrer la radicalisation en cours de la jeunesse haïtienne. Nous avions donc traduit et publié sans l'accompagner de commentaire le texte intégral du message qui était adressé au Congrès de la jeunesse latino-américaine, lequel devait s'ouvrir à La Havane le 26 juillet sous la présidence de Che Guevara, le leader avec Fidel Castro de la Révolution cubaine.

Le document publié à la une de *Haïti Sun* sous le titre : « La révolution cubaine saluée par les étudiants de l'UNEH » commençait par saluer la jeunesse cubaine et latino-américaine, puis continuait ainsi :

« (…) l'Union nationale des étudiants haïtiens vous adresse ses chaleureuses félicitations à l'occasion du grand rassemblement que vous organisez le 26 juillet 1960 à Cuba afin de réfléchir sur l'angoisse et l'agitation qui se sont emparées de la jeunesse à travers le monde et en particulier en Amérique latine, en Asie et en Afrique. Elle saisit cette occasion pour réaffirmer aux côtés de la jeunesse de Cuba et de toutes les jeunesses progressistes du monde la position anti-impérialiste qu'elle a adoptée lors de son dernier congrès tenu en mai 1960.

« Les étudiants haïtiens suivent attentivement l'évolution de la situation à Cuba. Ils notent avec satisfaction les efforts entrepris par le gouvernement révolutionnaire pour extraire le pays des griffes de l'aigle américain. Ils se rappellent surtout les mesures immédiates qui ont été adoptées en vue d'assurer des conditions de vie plus humaines et plus décentes pour le peuple cubain tout entier :

1) Le démantèlement de l'armée pourrie de Batista, pro impérialiste, pro féodale, ainsi que de son ancienne organisation administrative ;

2) La confiscation des biens des escrocs, des conspirateurs et des traîtres ;

3) La réduction des loyers urbains de 50 pour cent ainsi

que la réduction sensible du prix des médicaments, du gaz, de l'électricité et du téléphone ;

4) La multiplication des magasins pour le peuple ;

5) La construction en une année de 10 000 maisons pour la population ;

6) Le rythme accéléré de la grande réforme agraire ;

7) La confiscation des usines sucrières et des raffineries de pétrole ainsi que la saisie des monopoles étrangers qui étranglaient la population ;

8) L'application d'un système commercial libre répondant uniquement aux intérêts du pays ;

9) La lutte contre la monoculture, un important vestige de l'ordre colonial ;

10) Finalement, l'adoption par l'État d'un plan de développement de l'économie nationale.

« Ces initiatives en conformité avec une révolution démocratique ne pouvaient que mettre fin aux intérêts monopolistes étrangers ou nationaux, dont les profits scandaleux augmentaient à un moment où les revenus des classes laborieuses et paysannes ainsi que ceux de la petite et moyenne bourgeoisie diminuaient. Il n'est donc pas surprenant de voir les gouvernements impérialistes ainsi que leurs complices et leurs valets orchestrer et amplifier une propagande absurde concernant l'établissement d'un centre du communisme à Cuba et l'ingérence supposée de l'URSS dans les affaires politiques de ce pays.

« Nous, les étudiants haïtiens, sommes bien placés pour observer d'une manière objective le niveau d'assujettissement de notre économie nationale à l'économie américaine.

« À l'issue de 15 à 17 années d'études durant lesquelles notre intelligence s'est fatiguée, nous nous trouvons techniquement désarmés devant les innombrables tâches nationales et, en l'absence de débouchés, obligés d'utiliser notre pseudo culture dans l'exploitation de l'ignorance du peuple et la trahison de ses intérêts fondamentaux, nous mettant ainsi au service des forces féodales réactionnaires étroitement liées à l'impérialisme américain. L'université haïtienne n'est en effet pas orientée en vue d'une meilleure exploitation de nos ressources naturelles par une formation adéquate de cadres techniques. Elle n'est pas au service de la nation ; elle n'est pas une institution nationale ; elle est directement liée aux forces féodales rétrogrades internes ainsi qu'aux forces impérialistes qui sont toutes les deux indifférentes à une industrialisation nationale et démocratique.

« C'est cette situation qui nous pousse, nous étudiants haïtiens unis sous la bannière de l'UNEH, à regarder avec sympathie le peuple cubain résistant au colosse américain, rendant tangibles ses problèmes nationaux, cherchant des solutions à ses problèmes, bousculant les forces rétrogrades internes sans avoir à rendre de comptes à quiconque. Ailleurs, les plans de développement économique doivent avoir l'approbation tacite ou positive de Washington, quand ils ne sont pas entièrement imposés par le Département d'État. Le peuple cubain a pris en main ses destinées et les étudiants haïtiens l'applaudissent.

« C'est pourquoi l'Union nationale des étudiants haïtiens salue chaleureusement ce congrès de la jeunesse à son ouverture le 26 juillet à Cuba, afin qu'on entende les lamentations et les récriminations de la jeunesse mondiale contre les forces qui entravent l'évolution de l'humanité vers la paix et le bonheur.

« Jeunes de Cuba, jeunes de l'Amérique latine, jeunes du monde entier :

« Nous, dirigeants de l'UNEH, affirmons solennellement que toute la jeunesse haïtienne vit dans sa chair et dans son sang la glorieuse révolution cubaine et souhaite ardemment qu'elle se répande sur tout le continent américain.

Pour le comité exécutif national : Guy Lominy, président ;

Yves Francois Flavien, secrétaire ; Déjean Bélizaire, affaires nationales ; Claude Auguste, affaires internationales ; Jean Malan, presse et information ; et Joseph Roney, finances. »

Duvalier autorisa une distribution du document intégral ainsi que la couverture d'autres manifestations de l'antiaméricanisme strident des étudiants. C'était sans aucun doute un signe que Papa Doc voulait maintenir la pression sur les États-Unis. Les étudiants, quant à eux, étaient déterminés à changer l'histoire d'Haïti comme leurs pères avaient essayé de le faire en 1946. Sauf que cette fois ils n'avaient pas affaire au Mulâtre Élie Lescot mais à François Duvalier.

- - -

Au *Haïti Sun*, nous avions jugé opportun de traduire des articles traitant de la politique publiés par nos confrères de langue française parce que ceux-ci connaissaient les limites politiques à ne pas franchir. De plus, nous pensions que certains articles, en particulier ceux publiés dans *Le Matin* et *Le Jour*, méritaient de faire l'actualité du fait qu'ils étaient soit inspirés, soit approuvés par le Palais. *La Phalange* était le journal qui prenait le plus de risques, mais d'un autre côté ce journal bien édité avait le support de la puissante Église catholique romaine. Du point de vue éditorial, nous nous efforcions au *Haïti Sun* de donner à nos lecteurs, dans la mesure du possible, une idée de ce qui se passait dans le pays. Le principal sujet était évidemment la politique à la manière de Papa Doc. On ne pouvait ni cacher ni ignorer la politique telle que la pratiquait Duvalier. En tant que journalistes, nous vivions de politique.

Malgré les sérieuses difficultés que le gouvernement Eisenhower rencontrait avec Fidel Castro et Trujillo, les deux voisins situés de part et d'autre d'Haïti, le *Haïti Sun* put tout de même consacrer des pages à l'art, à la littérature, au sport et aux activités sociales concernant Haïti ainsi qu'à l'occasionnel article excentrique. Ces rubriques, en plus des reportages requis sur la politique, constituaient un mélange éclectique tel qu'il apparaît, par exemple, dans notre édition du 31 juillet 1960. Cette édition contenait nombre d'articles traitant de sujets allant de la parade inaugurale de la milice de Papa Doc aux premières décisions concernant ce qui sera connu comme la « Bataille du lac de Miragoâne », aux « boat people » haïtiens qui se faisaient emprisonner et déporter de Nassau, dans les Bahamas, à la « guerre contre la Pan American Airways » et à l'importance prise par les études en ethnologie sous Papa Doc.

- - -

Avec sa mentalité de petite ville, Port-au-Prince était passionnée de *tripotaj* (commérages), ce qui constituait l'une des principales raisons pour lesquelles beaucoup de souscripteurs lisaient le *Haiti Sun*. Dans la rubrique société, nos reportages couvraient les voyages, les mariages et les fêtes des Haïtiens. Ces articles apparemment innocents recelaient souvent des nuances profondes. La plupart des lecteurs connaissaient les origines familiales de leurs concitoyens, et l'élite était aussi divisée que les autres secteurs de la société par la politique, les scandales et les querelles de famille datant souvent d'avant le XXe siècle. Les luttes politiques de 1957 à l'issue desquelles Papa Doc accéda au pouvoir avaient particulièrement mis dos à dos l'élite aussi bien que la classe moyenne et, en conséquence, les membres de certaines familles restèrent amèrement divisés jusqu'à la mort.

Pendant ce temps, l'ombre troublante de Duvalier continuait de s'étendre. Bien que la lumière éclatante du soleil d'été projetât un air de normalité sur le beau paysage montagneux d'Haïti et qu'un éditeur de journal de la capitale, tout en prenant des risques, pût espérer que tout irait pour le mieux, la ville s'assombrissait soudainement en plein midi, tel un endroit sinistre où des Tontons Macoutes se matérialisaient en monstres pour emmener de force les gens vers des sorts inconnus.

Le gouvernement de Duvalier était devenu son propre pire ennemi. Il n'avait aucune crédibilité du fait qu'il avait réussi à domestiquer les médias à l'aide des outils habituels de l'intimidation et des représailles. Dans une telle situation, les Haïtiens étaient enclins aux rumeurs les plus extravagantes, les plus bizarres et les plus incroyables.

C'était pour moi un questionnement continuel de savoir comment les futurs historiens, haïtiens ou étrangers, parviendraient à reconstruire cette période de l'histoire d'Haïti. La fontaine de vérité avait virtuellement été fermée ou empoisonnée. Les discours de Papa Doc rédigés par des rédacteurs anonymes n'offraient que des fictions fantastiques de la situation réelle du pays.

La guerre contre Pan Am

Entre-temps, le ministre des Finances, M. Gérard Philippeaux, continuait sa lancée sur ce qui semblait être un sentier de guerre antiaméricain. Sa nouvelle cible était la compagnie aérienne Pan American Airways. Le *Haiti Sun* publia un grand titre intitulé : « Attaque cinglante contre Pan American Airways. » L'attaque du ministre Philippeaux avait eu lieu devant le Sénat le jour même où le gouvernement avait soumis et obtenu l'approbation sans discussion du Parlement pour la signature d'un contrat de 10 millions de dollars en vue de la construction à Maïs Gaté, à quelque huit kilomètres au nord de la capitale, d'un nouvel aéroport desservant des avions à réaction. La construction devait être prise en charge par une compagnie basée à Miami, en Floride. Le ministre dénonça comme « inopportune et impertinente » la proposition alternative faite par la Pan Am et son avocat, M. Georges Léger Fils, qui, selon lui, « défendait les intérêts de certaines compagnies contre ceux du pays et du gouvernement ».

Présentant les deux côtés du désaccord, l'article du *Haiti Sun* nota que la Pan American Airways avait proposé à M. Philippeaux de fournir à Haïti un aéroport « provisoire » capable de recevoir des jets en allongeant la piste existante de Bowen Field. L'extension de la piste ne serait néanmoins pas un substitut pour le nouvel aéroport pour jets que la compagnie sous contrat de Miami envisageait de construire.

Monsieur Philippeaux condamna la proposition de la Pan Am comme étant une « tentative de corruption » en vue de « sauvegarder le monopole qu'ils détenaient en Haïti depuis 30 ans ». Les avocats de la Pan Am rétorquèrent que cette idée avait été envisagée uniquement comme une mesure d'urgence afin de doter Haïti d'un terrain d'atterrissage pour jets dans un délai relativement court de six mois, et nullement en vue de torpiller le contrat de 10 millions de dollars conclu entre le gouvernement haïtien et la John C. Peterson Corporation de Miami, en Floride, pour la construction d'un aéroport entièrement neuf.

Il y avait eu par le passé de nombreux plans retors conçus par d'influents membres du gouvernement en vue d'obtenir des contrats qui apparemment n'étaient rien d'autre que des occasions de tirer des profits personnels par la vente de « droits ». Les Haïtiens espéraient qu'il en serait autrement dans le cas du contrat pour la construction du nouvel aéroport. Cependant, la saga ne faisait que commencer.

Les boat people et la polygamie

Les autorités de la colonie britannique des Bahamas de l'époque étaient plus préoccupées qu'auparavant par le flot de boat people haïtiens arrivant sur leurs côtes. Parfois, on avait l'impression qu'il y avait plus d'Haïtiens que de Bahaméens dans la prison Fox Hill de Nassau. Les pages du journal *Nassau Guardian* étaient pleines d'histoires terrifiantes au sujet des Haïtiens perdus en mer durant leurs tentatives pour échapper à la misère et aux privations de leur pays natal. Parmi ceux qui prenaient la fuite, il y avait également des réfugiés politiques.

Le numéro du *Haiti Sun* du 31 juillet 1960 reproduisit l'éditorial d'un autre journal bahaméen, le *Nassau Tribune*, qui déclarait : « Le problème de l'entrée illégale des Haïtiens dans la colonie a atteint des proportions alarmantes. » Commentant la situation, le *Nassau Tribune* nota que du point du vue bahaméen la seule solution qui avait été trouvée était l'emprisonnement et la déportation. En faisant remarquer le coût élevé des efforts entrepris par la colonie pour faire face à l'afflux d'immigrants haïtiens illégaux, le *Nassau Tribune* déclara : « Nous avons exprimé par le passé notre sympathie envers ces malheureux hommes et femmes qui tentent d'échapper à la pauvreté et aux privations de leur pays natal. Nous ne nous opposons pas non plus à l'importation de travailleurs haïtiens sur une base contractuelle, tant qu'ils ne remplissent pas les emplois que les Bahaméens souhaitent occuper ou ont besoin d'occuper. Cependant, nous nous opposons au mépris continuel de nos lois qui se reflète dans l'afflux illégal massif d'Haïtiens dans la colonie. »

En Haïti même, dans une lettre adressée au *Haiti Sun,* un lecteur identifia le principal problème d'Haïti comme étant la « polygamie ». La lettre provocatrice écrite en anglais était seulement signée B. C. A. (Nous n'avons jamais découvert qui était « B. C. A. » mais nous avons tout de même publié la lettre à cause de son contenu persuasif.) La missive affirmait que le principal besoin du pays n'était un pas influx d'argent mais plutôt des mesures draconiennes contre la pratique longtemps acceptée en Haïti de la polygamie.

Voici ce qu'a écrit « B. C. A. » :

« Haïti veut avoir un aéroport pour jets, un nouveau quai et plus de touristes, mais avec son présent taux phénoménal de natalité, dans les dix prochaines années, il est probable que l'aéroport soit supprimé pour faire place à des logements bondés de monde et que les touristes ne soient pas du tout enclins à visiter l'Île. Et pourquoi cela ? Parce qu'il n'y aura pas assez de place pour se déplacer sans marcher sur les pieds de ceux qui sont devant vous.

« Des experts en démographie ayant visité le pays ont estimé que le nombre moyen d'enfants par famille en Haïti était de six et que la raison en était la pratique acceptée qui permettait à un homme de prendre plus d'une femme, et le nombre sans fin d'enfants qui résultait de ces alliances. Cependant, à côté de l'effet préjudiciable croissant de la polygamie, il y a une autre facette de la question.

« Les enfants haïtiens sont les principales victimes de ces relations polygamiques. Le problème ne fait que s'aggraver avec chaque enfant qui naît dans une famille. Ces enfants ne sont ni pris en charge ni bien nourris, et le résultat de cette négligence se manifeste par l'existence d'enfants de rue dans les villages et les villes du pays.

« L'assemblée législative de Singapour est en train de débattre en ce moment d'un projet de loi intitulé " Un homme, une femme " dont le but est d'imposer la monogamie dans le pays. Le projet de loi n'a pas encore été adopté mais est perçu favorablement, et s'il devenait loi, il porterait atteinte principalement à la coutume de certains Chinois de prendre des femmes supplémentaires simplement en organisant des cérémonies domestiques durant lesquelles on brûle des chandelles.

« Cette loi qui ne s'appliquerait pas à la communauté musulmane de Singapour pourrait tout aussi bien être imposée en Haïti… »

À peu près au même moment, un article de fond de *Haiti Sun* était consacré au programme de distribution quotidienne de plats chauds à quelque 50 000 écoliers haïtiens mis en œuvre par la Cooperative for American Remittances to Everywhere (CARE).

Même l'ethnologie eut à souffrir

« L'intérêt augmente, les fonds diminuent », tel était le gros titre paraissant dans notre journal sous la photo de Jean-Baptiste Romain, le doyen de la Faculté d'ethnologie de l'Université d'Haïti qui s'apprêtait à s'envoler pour Paris afin de participer à une conférence sur l'anthropologie. Le ministre de l'Intérieur, le Dr Aurèle Joseph, ainsi que l'un des professeurs de la Faculté d'ethnologie, Michel Aubourg, avaient accompagné le doyen à l'aéroport.

« Un petit immeuble sans prétention de deux étages, peint d'un jaune délavé, situé à proximité des Casernes Dessalines, loge une importante institution éducationnelle de Port-au-Prince, la Faculté d'ethnologie. » C'est ainsi que le *Haiti Sun* annonçait à la une de son édition du 31 juillet 1960 une série de deux articles sur l'ethnologie.

Les articles étaient accompagnés d'un éditorial dans lequel le journal expliquait pourquoi il publiait ces reportages sur la Faculté d'ethnologie ainsi que sur le Musée d'ethnologie d'Haïti : « Le fait que le gouvernement soit dirigé par un éminent ethnologue et qu'un grand nombre d'étudiants en ethnologie soient activement en train de travailler pour le gouvernement dans divers postes a indéniablement suscité plus que jamais un accroissement d'intérêt dans les études d'ethnologie aujourd'hui. » Ce que nous avions omis de dire, c'était que certains des étudiants s'impliquaient ainsi dans l'espoir de trouver un tremplin pour accéder à de hautes fonctions gouvernementales.

Le 31 octobre 1941, un Bureau d'ethnologie consacré à la recherche avait été fondé pour servir de centre de collecte et d'analyse de découvertes archéologiques réalisées dans le pays. Le fondateur de ce bureau doté du statut d'institution d'intérêt public était Jacques Roumain, un jeune intellectuel haïtien réputé, revenu au pays après un exil politique et qui fut son premier directeur. Sous sa direction, le Bureau avait fait la collecte de milliers d'objets qui inspirèrent éventuellement la création d'un Musée d'ethnologie. À peu près à la même époque en 1941, le Dr Jean Price Mars avait fondé l'Institut d'ethnologie qui offrait un diplôme en ethnologie à l'issue d'une formation de deux ans. Jacques Roumain enseigna également à l'Institut comme professeur d'anthropologie précolombienne et préhistorique. Né dans une riche famille mulâtre et petit-fils du président Tancrède Auguste, Roumain fut à la fois poète, romancier, rebelle, humaniste et ethnologue. Les études qu'il avait effectuées sur les Indiens Ciboney qui précédèrent les Arawaks, et les Tainos sur l'île n'avaient pas été achevées, cependant l'étude minutieuse qu'il avait réalisée sur le tambour-assoto(r), (le plus grand des tambours utilisés dans les rituels du vodou et jouant un rôle central dans le rite Rada), est un chef-d'œuvre. En fin de compte, le président Élie Lescot exila le marxiste Roumain en le nommant comme chargé d'affaires à l'ambassade d'Haïti à Mexico. Jacques Roumain mourut le 18 août 1944 à l'âge de 37 ans. Le roman *Gouverneurs de la rosée,* son chef-d'œuvre, fut publié à titre posthume.

Au moment de la publication de l'article de *Haiti Sun* concernant les professeurs de la nouvelle Faculté d'ethnologie,

70 étudiants y étaient inscrits, parmi les plus brillants desquels se trouvait le lieutenant-colonel Jacques Laroche de la police, ancien membre de l'équipe d'enquête sur l'invasion de Pasquet en 1958, qui était déjà un avocat et un criminologue ainsi que le favori de Papa Doc.

Le *Haïti Sun* observait que « L'homme qui a probablement contribué le plus au développement des études en ethnologie et à leur promotion est le Dr Jean Price Mars, l'auteur d'*Ainsi parla l'Oncle,* un ouvrage publié en 1928, qui traitait des coutumes et de la religion vodou d'Haïti ».

Le livre du Dr Price Mars a eu un énorme impact non seulement en Haïti, mais également en Amérique de langue espagnole et dans le reste du monde. Parmi les autres pionniers des études ethnologiques en Haïti, on pouvait compter Jacques Roumain, comme indiqué précédemment, lequel fut suivi d'intellectuels tels que Lorimer Denis et le jeune Dr François Duvalier.

Selon le doyen de la Faculté d'ethnologie, Jean-Baptiste Romain, un natif de Grande-Rivière du Nord, titulaire d'un doctorat en lettres de la Sorbonne, à Paris, où il avait passé sept ans, le programme de la faculté se fondait sur le guide de l'Unesco pour les études en sciences sociales. Ce programme de trois ans incluait l'étude étendue et complète de l'homme, l'anthropologie physique et culturelle, la sociologie, la criminologie, l'ethnologie, les techniques de la recherche en sciences sociales, l'Histoire et les archives ainsi que la recherche en documentation.

En 1960, le corps professoral comprenait le professeur Hubert de Ronceray qui avait poursuivi des études supérieures en sociologie au Canada ; le Dr Gérard Loiseau, professeur de recherches techniques, formé en France ; Michel Aubourg, professeur d'anthropologie culturelle, qui avait poursuivi des études supérieures aux États-Unis ; Emmanuel C. Paul, professeur d'ethnographie ; Gérard Gourgues, professeur d'anthropologie criminelle formé en France ; Laurore Saint-Juste, professeur d'archivistique qui avait étudié au Canada ; et le doyen de la Faculté, Jean-Baptiste Romain, professeur d'anthropologie physique.

Il y avait également un professeur d'anglais, Helen Bolton, enseignant dans le cadre d'un programme d'échange avec les États-Unis ; un professeur d'espagnol, le Dr Lamothe, diplômé de l'université de Madrid ; et un bibliothécaire.

On se serait normalement attendu à ce que le Dr François Duvalier qui tenait alors les cordons de la bourse haïtienne supporte financièrement non seulement la Faculté mais également le Musée. Mais tel n'était en fait pas le cas, et lorsque le *Haiti Sun* mena son enquête en vue de la publication de l'article, nous nous rendîmes compte qu'il n'y avait pas de fonds pour assurer la publication du bulletin.

« Alors que chaque édition du *Bulletin du Bureau d'ethnologie d'Haïti* est très attendu par les ethnologues, les universités ainsi que les musées de par le monde, l'insuffisance de fonds empêche la publication régulière de ce journal important par ses recherches étendues.

« L'ethnologie, l'étude scientifique des races, joue un rôle essentiel dans la culture et le mode de vie haïtiens, et les recherches effectuées par les professeurs et les étudiants impliqués dans cette discipline fascinante ont répandu beaucoup de lumière sur l'histoire du pays. Pourtant, depuis un certain temps, le Musée d'ethnologie ainsi que la Faculté d'ethnologie situés près de l'entrée des Casernes Dessalines ont été handicapés dans leur progression par le manque de soutien financier.

« Le Musée d'ethnologie s'est vu attribuer un meilleur emplacement. Le temps de la cabane Quonset dégradée, avec des fenêtres brisées, sur le terrain de l'Exposition est révolu pour le Musée situé depuis douze mois sur l'ancien site attrayant qu'occupait le Musée national, lequel a déménagé à son tour pour s'installer dans la luxueuse résidence de l'ancien président Paul E. Magloire.

« Sous la direction de M. Emmanuel C. Paul, un homme mince, à la voix calme et posée, dédié au travail du Musée d'ethnologie, fut présentée une exposition détaillée d'objets, mais là également, le manque de fonds était apparent car plusieurs des caisses vitrées laissaient voir de grands espaces vides. »

Monsieur Paul, le directeur du Musée, expliqua qu'aucun droit d'entrée n'était exigé des visiteurs du Musée et que celui-ci devait subsister avec le budget mensuel de $ 400 que lui octroyait la ville de Port-au-Prince, dont une partie devait servir à payer les trois employés du Musée. La suite de l'article de *Haiti Sun* décrivait les objets exposés au Musée, qui rappelaient les premiers habitants indiens d'Haïti, les Arawaks, ainsi que les temps de l'esclavage, le vodou et les costumes du festival traditionnel de mardi gras. À côté d'une peinture à l'huile montrant des esclaves enchaînés qui étaient menés à un bateau négrier, se trouvait un modèle réduit d'une vraie goélette de 150 tonnes baptisée *L'Ouragan*. Le navire négrier révélait les méthodes épouvantables dont on se servait pour forcer les esclaves à vivre dans d'étroites rangées sous le pont durant leur transport à travers l'Atlantique depuis l'Afrique.

La bataille du Lac : Lac 100, les Marines 0

Afin de comprendre pourquoi le lac Miragoâne avait débordé de ses rives et provoqué des dégâts à la circulation routière et au bétail, il était nécessaire que le *Haiti Sun* mène sa propre enquête ethnologique. Le secret du lac se révéla à nous dans l'ouvrage du célèbre écrivain français, Moreau de Saint-Méry. Dans les pages 1191 et 1192 du volume III de son *Histoire de l'Île*, il écrit ceci : « Ce lac [Mirogoâne] se déverse constamment à travers une très étroite voie d'écoulement située au nord-nord-est du lac. À cent cinquante toises [95 mètres] de la voie d'écoulement, il y a un pont à un endroit où le lac est peu profond et couvert de joncs. » La description qu'offre Moreau de Saint-Méry date des voyages qu'il a effectués en 1776 et qu'il rapporte sous le titre de « Description topographique, physique, civile, politique et historique de la partie française de l'Île Saint-Domingue ». Non seulement l'écrivain français localisa la voie d'écoulement, il expliqua également que le lac s'étendait à l'époque à 12 mètres au-dessus du niveau de la mer [17 mètres en 1960] et que l'étroite voie d'écoulement lui permettait de déverser ses eaux de crue dans la mer des Caraïbes au niveau de la baie du Carénage.

C'était un spectacle que l'écrivain du XVIIIe siècle n'aurait pu imaginer. « Hommes-grenouilles aident à déboucher le lac », tel était le titre de l'article de *Haiti Sun* qui continuait ainsi : « L'écho du grondement de la dynamite retentissait à travers les collines à partir d'un coin du lac bleu vert de Miragoâne alors que les hommes-grenouilles de la marine américaine et leurs collaborateurs haïtiens s'acharnaient à la tâche de débouchage non pas d'une seule mais de trois voies d'écoulement qui étaient selon eux obstruées par des arbres et des débris. »

Cette voie d'écoulement inhabituelle procurée par la nature traversait la base d'une montagne sur une distance de deux kilomètres et demi, permettant aux eaux de crue du lac de se déverser en cascade dans la mer située plus bas. En dépit de l'usage d'équipements et de méthodes modernes, il a fallu les connaissances d'un vieux paysan pour sauver les techniciens de l'échec.

Cette intervention d'urgence avait été déclenchée par une situation de crise. Le lac se trouvait à 4,5 mètres au-dessus de son niveau normal, ce qui avait causé l'inondation de la principale route reliant la capitale à la ville de Miragoâne. Des hommes-grenouilles expérimentés de la marine américaine venant de la base navale de Guantanamo, à Cuba, avaient répondu à la demande d'assistance pour déboucher le lac qui avait été formulée par le colonel Heinl de la Mission navale américaine, avec l'accord du ministre Philippeaux.

Heinl percevait l'opération comme l'occasion d'une séance de photos et d'un bon article de presse permettant de montrer les Marines dans un rôle constructif. À cette fin, il fit transporter un groupe de journalistes, y compris l'éditeur de *Haiti Sun,* sur les lieux de l'inondation. Un hélicoptère de la Mission navale américaine piloté par Red Allen nous emmena confortablement au-dessus de la côte, jusqu'au bord du lac, en un dixième du temps que cela aurait normalement pris par la route. Mais la route était loin de son état normal de défoncement et avait en fait soudainement disparu sous les eaux du lac Miragoâne.

Haïti est un pays qui regorge de trésors historiques, où une histoire, quelque pittoresque qu'elle soit, mène toujours à une autre histoire. Durant ma visite dans la zone inondée, un homme appelé Camille Mitchell, qui était un résident de longue date de la ville voisine de Petit-Goâve, nous raconta comment le lac avait été débouché la dernière fois en 1928. En tant que superviseur des travaux publics pour la zone de Miragoâne avant sa retraite en 1957, c'était à lui qu'incombait la tâche de déboucher le lac.

Il dit qu'il avait personnellement dynamité, en 1928, la voie naturelle d'écoulement qui traversait la colline et qu'à son agréable surprise, l'explosion avait produit l'effet souhaité. « Tout d'un coup, c'était comme si l'on avait retiré le bouchon d'une baignoire. » Le bateau dans lequel Mitchell et ses collaborateurs se trouvaient fut « aspiré et rejeté contre la rive après avoir été pris dans un tourbillon qui l'avait fait violemment tourner en rond ».

Une semaine après notre visite sur le site des travaux de débouchage, le *Haiti Sun* publia un article intitulé « Explosion, mais pas de débouchage ». C'est au colonel Alexandre Laraque, commandant du corps des ingénieurs de l'armée haïtienne, qu'était revenu l'honneur de pousser le plongeur du détonateur de la dynamite. Le journal publia une photo du colonel en train de déclencher l'explosion avec un sourire prématuré sur le visage. L'explosion ne fit hélas que du bruit, et ne fut pas suivie du glouglou de l'eau s'écoulant en vitesse à travers les trous de la montagne.

Un vieux paysan à la chemise déchirée et encore tout suant d'avoir travaillé dans son jardin vint informer le commandant des Marines qui dirigeait les opérations qu'il connaissait l'existence de cinq autres trous naturels d'écoulement. Les hommes-grenouilles de la Marine américaine continuèrent à poursuivre leurs frustrantes activités.

Afin d'éviter davantage d'embarras, le colonel Heinl se rendit à Washington pour demander une aide supplémentaire d'urgence, et il revint avec un contingent d'officiers de haut niveau appartenant au corps des ingénieurs ainsi qu'à plusieurs branches des forces armées des États-Unis. Heinl, qui n'était jamais à court de qualificatifs, avait originellement diagnostiqué le lac comme ayant besoin d'un « laxatif explosif ». En fin de compte, en ce qui concernait les Marines, il était apparent que le lac avait besoin de plus que d'explosifs car, explosion après explosion, il refusait avec entêtement de s'écouler. Les efforts continuèrent pendant des semaines jusqu'à ce que les Américains jettent l'éponge et décident qu'il n'existait pas de voies d'écoulement réelles à travers la montagne. Le colonel Heinl avait perdu cette bataille plutôt embarrassante et, pis encore, il eut l'air ridicule lorsque dans son édition du 1ᵉʳ octobre 1960, le *New York Times* publia un article intitulé « La Marine américaine perplexe devant le lac. La crue isole la péninsule et (…) ».

Finalement, le 22 novembre 1960, les Seabees de la Marine américaine achevèrent de construire une chaussée de terre et un pont flottant pour permettre à la route de surplomber le lac en crue.

Le mystérieux bateau *Mary Celeste* fait naufrage ici

Comme de coutume en Haïti, mon interview avec Camille Mitchell, l'ancien superviseur des travaux publics de Miragoâne, engendra une autre fascinante histoire. Il s'avéra que le père de Camille Mitchell, un Américain, avait été consul des États-Unis dans la ville de Petit Goâve. Ce consul s'était occupé du cas du naufrage suspect du fameux et mystérieux bateau *Mary Celeste*, au large des côtes d'Haïti en janvier 1885. Le *Mary Celeste*, un brigantin de 206 tonnes construit en Nouvelle-Écosse et dont le port d'attache était New York, avait déjà acquis une notoriété effrayante. Douze ans plus tôt, le 7 décembre 1872, alors qu'il était en route pour Gênes, en Italie, le *Mary Celeste* avait été trouvé dérivant au milieu de l'Atlantique. Ce fait s'avéra être l'un des grands mystères maritimes de l'Histoire qui n'a jamais été résolu à ce jour.

Lorsque l'équipage d'un autre navire à voile découvrit le *Mary Celeste*, il n'y avait aucun signe des dix membres de son équipage ni aucune indication qu'un acte criminel avait été commis. Le capitaine, sa femme et leur fille âgée de deux ans qui se trouvaient à bord avaient tout simplement disparu sans laisser de trace ; des restes d'un petit déjeuner à moitié terminé étaient sur la table du capitaine où il y avait même une bouteille de médicament ouverte que la houle de l'Atlantique n'avait pas renversée ; la cargaison de 1 700 tonneaux d'alcool qui se trouvait dans l'écoutille de la cale à marchandises était intacte. Le brigantin *Dei Gratia*, également de New York, qui avait découvert le bateau fantôme *Mary Celeste*, le prit en remorque et l'emmena à Gibraltar où l'équipage réclama une compensation monétaire pour avoir récupéré le bateau. Cette compensation fut obtenue à l'issue d'un long procès devant un tribunal de la colonie britannique qui enquêta sur le mystère.

Cependant, par la suite, il devint difficile de trouver des équipages pour le *Mary Celeste* car les marins craignaient que le bateau ne soit maudit ou victime de sortilèges. Le bateau prit finalement à nouveau la mer, cette fois-ci à partir de Boston, avec une cargaison à destination d'Haïti. À l'approche des côtes haïtiennes, alors que le temps était beau et les vents modérés, le *Mary Céleste* heurta le récif sur la rive de Rochelais soigneusement porté sur la carte. L'équipage débarqua à Miragoâne. Le capitaine conclut une entente avec le consul Mitchell et lui vendit l'épave du bateau fantôme et sa cargaison pour $ 500. Lorsque le capitaine retourna à Boston pour réclamer les $ 25 000 de la couverture d'assurance, il fut accusé, avec les propriétaires du bateau, de conspiration et de baraterie. Un expert maritime se trouvant par hasard en Haïti pour enquêter sur une autre épave contacta Mitchell qui, après avoir récupéré la cargaison, découvrit qu'il s'agissait d'un vol organisé d'assurance. La cargaison s'avéra sans valeur et constituée de poissons pourris et de colliers pour chiens. Le *Mary Celeste* avait fini ses jours de voyage comme une épave, emportant avec lui l'ancien mystère de son équipage manquant.

Colonel Merci-Beaucoup

Une autre histoire maritime moins dramatique mais qui suscita l'hilarité des Marines américains se trouvant en Haïti ainsi que des Haïtiens eux-mêmes, était la véritable histoire d'une péniche de débarquement mise à la disposition de la Mission navale américaine dans le cadre de la formation des gardes-côtes d'Haïti dans la manipulation des petits bateaux. L'embarcation prêtée par les États-Unis avait à peine commencé à être utilisée lorsque le colonel Heinl, le chef des Marines, décida qu'elle aurait un double emploi comme embarcation idéale de loisirs. La petite péniche devint vite connue comme le petit bateau du colonel, dont l'équipage constitué de gardes-côtes haïtiens ne recevait du colonel qu'un simple « merci beaucoup » en guise de paiement pour leurs heures supplémentaires de travail durant les weekends. Les Haïtiens ont une capacité singulière de créer des surnoms et, très vite, le colonel Heinl fut surnommé « Colonel Merci-Beaucoup ». Le colonel Charles T. Williamson rapporte dans son ouvrage qui traite de l'histoire de la Mission

navale américaine que les membres de l'équipage haïtien devinrent tellement fâchés contre le colonel qu'ils allèrent jusqu'à littéralement tirer sur sa moustache à la Kipling.

Un jour, l'ambassadeur Gerald Drew voulut également emprunter la péniche mais Heinl l'informa qu'elle n'était pas disponible. Afin d'éviter de croiser l'ambassadeur qui avait trouvé une autre embarcation, Heinl ordonna à l'équipage haïtien de prendre la mer à une heure différente de celle de l'ambassadeur. Mais l'équipage s'étant rendu compte de sa stratégie d'évitement de l'ambassadeur inventa délibérément des raisons pour retarder son départ. C'est ainsi que lorsque Heinl prit tardivement la mer, sa péniche passa par inadvertance devant la proue du bateau de l'ambassadeur. Deux visages cramoisis, celui d'un diplomate furieux et celui d'un officier des Marines embarrassé, se firent face sur les eaux placides de la baie de La Gonâve.

Ce fut non seulement un voyage funeste mais également le dernier voyage du bateau de Heinl. Peu de temps après son arrivée à destination, le colonel ordonna que le bateau soit amarré sur une plage qu'il avait choisie. Le vent se mit à souffler et l'équipage demanda l'autorisation de déplacer le bateau. Williamson dit dans son livre que « Heinl était tellement pris avec ses invités qu'il oublia de s'en occuper. Finalement, le bateau rompit ses amarres et se retrouva à sec sur la plage ». Quelques jours plus tard, la péniche fut remise à flot et expédiée à la base navale de Guantánamo pour y subir des réparations. Elle ne revint plus jamais en Haïti, à la grande déception du colonel.

- - -

Durant la même semaine où la bataille navale opposant Drew à Heinl s'était déroulée, l'ambassadeur d'Haïti à Washington, Ernest Bonhomme, avait adressé une longue lettre à un étudiant en réponse à la critique que celui-ci avait formulée publiquement à l'encontre d'Haïti sous Duvalier. L'ambassadeur envoya au *Haiti Sun* une copie de son texte dans lequel il réfutait les accusations d'un étudiant américain fréquentant l'American University de Washington, D. C. selon lesquelles les Marines américains assureraient la sécurité de Papa Doc au Palais national à l'aide de tanks. L'ambassadeur Bonhomme avait écrit que « Ni les autorités haïtiennes ni les autorités américaines ne permettraient que les 49 membres de la mission des Marines prennent part à de telles opérations », reflétant en cela le fait que la présence des Marines était un point sensible pour le régime. Il définit la mission des Marines comme étant purement une mission de formation et il ajouta qu'ils étaient connus « pour leurs exploits extraordinaires depuis les palais de Montezuma jusqu'aux rives de Tripoli. Cependant, ils ne se vantent pas encore que 49 d'entre eux suffiraient pour protéger un "dictateur" contre la colère de trois millions d'Haïtiens ou même de deux cent mille Port-au-Princiens ».

Protégez nos arbres

Durant cette période, le *Haiti Sun* publia en première page le gros titre suivant : « Semaine nationale du Kérosène. » C'est seulement en Haïti, semble-t-il, qu'un tel titre serait pertinent. Il était toutefois d'une importance vitale de trouver et de promouvoir un combustible pour la cuisine à la portée des petites bourses, afin de stopper la dépendance de longue date d'Haïti de l'industrie du charbon de bois qui, lentement mais sûrement, dénude le pays de ses arbres vitaux et permet à des tonnes de sol précieux d'être emportées vers la mer, contribuant ainsi à réduire la production agricole. (L'industrie du charbon de bois consiste à couper les arbres pour en transformer le bois en charbon.)

La compagnie pétrolière Esso avait commencé à faire la promotion de leur petite cuisinière par des démonstrations dans les villes à travers le pays. La « Cuisinesso » ou « Flamme bleue » comme on l'appelait, était une cuisinière à kérosène compacte et peu coûteuse. La campagne se poursuivit durant l'été 1960.

Choquante fuite de cerveaux vers l'Afrique

« Les Nations unies demandent de l'aide à Haïti. » Rétrospectivement, un tel titre semble contradictoire et surprenant. Le *Haiti Sun* publia le 14 août 1960 une demande urgente des Nations unies pour des techniciens haïtiens qui iraient travailler dans l'ancien Congo belge. Le Premier ministre de la nouvelle République du Congo était le charismatique Patrice Lumumba. Les compétences requises dans la demande des Nations unies comprenaient celles de techniciens radio, de secrétaires de sexe masculin, et même d'hommes ayant une expérience militaire ou policière. L'invitation lancée à des travailleurs qualifiés d'aller travailler pour les Nations unies en Afrique, au moment où les nations africaines rompaient leurs liens avec leurs métropoles coloniales, devint attrayante pour les cadres haïtiens, dont beaucoup n'avaient pas de perspectives de travail en Haïti à cause de la situation politique. C'est ainsi que commença la « fuite des cerveaux » impliquant des centaines d'Haïtiens tandis que le gouvernement demeurait évasif concernant la perte de ses meilleurs cadres.

Et il y avait souvent des histoires originales qui méritaient de faire la une du journal. Au début du mois d'août 1960, les employés de l'aéroport de Bowen Field furent étonnés de voir un jeune garçon aux cheveux blonds se déloger du train hydraulique d'atterrissage d'un avion de la Pan American Airways et leur demander : « Est-ce que nous sommes à Miami ? » Le jeune Polonais clandestin âgé de 16 ans avait effectué un périple épique et audacieux de seize heures du Brésil en Haïti. Stanislav Gwiazdovski n'avait pas seulement échappé à toute détection, il avait également souffert de spasmes dus à la chaleur et au froid, de crampes et de la faim. Il avait grimpé le dimanche 7 août dans la case de rétraction du train d'atterrissage avant d'un DC-7 pendant que l'appareil attendait sur la piste son décollage à Sao Paulo et avait réussi à rester caché durant les escales effectuées au Venezuela, à Trinidad et à Curaçao.

Le jeune garçon né à Berlin de parents polonais et vivant au Brésil depuis trois ans expliqua que son aventure avait été motivée par la curiosité, l'espoir d'une vie meilleure et la possibilité de devenir pilote. Durant ce vol clandestin effectué dans des conditions atroces, il n'avait emporté que deux petites bouteilles d'eau qu'il avait encore avec lui à sa sortie de l'avion. Il exprima sa surprise de se retrouver en Haïti et gagna l'admiration des Haïtiens. Des membres du groupe des chauffeurs-guides le comblèrent d'attentions en lui offrant des sandwiches et de l'argent, et il fut logé gratuitement à l'Hôtel Plaza. Le jeune garçon aventureux mais entêté fut finalement renvoyé au Brésil grâce à un vol retour gratuit.

Le dernier boucanier

Le *Haiti Sun* s'efforçait dans ses reportages de présenter au public les bonnes causes et d'exposer les fausses. Le reportage sur l'une des bonnes causes nous conduisit sur la fameuse île de La Tortue, et le titre que nous avions donné à l'article : « Le dernier des boucaniers de l'île de La Tortue » n'était pas une plaisanterie.

Haïti abrite de nombreux endroits magiques et romantiques et l'un d'entre eux est l'île de La Tortue, située à une dizaine de kilomètres de la côte nord-ouest du pays. L'île, longue de 145 kilomètres, qui tient son nom de sa silhouette bossue, fut fameuse au XVIIe siècle pour avoir servi de refuge aux boucaniers et aux flibustiers dont les plus coriaces étaient les légendaires frères de la côte. Ce furent ces marins frustes qui colonisèrent finalement la partie occidentale de l'île d'Haïti.

Nous nous mîmes en route à partir de la petite ville côtière de Saint-Louis du Nord en voyageant dans un bateau à voile en bois, en compagnie de résidents de la petite île et de patients de la grande île se rendant à l'hôpital de l'île de La Tortue dirigé par le père Riou, un prêtre catholique plutôt pittoresque et célèbre localement. L'art de la construction navale des habitants de La Tortue remonte aux anciens corsaires qui se servaient de leurs petits bateaux rapides pour piller les gros galions espagnols transportant des trésors des Amériques à destination de l'Espagne. Les bateaux à voile des habitants de l'île n'étaient plus construits pour être rapides mais pour transporter un grand nombre de passagers et des marchandises dans leurs coques en bois brut.

La belle plage de Basse-Terre où nous débarquâmes pouvait faire l'objet de cartes postales mémorables. Nous entreprîmes ensuite une montée en pente raide sur le plateau, à quelque 30 mètres de hauteur, directement dans la brise rafraîchissante du canal du Vent qui sépare l'île de La Tortue de Cuba. On pouvait comprendre facilement comment deux fortifications à Basse-Terre suffisaient pour protéger complètement l'île de toute attaque, étant donné que l'unique lieu de débarquement cheminait à travers un canal, dans un récif corallien qui était à parfaite portée de plusieurs vieux canons couverts d'herbes.

Le père Roger Riou, autoproclamé « dernier boucanier » de l'île, était un homme gigantesque, plein d'énergie, les cheveux hirsutes tachetés de gris, aux sourcils broussailleux et au rire contagieux. Originaire du port français du Havre, il avait sans aucun doute acquis dans sa jeunesse certains des traits des vieux loups de mer français du passé, y compris leur langage coloré. J'appris plus tard qu'il avait acquis ses manières brutes dans la pègre durant sa jeunesse. Le père Riou m'avait accueilli comme un membre de la famille à chaque voyage subséquent que j'avais effectué sur l'île. Il avait toujours beaucoup à dire et il ne pouvait pas s'arrêter de parler. L'œil pétillant, il me lançait l'avertissement suivant : « N'oubliez jamais que pour moi, vous êtes un galion espagnol et que je suis le dernier des boucaniers de l'île de La Tortue. » Il indiquait clairement ainsi qu'il était disposé à soutirer aux riches pour subvenir aux besoins des pauvres.

Le père Riou poursuivit son explication en disant qu'il appartenait à l'ordre des Montfortains et qu'après avoir été affecté sur l'île en 1947 par son évêque, il s'ennuya très vite du fait qu'il n'avait que des tâches pastorales à accomplir. Dans une région du monde où la mortalité due au tétanos était élevée, il avait vu une femme accoucher sur un sentier de l'île et couper le cordon ombilical avec une machette sale ; il avait également observé les efforts entrepris par des malades de l'île de La Tortue en vue de trouver de l'aide sur la grande île en traversant un bras de mer qui pouvait occasionnellement devenir « aussi agité que la mer du diable ». Le Père Riou, qui avait servi dans l'armée française comme médecin, finit par ouvrir un dispensaire pour traiter une quinzaine de patients et il fut autorisé à retourner en France pour s'y recycler en médecine.

Les efforts du père Riou aboutirent finalement à la création de l'hôpital de mission Notre-Dame des Palmistes de l'île de La Tortue qui, au moment de ma visite, traitait 10 000 patients par an, provenant non seulement de la petite île mais aussi de la grande île. L'hôpital était en voie d'agrandissement pour y ajouter une aile pour les lépreux et pour augmenter la capacité de sa consultation hospitalière externe. Pour se procurer son personnel médical initial, le père Riou avait réussi, en lançant un S. O. S. à ses amis et aux membres de sa famille, à recruter sept infirmières missionnaires suisses, dix infirmiers haïtiens et un couple de docteurs français dont le mari, qui était également un psychiatre, prit en charge la clinique psychiatrique, le seul pavillon payant de l'hôpital qui attira une clientèle aisée provenant de la grande île.

L'Hôpital Notre-Dame des Palmistes était une institution efficacement gérée et qui était en mesure de traiter pratiquement toutes les maladies connues. Au dîner, le loquace père Riou régalait l'auteur en relatant une histoire après une autre et un fait après un autre. La population de l'île était maintenant passée à 15 000, soit deux mille de plus depuis qu'il y avait mis les pieds pour la première fois. L'hôpital avait, durant l'été 1960, 100 patients hospitalisés et 50 autres en attente dans le village comme patients en consultation externe. Le pirate gallois Henry Morgan était arrivé sur l'île à l'âge de 24 ans et y avait mené une carrière pittoresque comme pirate avant d'être finalement nommé gouverneur de la Jamaïque britannique.

La navigation de Saint-Louis du Nord à l'île de La Tortue fut plaisante, mais l'escalade de la colline escarpée exigea un grand effort physique. Le père Riou était toujours en train de construire ou de réparer une chose ou une autre. L'hôpital était bien contrôlé et disposait d'un personnel dévoué. Tout cela prit fin lorsque Papa Doc, craignant un débarquement possible d'exilés haïtiens dans l'île et prenant acte du fait que les Tontons Macoutes n'aimaient pas le prêtre, exila le père Riou après l'avoir décoré deux fois. L'auteur avait entrepris plusieurs voyages dans l'île qui était alors fascinante et qui avait été l'une des premières implantations de pirates européens. Parmi les photos qui suivent, il y a le père Riou au travail avec des patients ; des écoliers au sortir d'une messe à l'église catholique de l'île ; le personnel de l'hôpital ; le père Riou en train de réparer un moteur hors-bord ; le père Riou pointant du doigt l'île et ce qu'il restait de l'hôpital français construit en 1802 par ordre du général Leclerc dont plusieurs des officiers ainsi que lui-même périrent dans l'île.

 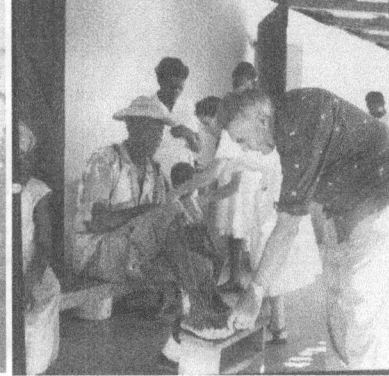

Cependant, il était clair que le père Riou était mieux informé sur ses propres compatriotes qui avaient acquis une renommée légendaire sur l'île. Il disait qu'il avait fait des recherches sur l'île de La Tortue dans les bibliothèques durant les quelques voyages qu'il avait entrepris en France. Il prenait particulièrement plaisir à raconter l'histoire du pirate français, le capitaine Borgnefesse, dont l'une des fesses avait été emportée par un coup de canon. Celui-ci avait fait la chronique de sa vie à partir du moment où il avait été évincé d'un séminaire jusqu'à l'existence qu'il mena sur l'île de La Tortue où il épousa un autre boucanier du nom de Kulesher qui était selon lui l'homme le plus puant et sale qu'il ait jamais connu.

Puis il y avait Bertrand d'Ogeron, un mercantiliste plein d'initiative, qui avait débarqué sur l'île avec une cargaison de 150 jeunes femmes qu'il était allé chercher dans des maisons de prostitution dans les ports français et qu'il avait vendues contre de l'argent liquide, contre de l'or en fait. Selon le père Riou, jusqu'à l'arrivée de d'Ogeron avec sa cargaison de femmes, les hommes de l'île vivaient ensemble. Je crus avoir détecté un clin d'œil de sa part.

Le père Riou expliqua que le général Charles Victor Emmanuel Leclerc, le commandant en chef des troupes de Napoléon, dont la mission était de restaurer la domination directe de la France sur Saint-Domingue et de rétablir l'esclavage, était mort de la fièvre jaune, en haut de la route (il n'y avait en fait presque pas de route) le 2 novembre 1802. Pauline Bonaparte, l'épouse impertinente et sexy du général et sœur de Napoléon, s'était retirée dans une villa sur la plantation Raymond Labatut, « à quelques kilomètres en haut de la route ». (Nous avions examiné le lendemain les rares vestiges du « Château Pauline » qui avait été décrit comme quelque chose sortant des *Contes des Mille et Une nuits*.

Le père Riou n'était pas tout sourires. Il avait tout récemment visité la France où il avait réussi, dans le vrai style boucanier, à soutirer suffisamment de fonds de ses riches amis et proches pour acheter un ensemble complet d'équipements modernes de chirurgie. Ces équipements ainsi que « beaucoup de médicaments » avaient été expédiés d'Europe sur le cargo français *La Coubre*. Puis, le 3 mars 1960, *La Coubre* explosa de façon inattendue dans le port de La Havane avec à son bord 76 tonnes de matériel de guerre de fabrication belge destiné à l'armée cubaine de Fidel Castro, envoyant dans l'air des obus qui éclataient, des morceaux du navire et des débardeurs, en même temps que les fournitures médicales du père Riou. Plus de 75 dockers cubains périrent et il y eut 200 blessés.

Le père Riou pria pour les victimes puis émit un cri du cœur si bruyant qu'il fut entendu par « Big Joe Rosenfeld » à New York. En tant qu'hôte de l'émission « Happiness Exchange » diffusée de minuit à sept heures du matin sur la station de radio WABC de New York, Big Joe avait relaté sur les ondes l'histoire de la perte des fournitures médicales du père Riou qui se trouvaient à bord de l'infortunée *La Coubre*. La réaction des auditeurs fut immédiate et il en résulta un flot de dons de fournitures de remplacement. Rosenfeld lui-même accompagna au début du mois de juillet la cargaison de fournitures médicales destinées à Haïti. Le *Haiti Sun* accorda une couverture complète à l'expédition et rapporta comment le père Riou avait personnellement supervisé leur transfert sur le voilier *Dieu Seul* qui les transporta à l'île de La Tortue.

Au cours de ma visite de cet été-là, tout ce qui restait du marché naguère prospère des pirates de l'île de La Tortue, c'était une quantité limitée de commerce de contrebande entretenu avec les îles Bahamas britanniques. Plusieurs sauces de fabrication anglaise étaient ainsi parvenues sur la table de la salle à manger du bon père. Toutefois, la bière qu'il nous servit avait été brassée sur place et les petits cigares tordus avaient été roulés en Haïti avec du tabac haïtien.

Je ne pouvais m'empêcher de penser que le père Riou ne m'avait pas tout dit concernant les circonstances de son entrée dans la prêtrise, et comme j'avais l'intention d'envoyer des articles concernant sa mission au *Time Magazine* ainsi qu'au *New York Times*, il me fallait obtenir plus d'informations qu'il daigna finalement me fournir et qui s'avérèrent intéressantes.

Il s'est révélé que son père, qui travaillait comme chef cuisinier sur le paquebot *Île-de-France*, était un « vrai communiste » tout comme l'était sa mère. À l'âge de neuf ans, le petit Roger circulait dans les rues du Havre pour vendre le journal communiste français *L'Humanité*. À douze ans, il était devenu un membre endurci d'un groupe de la Jeunesse communiste qui était convaincu que le communisme allait sauver le monde. Il fut arrêté par la police au cours d'une grève (il m'avouera plus tard qu'il avait été arrêté pour vol) et envoyé dans une maison de correction dirigée par l'avocat Robert Stahl, lequel deviendra plus tard un prêtre. C'était mieux que la prison, mais c'était un centre de rééducation plutôt musclé ayant approximativement un effectif de 100 détenus. Pourtant le jeune Roger y trouva sa vocation et rejoignit la communauté religieuse monfortaine.

L'article fut publié dans *Time Magazine* sous le titre approprié : « Le bon Blanc. »

Un autre voyage dans l'île effectué plus tard en 1962 en compagnie de mon épouse et de Brad Darrach, un critique de cinéma attaché au *Time Magazine*, s'avéra également intéressant. Darrach avait la réputation d'être un excellent écrivain dont les commentaires incisifs étaient pleins d'esprit. À la table du dîner avec le père Riou et ses collègues prêtres, Darrach commença à psychanalyser notre hôte et à enquêter sur sa vie sexuelle en lui posant des questions personnelles concernant, par exemple, la façon dont il se prenait pour contrôler les tensions entre le célibat requis par son état et ses pulsions libidineuses. Cela ne plut pas du tout au père Riou qui lui répondit : « Vous êtes obsédé par le sexe. » Le père Riou me dit plus tard que si jamais j'amenais d'autres écrivains fous sur l'île, il les enverrait directement dans le pavillon psychiatrique de son hôpital.

Ce matin-là, durant la messe à laquelle nous avions assisté, le père Riou avait prononcé en créole un sermon inhabituel et qui tournait autour du commandement « Tu ne voleras point ». La passion avec laquelle il avait dénoncé des pirates qu'il accusait d'avoir détourné une cargaison provenant des Bahamas nous avait surpris. Il n'y avait pas de crime plus odieux que de voler son frère. Les flammes de l'enfer régleraient leur compte aux voleurs.

« Merde ! Je ne vous offrirai pas de whisky ce soir (…) une partie de cette cargaison m'appartenait ! » nous expliqua-t-il plus tard. Nous lui demandâmes si c'était de la contrebande et il se contenta de répondre sur un ton affable que c'était de la marchandise « détaxée ».

Des rumeurs couraient que des rebelles antiduvaliéristes, des *kamoken,* allaient débarquer sur l'île de La Tortue dans le but d'y installer un gouvernement alternatif qui organiserait des attaques contre la grande île. En 1963, Papa Doc avait coupé la petite île de la grande et même confisqué le poste émetteur-récepteur du père Riou. Ce fut la Mission navale américaine qui vint finalement au secours du père Riou en lui apportant des fournitures par hélicoptère. Et après la naissance de Jean-Bernard, notre premier fils, ce fut à nouveau grâce à un hélicoptère des Marines américains que le père Riou put sortir discrètement de l'île pour venir le baptiser en avril 1963.

Avec le temps, la mission du père Riou périclita, comme tant d'autres institutions, durant la longue nuit du règne de Papa Doc. Duvalier ordonna l'expulsion du père Riou de l'île sous escorte militaire. Après que des Tontons Macoutes l'eurent saisi dans son église un dimanche pendant qu'il donnait la communion, tous les chefs militaires venant de Port-de-Paix vinrent l'escorter à dos de ses propres chevaux en disant qu'ils l'emmenaient pour « sa propre protection ». Plus tard, le père Riou me confiera : « J'étais content du fait que ce n'était pas la population qui m'avait chassé, mais que c'était Papa Doc. C'était lui qui avait planifié tout cela. » Un homme que Papa Doc avait décoré de l'ordre de l'Honneur et du Mérite, pas une seule fois mais deux fois, pour ses bonnes œuvres sur l'île, était devenu un risque pour la sécurité. Le père Riou quitta Haïti et n'y remit les pieds qu'au début des années 1970 lorsqu'il revint pour de brèves visites après la mort de Papa Doc. Il avait confié depuis longtemps son œuvre à ses successeurs religieux.

Le père Riou relatera plus tard ses expériences dans un livre intitulé *Adieu La Tortue*, qui sera traduit et publié en anglais sous le titre : *The Island of my Life*.

Pleins pouvoirs accordés à Papa Doc

Au Palais national, Papa Doc continuait toujours à orchestrer ses intrigues machiavéliques. Le 15 août 1960, à quelques minutes de minuit et avant l'ajournement de la 38e session du Parlement, tous les pouvoirs économiques lui furent confiés lui permettant de diriger par décrets pendant une période de six mois. C'était le dernier acte d'un parlement soumis à Duvalier et relégué à la fonction d'estampille, malgré quelques rares voix contestataires.

Bizarrement, bien que la Chambre basse ait rejeté la veille un projet de loi initial par un vote de 19 voix contre et 6 voix pour, un second projet contenant les mêmes propositions que le premier lui fut promptement présenté le lendemain matin. Chose curieuse, comme le remarqua le *Haiti Sun,* le ministre de l'Intérieur et de la Défense nationale, le Dr Aurèle Joseph, assistait à la seconde session. Il était évident pour tout observateur que la majorité des députés s'étaient instantanément rendu compte qu'ils s'étaient trompés et avaient rapidement décidé de rectifier leur erreur. Le député Lavoisier Lamothe introduisit le nouveau projet de loi en déclarant : « Dans son important message de Jacmel, le Président avait exposé les grandes difficultés auxquelles le gouvernement est confronté (…) mettant l'accent sur les efforts nécessaires pour redresser le pays. Vous n'êtes pas sans ignorer, Messieurs, que la situation économique est très grave… » Quand on passa au vote cette fois-ci, la Chambre basse adopta le projet avec 19 voix pour et 4 voix contre, puis l'envoya au Sénat.

Le sénateur Victor Nevers Constant, un fidèle duvaliériste, introduisit le projet de loi au Sénat en déclarant que cette loi allait « armer le chef de l'Exécutif pendant six mois avec les pouvoirs nécessaires pour faire face à certains problèmes économiques et financiers étroitement liés à l'intérêt national ».

L'unique voix dissidente de la Chambre haute, du moins initialement, fut celle du sénateur Géhu Garnier qui prit la parole pour faire la déclaration suivante : « Je comprends parfaitement l'esprit de collaboration qui anime le sénateur Constant. Cependant, moi-même, je pense que le Sénat ne peut accepter un tel projet de loi car il est inconstitutionnel. Je suis prêt à collaborer jour et nuit avec le chef de l'État, mais je pense que nous ne pouvons pas l'entraîner sur cette pente glissante (…) » Le sénateur Garnier poursuivit : « L'expérience a montré que le Président ne peut pas étudier tous les contrats, les lois, les dispositions légales et les décrets qui lui sont soumis. Et il se trouve qu'il y a des gens dans l'entourage du Président qui ne sont décidés qu'à défendre leurs propres intérêts (…) Je le répète, je ne fais pas confiance à certains membres du Cabinet. »

Le sénateur Ulrick Saint-Louis qui avait récemment réintégré le Sénat après un tour de service comme ambassadeur d'Haïti au Venezuela rétorqua : « Il n'y a pas longtemps de cela, nous avions proclamé notre foi en l'honnêteté de notre vénéré leader, le docteur François Duvalier. Et vous savez, chers collègues, que la foi sans l'acte n'est que foi morte. »

Les sénateurs émirent pendant des heures des louanges hyperboliques à l'endroit de Papa Doc. À onze heures du soir, le projet de loi devint loi après un vote de 14 voix en faveur et une seule voix contre, celle du sénateur Garnier.

Le lieutenant Tony Pierre détestait les Macoutes

Durant cette même semaine, nous avions publié en première page un article concernant l'abus de pouvoir d'un jeune lieutenant de l'armée intitulé : « Officier boxeur de l'Armée dénoncé par député : L'affaire de Léogâne. » Notre article relatait ainsi les faits : « Le député Moïse avait interpellé M. Luc François et le D' Aurèle Joseph, respectivement ministres de la Justice et de l'Intérieur, devant la Chambre basse où il leur fit un long exposé sur « L'affaire de Léogâne. »

« Le député dit qu'au cours d'une fête qu'il avait organisée à Mathieu, un lieutenant de la police s'était présenté sans invitation et avait commencé à intimider les membres de l'orchestre. Afin de calmer l'officier, le député l'invita à participer à la fête.

« Cependant, il se produisit ce que le député avait caractérisé comme étant un abus de pouvoir de la part de l'officier. Celui-ci ordonna à l'un de ses hommes, un soldat, d'arrêter un chauffeur originaire de Carrefour qu'il accusa de "rébellion". Quatre autres personnes furent également arrêtées et brutalisées " sans raison valide "…

« Se tenant debout devant la tribune de la Chambre des députés, Moïse cita la description que le président Duvalier avait faite de la nouvelle armée d'Haïti qui devrait être constituée d'hommes animés de la philosophie de la carrière qu'ils avaient choisie, ayant une haute compréhension de la mission d'un soldat, merveilleusement préparés et éduqués dans le saint amour de leur pays et de la discipline…

« Le député conclut en disant : « Ainsi, je ne pense pas, Messieurs, que cette armée à laquelle le Président a rendu hommage puisse garder dans ses rangs des éléments qui sèment la discorde. » Une résolution fut adoptée demandant à l'exécutif de « renvoyer l'officier en question de l'Armée d'Haïti. » Cependant, comme dans beaucoup de cas similaires, le lieutenant demeura dans les Forces armées. (Le lieutenant dit plus tard à l'auteur qu'il ne pouvait tout simplement pas supporter les Tontons Macoutes, qu'il leur était allergique.)

- - -

Le reportage des évènements sportifs était toujours un grand plaisir en Haïti, mais concernant le football, le sport national, le fanatisme était parfois incontrôlable. Dans la même édition de *Haiti Sun* contenant l'article sur le « désagréable officier de l'Armée », il y avait un article concernant un match de football qui eut lieu le dimanche dans le village de Gressier, à une douzaine de kilomètres au sud de Léogâne, et qui causa « 29 têtes cassées » et l'arrestation de 47 fans.

Le reportage publié par le *Haiti Sun* de l'incident survenu durant un match opposant une équipe de Gressier à une équipe de Laferonelle Léogâne se lisait comme suit : « Cela avait commencé lorsqu'un joueur de Laferonelle décida que son jugement était meilleur que celui de l'arbitre en sa défaveur, et pour prouver son point de vue, il décocha un coup de poing à un arrière de Gressier qui légitimement mais stupidement demanda à prendre possession de la balle. « Ce premier coup, décrit comme étant "un knock-out", provoqua une bataille avec des coups de pied, des coups de poing, des coups de pierre, des coups de couteau, des coups de lame de rasoir, etc. »

« Sous un déferlement de jets de pierre, plusieurs parmi les guerriers les plus sages prirent des positions plus sûres et plus avantageuses dans la mer, les buissons et les maisons.

« Après deux heures de " guerre civile ", l'équipe de Gressier chercha des renforts du côté de la police qui mit immédiatement fin à la mêlée en faisant abondamment usage de leurs "coco macaque", des matraques incassables.

« L'arbitre Laborde perdit tout intérêt pour le "match" lorsqu'une pierre adroitement lancée lui tomba dessus au milieu du terrain et lui fit perdre connaissance. L'intervention d'un arrière qui lui administra un massage pendant une quinzaine de minutes le ranima et le sauva d'un sort plus grave.

« À la suite du match et peut-être en guise d'explication pour la bataille, on constata que l'un des joueurs arrêtés avait en sa possession *un wanga*, ou charme magique, composé d'un paquet de poudre non explosive, d'une noix de coco et d'une bouteille contenant un liquide extrêmement répugnant.

« Tous les "combattants" furent relâchés le mardi suivant. La paix et la tranquillité régnèrent à nouveau au pays de la canne à sucre, jusqu'à ce qu'une nouvelle fois quelqu'un d'autre n'accepte pas la décision de l'arbitre ! »

Ce match de football devenu incontrôlable était d'une certaine façon une métaphore d'Haïti elle-même.

CHAPITRE 13
À la recherche de Camilo Cienfuegos

Le 18 novembre 1959, jour de l'Armée, un petit avion Apache réussit à atterrir sans problème à l'aéroport Bowen Field de Port-au-Prince après la tombée de la nuit. C'était une vraie prouesse et le pilote n'était pas conscient du risque qu'il avait pris. Car non seulement la piste n'était pas équipée pour des atterrissages nocturnes, mais des fûts d'essence allaient y être installés incessamment afin d'empêcher tout atterrissage clandestin de rebelles.

Lorsque le petit avion roula doucement vers l'aérogare puis s'arrêta, les trois passagers furent accueillis par un mur de soldats armés de mitraillettes et prêts à tirer. Lorsqu'on leur ordonna de descendre de l'avion les mains levées au-dessus de la tête, les visiteurs présentèrent leurs excuses pour leur arrivée tardive. Ce n'est qu'après une fouille complète de leur avion à la recherche d'armes que les passagers furent autorisés à entrer dans le pays pour y effectuer leur « reportage touristique ».

Le lendemain, William R. Shelton du bureau de *Time-Life* vint nous rendre visite au *Haiti Sun*, accompagné de Walter Youngblood et d'Andrew Saint George. Ce dernier, qui était d'origine hongroise, avait été recruté par *Life Magazine* après s'être distingué en photographiant et en interviewant Fidel Castro dans la Sierra Maestra en février 1958.

Le reportage touristique était le stratagème habituel pour couvrir leurs vrais desseins. Comme j'étais un pigiste pour *Time-Life*, ils étaient disposés à partager avec moi leur secret, mais ils insistèrent qu'il s'agissait d'un reportage exclusif pour *Life* et que je ne devais ni écrire ni parler à qui que ce soit de leur mission secrète.

Ils s'étaient lancés dans une aventure potentiellement dangereuse pour leurs vies afin d'être au rendez-vous avec une très importante personne portée disparue. Ils m'expliquèrent qu'ils étaient arrivés trop tard à ce rendez-vous et que la personne ne les avait pas attendus. Leur prochaine étape serait la péninsule du Yucatan, au Mexique, où ils espéraient localiser l'homme mystérieux, l'interviewer et le photographier en exclusivité pour *Life Magazine*. Comme *Life Magazine* avait dépensé « une somme assez importante » pour que ce reportage lui soit exclusif, le projet plutôt coûteux demeura sous sa responsabilité.

Ils m'informèrent à voix basse de l'identité de la personne portée disparue. Il s'agissait du commandant cubain Camilo Cienfuegos, celui-là même avec qui je m'étais lié d'amitié en janvier 1959, alors qu'il était le commandant de La Havane !

Alfred Youngblood, âgé de 28 ans, élégant dans son complet costume et cravate, était celui qui avait vendu le reportage à *Life Magazine*. J'avais remarqué qu'afin de se donner l'air d'un gars dur, il tordait un cigare non allumé au coin de sa bouche. C'était lui qui, peu de temps après leur arrivée, était allé tout seul au rendez-vous avec Camilo. La rencontre devait avoir lieu à l'Hôtel Montana, surplombant Port-au-Prince. Youngblood se disait encore « furieux » parce qu'ils étaient arrivés trop tard, et que *El hombre* s'était remis en route. « Merde ! » répéta-t-il plusieurs fois pour montrer à quel point il était déçu d'avoir manqué Camilo en compagnie de qui il s'attendait probablement à jouir d'un cigare de meilleure qualité.

Youngblood était convaincu que l'ancien rebelle cubain s'était déguisé en rasant sa barbe luxuriante et qu'il aurait été difficile de le reconnaître.

Je devais me retenir mais j'avais envie de crier au visage de Youngblood : « Tu racontes des conneries ! » Je croyais quant à moi que Camilo avait péri dans l'accident d'avion qui eut lieu le 25 octobre 1959 durant une tempête, alors qu'il voyageait de Camagüey à La Havane. Il avait pris le commandement de Camagüey seulement cinq jours auparavant, en remplacement d'Hubert Matos que Fidel avait arrêté et accusé de trahison. Les recherches menées en mer et sur terre ne localisèrent ni avion ni épave. Camilo, avec son grand chapeau de cowboy et sa longue barbe, était aimé de la plupart des Cubains qui souhaitaient qu'on le retrouve vivant, et c'est cet espoir ainsi que les rumeurs qui encouragèrent la spéculation qu'il n'était pas mort. C'était une parfaite mise en scène à exploiter par des escrocs.

Il aurait suffit que le bureau de *Time-Life* de Miami m'adresse une simple demande de renseignements pour que *Life Magazine* s'épargne les frais considérables accordés à Youngblood, plus les dépenses engagées pour la location d'un avion et le per diem et les dépenses d'Andrew Saint George, le photographe enthousiaste et naïf qui faisait partie de l'équipe. Cependant, pour *Life Magazine*, l'argent n'était pas une préoccupation ; ce qui comptait pour eux, c'était l'exclusivité et le secret absolu. La devise de *Life* durant cette période de poches pleines semblait être : « Qui ne risque rien n'a rien ! »

L'équipe de *Life* avait créé pour moi un autre problème, car leur visite avait éveillé les soupçons de la police secrète de Papa Doc durant cette période dangereuse en Haïti. Afin d'honorer la mémoire de Camilo, plus que tout autre chose, nous publiions dans l'édition du *Haiti Sun* du dimanche suivant, le 22 novembre 1959, une photo de Camilo portant la barbe et offrions une récompense pour toute information permettant de le localiser.

Je m'inquiétais du fait que la présence de Saint George pourrait laisser soupçonner qu'une autre invasion d'Haïti était imminente. Le *Haiti Sun* s'assura de mentionner que Saint George faisait du reportage touristique.

Cependant, à peine l'équipe de Saint George et de Youngblood était-elle repartie qu'il y eut au pays une autre incursion de *Life Magazine* menée, cette fois, par le journaliste Ken Gouldthorpe et le photographe Peter Anderson. Ils venaient également en mission secrète pour faire un reportage sur la rumeur d'une invasion qui, selon eux, devait débarquer à Jacmel. Le *Haiti Sun* publia également une photo de l'équipe de *Life* en notant qu'elle était en Haïti pour y effectuer un reportage touristique. Le débarquement s'avéra n'être qu'un autre canular.

Le photographe Andrew Saint George qui publia plus tard une histoire fictive concernant la prétendue collaboration de Papa Doc avec la mafia américaine.

L'occasion s'offrit finalement huit mois plus tard de publier le reportage dans le *Haiti Sun*.

« Pronostiqueur clandestin attrapé par le FBI », tel était le titre de l'article de *Haiti Sun* qui ramena en mémoire une escroquerie presque comique qui nous avait causé des brûlures à l'estomac quelque huit mois plus tôt. L'article publié dans l'édition du 19 juillet 1960 était illustré d'une photo de Youngblood dans une rue de Port-au-Prince, suçant son cigare éteint.

Le *New York Times* avait publié un article selon lequel Youngblood avait été arrêté à New York, sous l'accusation d'avoir escroqué l'opérateur radio d'un navire en se servant d'une histoire d'avion contenant un trésor et perdu dans les jungles du sud du Mexique. L'article du *Times* avait révélé qu'en 1959 Youngblood avait été arrêté pour sa participation à une conspiration visant à kidnapper à Miami un ancien sénateur cubain (Rolando Masferrer). Youngblood informa le *Times* qu'un jugement de non-lieu avait été rendu dans ce cas.

CHAPITRE 14
Trujillo : un piranha devenu paria

Dans son édition du 28 août 1960, le *Haiti Sun* annonçait en grande manchette une nouvelle historique sous le titre : « Relations diplomatiques rompues avec la R. D. : Haïti a voté en faveur des sanctions contre la R. D. à la conférence de San José. »

L'action de l'Organisation des États américains (OEA) dont Haïti fait partie, adoptée à la suite d'une réunion des ministres des Affaires étrangères des pays membres, n'était pas inattendue. Trujillo était allé trop loin cette fois-ci, et les nations sœurs d'Amérique latine, outrées par son comportement, étaient disposées à abandonner le principe consacré de la « non-intervention » dans l'hémisphère, afin d'infliger une punition au dictateur de droite. Le « Comité de la Paix » de l'OEA avait accusé Trujillo de « violations flagrantes et généralisées des droits de l'homme ».

Le *New York Times* avait observé dans un article que « l'action de l'OEA était sans précédent dans l'histoire de l'Amérique latine ». Trujillo était devenu un paria dans l'hémisphère à la suite d'un vote rapide effectué dans le petit Théâtre national richement orné de San José.

Même Duvalier savait que ce n'était pas le temps de bluffer et son ministre des Affaires étrangères, Raymond Moyse, avait reçu des instructions à cet effet. Monsieur Moyse, diplômé en diplomatie de l'université McGill du Canada, éloquent porte-parole et représentant du vieil ennemi et voisin de Trujillo, se joignit aux autres ministres pour voter l'imposition de sanctions contre la République dominicaine. Certains Haïtiens étaient d'avis que des sanctions auraient dû être imposées en 1937 lorsque Trujillo ordonna le massacre de milliers d'Haïtiens se trouvant en République dominicaine.

Notre article à la une était accompagné d'un bref historique des relations houleuses entre Haïti et la République dominicaine depuis le jour où, en 1791, Jean-Baptiste Chavannes et Vincent Ogé, leaders des affranchis mulâtres de Saint-Domingue qui s'étaient réfugiés dans la partie espagnole de l'île d'Hispaniola après l'échec de leur tentative de rébellion contre les Français, avaient été remis par les autorités espagnoles à ceux-ci qui les torturèrent à mort dans la ville qui porte aujourd'hui le nom de Cap-Haïtien.

Le *Haiti Sun* publia dans leur intégralité les résolutions adoptées par l'OEA à Costa Rica qui condamnaient la République dominicaine pour diverses actions subversives menées contre le nouveau gouvernement démocratiquement élu du Venezuela. Selon les résultats de l'enquête effectuée par l'OEA, le plus effronté de ces actes de gangstérisme international était l'attentat contre la vie du président du Venezuela. Les enquêteurs avaient conclu que l'attentat contre le président Venezuélien Romulo Betancourt le 24 juin 1960 était en fait un complot visant à renverser tout le gouvernement de ce pays. Le jour de la célébration du jour des Forces armées du Venezuela, une voiture piégée explosa, projetant la limousine présidentielle de l'autre côté de la rue. Le chauffeur et un assistant du Président furent tués tandis que le président Betancourt lui-même souffrit de sérieuses brûlures aux mains.

L'enquête de l'OEA avait révélé que « Les personnes impliquées (…) avaient reçu un soutien moral et matériel, et même une formation dans l'usage d'explosifs de la part de hauts responsables du gouvernement de la République dominicaine ». Le président vénézuélien avait averti les États-Unis que s'ils n'intervenaient pas contre Trujillo, le Venezuela procéderait à une invasion de la République dominicaine.

Les États membres de l'OEA étaient d'accord pour appliquer le Traité interaméricain d'assistance réciproque et conséquemment, les pays membres rompirent leurs relations diplomatiques avec le régime de Trujillo et appliquèrent des sanctions économiques partielles, à commencer par la suspension immédiate de la vente d'armes et d'équipements de guerre de tous genres. Dans un éditorial, le *New York Times* avait ainsi opiné : « Un dictateur paraît toujours fort jusqu'au dernier moment, mais aucun dictateur ne peut résister longtemps aux pressions aussi intenses que celles que le généralissime Trujillo est obligé de supporter. »

L'ambassadeur René Chalmers faisant ses adieux en République dominicaine.

Selon les estimations, environ 150 000 Haïtiens vivaient et travaillaient en République dominicaine. Le *Haiti Sun* observa que « l'opinion en Haïti est que ces gens n'auront pas à souffrir des conséquences de ces ruptures de relations diplomatiques. La seule conséquence probable sera le retrait des consuls haïtiens éparpillés à travers la République dominicaine qui leur servaient de « pères » et qui, par le passé, considéraient les milliers de résidents haïtiens comme leurs ouailles et veillaient à leurs besoins, en leur fournissant par exemple des actes de naissance et en leur servant de banquiers ».

Le bref aperçu historique qui avait accompagné l'article du *Haiti Sun* se terminait sur une note sombre avec une citation du Dr Jean Price Mars, intellectuel haïtien qui avait une fois servi comme ambassadeur d'Haïti en République dominicaine. Dans la conclusion de son ouvrage sur l'histoire des deux républiques intitulé *La République d'Haïti et la République dominicaine*, publié en deux volumes en 1953, Price Mars avait écrit : « Je ne voudrais pas être un prophète de malheur. Mais, comme Cassandre, l'horizon me paraît assombri par des nuages gonflés d'orages. » Et les nuages étaient effectivement en train de s'assombrir. Suite à la décision prise par l'OEA, René Chalmers, l'ambassadeur d'Haïti en République dominicaine, regagna Port-au-Prince en septembre. Entre-temps, l'été avait été chaud et rempli d'intrigues en République dominicaine. Au début du mois de juin 1960, les auditeurs furent étonnés d'entendre la lecture sur les ondes de la radio dominicaine d'une lettre presque impensable du ministre de la Justice, Mario Abreu Penzo, adressée au président homme de paille Hector Trujillo, laquelle lettre fut également publiée dans les journaux *La Nación* et *El Caribe*. Il s'agissait en fait de la dénonciation publique la plus sérieuse de l'Église catholique romaine faite par *El Jefe*. La lettre officielle accusait l'ambassadeur du Vatican, le nonce apostolique Mgr Lino Zanini, de fomenter dans le pays des crimes passibles de la peine capitale, y compris le communisme, l'anarchie et la révolution, et demanda à ce qu'il soit déclaré persona non grata. Six évêques connus pour leurs paroles sans détours furent également critiqués dans la lettre et accusés d'être coupables de crimes de sédition punissables par des peines de prison.

Le nonce apostolique, un homme sensé d'origine italienne, était sur le point de partir en congé pour un mois et l'action de Trujillo fut perçue comme une tentative destinée à l'empêcher de revenir à Ciudad Trujillo. *El Jefe* avait raison de considérer Zanini comme celui qui avait secoué la hiérarchie catholique de la République dominicaine et l'avait amenée à agir contre les violations flagrantes des droits de l'homme exercées par Trujillo contre son propre peuple. Je savais alors que je n'aurais jamais la chance d'obtenir une photo ou une interview de Zanini, et j'avais raison car il ne revint malheureusement pas.

Autre évènement incroyable, au début du mois d'août, *El Jefe* fit un grand spectacle du limogeage de son frère Hector de sa sinécure de huit ans en tant que président de doublure. Celui-ci n'était que trop content du changement. Il fut remplacé par le vice-président Joaquim Balaguer, son collaborateur loyal de longue date âgé de 53 ans. En plus de cela, non seulement le dictateur Rafael Trujillo se nomma lui-même chef de la délégation de la République dominicaine aux Nations unies et titulaire d'un diplôme signé par Balaguer, il rendit une visite théâtrale au Palais national pour « remercier » Balaguer, le nouveau président de doublure, de l'avoir nommé. Il déclara dans un discours adressé au parlement fantoche de la République dominicaine qu'un régime qui durait depuis trente ans ne saurait disparaître du jour au lendemain et il prétendit être favorable à la démocratisation. Toute cette performance était surréaliste.

Les machinations du dictateur dominicain ne constituaient pas seulement des nouvelles intéressantes à l'étranger, nous espérions en publiant la situation difficile et les malheurs du tyran du pays voisin dans le *Haiti Sun* que cela servirait d'avertissement au régime Duvalier. Ces deux dictatures parallèles allaient dans la même direction, vers une confrontation avec la jeunesse et l'Église catholique de leurs pays.

De plus, certains responsables dominicains continuaient de craindre que les Vénézuéliens n'envahissent leur pays en vue de chasser Trujillo du pouvoir.

Il y avait des indications, difficiles à croire à l'époque, que Joaquim Balaguer semblait prendre au sérieux son rôle de président de la République dominicaine. Au moment d'entrer en fonction, Balaguer avait déclaré qu'il « continuerait le processus de démocratisation » et il promit qu'il chercherait à obtenir une amnistie générale des prisonniers politiques. Il réussit effectivement à stopper les attaques des foules contre les réfugiés politiques installés dans les ambassades étrangères situées à Ciudad Trujillo et leur permit de quitter le pays. Johnny Abbes, le chef des services du renseignement, s'alarma de la présidence de Balaguer et commença à l'attaquer sur les ondes de Radio El Caribe. En tant que l'une des plus puissantes personnalités du régime, Abbes demanda à *El Jefe* de reprendre en main la présidence car, selon lui, les actions de Balaguer s'apparentaient à de la trahison. Trujillo mit bientôt fin au prétendu processus de démocratisation. *El Jefe* permit également à Abbes de faire pression sur les États-Unis dans *La Nación* et sur Radio Caribe en prétendant que la République dominicaine était sur le point de devenir un autre Cuba. Mais personne n'en fut dupe.

Cependant, le Cuba de Castro lui-même continuait de constituer un épouvantail pour Washington et une bonne partie des médias des États-Unis. Henry Raymont, un correspondant de l'agence United Press International, découvrit même « des nuances de Castro en Haïti ».

Selon son reportage : « L'apparition soudaine en Haïti d'une milice civile en uniforme et ressemblant à l'armée populaire du Premier ministre cubain Fidel Castro a déclenché de nouvelles craintes concernant l'avenir du pays.

« L'inauguration de la nouvelle force portant des chemises bleu clair et des jeans bleus a coïncidé avec les rapports selon lesquels des éléments pro castristes seraient en train d'occuper des postes clés dans le gouvernement du président François Duvalier.

« Monsieur Duvalier avait lui-même présidé la semaine dernière la cérémonie peu remarquée marquant la première apparition en public de cette milice bien entraînée.

« Plus de 500 hommes et femmes, pour la plupart âgés d'une vingtaine d'années, armés de fusils et portant des brassards rouges, défilèrent devant le Président en levant la main droite dans un salut ressemblant au salut des fascistes, mais que des responsables expliquèrent plus tard comme étant " une vieille salutation romaine " utilisée durant les Jeux olympiques.

« Le défilé était le point culminant d'exercices ayant duré une heure d'horloge qui s'étaient déroulés devant le palais présidentiel et dont le but était de servir d'avertissement à des comploteurs éventuels à l'intérieur et à l'extérieur du pays. »

L'article de Raymont, qui parut dans le *Washington Daily News* du 12 août 1960, suscita tellement de commentaires et d'inquiétude qu'il provoqua une réponse rapide de Fern D. Baguidy, le premier conseiller de l'ambassade d'Haïti à Washington. Le *Haiti Sun* publia la réponse du diplomate Baguidy à côté de l'article de Raymont. Le diplomate déclarait dans son déni : « Rien n'est autant éloigné de la vérité que d'affirmer que des éléments gauchistes occupent des postes clés dans le gouvernement en Haïti. Haïti s'oppose violemment à toute forme de totalitarisme, et le peuple haïtien, comme le peuple américain, a de hautes aspirations pour la justice sociale et l'amélioration des conditions de vie. »

La crainte de s'impliquer

Entre-temps, chaque fois que cela était possible, nous essayions d'écrire des éditoriaux dans l'espoir que cela contribuerait à rectifier certains des problèmes auxquels les citoyens haïtiens vivant dans la pauvreté étaient confrontés. Ainsi, dans un éditorial intitulé « Un trait de comportement communautaire marqué par la peur », nous attirions l'attention sur « l'habitude effroyablement inhumaine en Haïti où des spectateurs, craignant de s'impliquer, refusaient d'assister ou de secourir une personne en détresse. C'est quelque chose de terrible à voir mais qui malheureusement se manifeste avec une régularité inquiétante. Cela arrive lorsqu'un membre infortuné de la communauté est victime d'un accident ou, comme dans bien des cas, succombant à la fatigue ou à la faim, s'effondre ou s'évanouit. Dans neuf cas sur dix, la victime retient l'attention d'un public intéressé mais personne ne manifeste suffisamment de motivation ou de courage pour l'aider à se rendre à l'hôpital. Pourquoi se comporte-t-on ainsi ? Les Haïtiens ne sont pas insensibles au point d'abandonner à son sort une personne blessée ou malade gisant sur le trottoir ou dans un caniveau. Certains pourraient et voudraient aider mais évitent strictement de le faire parce qu'ils craignent que, si la personne meurt en cours de route sur le chemin de l'hôpital, on ne les tienne pour responsables de sa mort, ou bien d'être impliqués dans un processus bureaucratique tel que leur temps ainsi que leur portefeuille en pâtissent sérieusement ».

Notre éditorial continua son explication du problème dans des termes plus vifs et conclut en demandant que ce problème civique soit porté à l'attention du département du Bien-Être social afin de faciliter l'admission des patients dans les hôpitaux sans causer de difficultés excessives aux bons samaritains. Il n'y eut aucune réaction de la part du gouvernement dirigé par le « médecin de campagne ».

La fuite des cerveaux d'Haïti vers l'Afrique

Nous continuions également à observer avec tristesse la « fuite des cerveaux » qui se poursuivait, et notamment le départ d'experts haïtiens à destination de l'Afrique, dont la majorité ne reviendrait jamais. C'était un spectacle plein d'ironie de voir le bureau des Nations unies à Port-au-Prince envahi par des postulants aux agences de l'ONU en Afrique, principalement au Congo. Haïti elle-même avait besoin de ces experts qui constituaient les ressources humaines du pays, son infrastructure de cadres techniques et professionnels. Cependant, la plupart d'entre eux étaient au chômage parce qu'ils avaient été ostracisés pour n'être pas duvaliéristes, tandis que d'autres préféraient l'exil plutôt que de subir les indignités de la vie sous Papa Doc.

En août 1960, environ 500 Haïtiens avaient postulé pour des emplois à l'étranger, comme techniciens, agents de sécurité, médecins, inspecteurs de police, mécaniciens auto, enseignants et même joueurs de football. Tous ne trouvèrent pas d'emplois ou ne réussirent pas aux examens médicaux et professionnels, mais beaucoup furent recrutés. Le Dr Charles Dambreville, un spécialiste en hygiène médicale bien connu, ainsi que le Dr Georges Nicolas du ministère de la Santé publique partirent pour le Congo. Un autre grand spécialiste, le Dr A. Bellerive, était en poste à Léopoldville, de même que l'ancien parlementaire Jean David. Serge Beaulieu, un jeune Haïtien ayant effectué au Canada des études de haut niveau dans le domaine de l'enquête criminelle, avait quitté son poste de chef de la Division des enquêtes au sein de la police de Port-au-Prince pour aller travailler en Israël comme agent de sécurité au service des Nations unies. (Plusieurs années plus tard, il revint en Haïti où il travailla comme présentateur de radio.)

Le *Haïti Sun* avait publié en première page de l'une de ses éditions une photo montrant 28 instituteurs et professeurs qualifiés qui s'apprêtaient à partir pour l'Afrique. Haïti ne jouissait pas d'un excédent de cadres, et quoique cette situation faisait souvent l'objet de nos éditoriaux, on ne pouvait pas faire autrement que de déplorer cet exode. Haïti perdait quelques-uns de ses fils les plus brillants. L'Afrique avait effectivement besoin d'eux, mais Haïti avait le même besoin. C'était l'un des péchés capitaux du gouvernement Duvalier, et Papa Doc semblait heureux de se débarrasser de gens brillants qui étaient susceptibles de contester son régime.

L'anthtropologue Jean Comhaire ainsi que son épouse qui était elle aussi une anthropologue de renommée, et leur fils, firent leurs valises et s'en allèrent à Addis Abeba, en Éthiopie, où Jean Comhaire avait été recruté comme sociologue au service du Secrétariat permanent des Nations unies pour l'Afrique basé dans cette ville. Avant son départ, Jean Comhaire avait remis au *Haïti Sun*, en vue de sa publication, la copie de l'un des nombreux documents inestimables concernant Haïti qui étaient gardés au British Museum de Londres. Le document concernait une description pittoresque de la fête organisée lors d'une visite effectuée par le Roi Henry Christophe (du nord d'Haïti) à Cap Henry (aujourd'hui Cap-Haïtien) à l'occasion de son anniversaire, le 15 août 1816. Une semaine plus tard, le *Sun* publia une partie d'une importante étude de la propriété foncière dans la Vallée du Marbial, en Haïti, effectuée par Suzanne Comhaire-Sylvain.

Une bonne nouvelle concernait le fait que la US Cooperative Administration (Point IV) avait octroyé trente-quatre bourses d'études à des Haïtiens leur permettant de poursuivre des études à l'étranger dans divers domaines. L'Allemagne de l'Ouest ainsi que la France avaient également offert des bourses.

La répression des étudiants activistes

Les murmures de mécontentement étaient en augmentation dans les cercles des étudiants. Les enseignants ainsi que les étudiants étaient en état d'agitation. À ce moment, Papa Doc s'était rendu compte que sa campagne en vue d'obtenir une aide américaine massive en exhibant les étudiants sous le nez de l'Oncle Sam n'avait pas marché. Le 1er septembre 1960, durant la nuit, sa police arrêta vingt étudiants, y compris Joseph Roney, le trésorier de l'Association des étudiants de l'université.

Il se passa plusieurs jours avant que la nouvelle de l'arrestation secrète des étudiants ne se répande. Les étudiants distribuèrent des tracts dénonçant le gouvernement et l'accusant d'avoir torturé les 20 leaders étudiants. Le régime continuait de ne pas admettre que les arrestations avaient eu lieu, et aucun journal, y compris le *Haiti Sun,* ne fit mention d'eux. Le *Sun* ne parvint pas à obtenir que la police ou une instance gouvernementale confirme leur arrestation.

De plus, de façon surprenante, la police avait arrêté quelques jours plus tard un groupe d'importants citoyens comprenant l'avocat Edouard Cassagnol, les hommes d'affaires Gustave Borno, Saturnin François, Pascal François, et deux propriétaires de plantation de sucre de Léogâne, Pierre Baker et André Riché. Aucune explication officielle de ces arrestations n'avait été fournie. *Le Nouvelliste* rapporta tout simplement qu'ils avaient été arrêtés pour des « raisons politiques ». Un autre signe de mauvais augure était la publication dans le journal officiel, *Le Moniteur*, d'un décret présidentiel allouant un crédit spécial pour des « dépenses spéciales de la police secrète » dont les fonds proviendraient du transfert de fonds déjà alloués.

À mon arrivée tôt un matin de septembre au bureau de *Haiti Sun*, un message m'y attendait qui venait d'un bon ami, l'architecte Albert Mangonès, dont la tendance à gauche n'était un secret pour personne. Je me rendis à midi chez lui, dans le quartier de Pont-Morin et garai ma voiture à l'arrière de sa maison comme il me l'avait demandé. Il plaça une machine emballée sur le siège arrière de ma voiture et me demanda de l'emmener à une certaine adresse à Pétion-Ville. Je devinai que la précieuse cargaison était une machine à ronéotyper, un important instrument de guerre contre Duvalier. Il avait choisi l'heure du déjeuner pour le déplacement de la machine parce que durant la nuit précédente il y avait eu beaucoup d'activités de la part des Macoutes, et ceux-ci arrêtaient et fouillaient souvent les automobiles. En tant qu'éditeur de *Haiti Sun*, j'éprouvais une pointe de jalousie concernant la machine qui reposait sur le siège arrière, dont je fis la livraison sans incident à l'adresse indiquée à Pétion-Ville. Il n'y avait pas de restrictions immédiates régissant ce qu'elle pouvait imprimer. Elle pouvait rouler copie après copie de propagande antiduvaliériste et des informations non censurées. L'unique et ultime restriction était la mort si on était pris en possession de la machine.

Papa Doc, Dieu et le pouvoir

La principale cérémonie d'inauguration qui eut lieu à Port-au-Prince le 22 septembre 1960, jour du 3e anniversaire de l'élection de Duvalier, concernait l'artère de quatre couloirs nouvellement pavée, appelée Grand-Rue auparavant, mais désormais connue sous le nom de boulevard Jean-Jacques Dessalines. Dans un éditorial publié la veille de la cérémonie, le *Haiti Sun* avait fait la suggestion suivante : « Un grand boulevard éclairé au néon est une bonne chose, mais ce serait regrettable si cela devait entraîner la disparition d'édifices pittoresques et remarqués qui font l'objet de l'admiration des visiteurs et des résidents. Nous espérons que le boulevard Jean-Jacques Dessalines continuera à maintenir la tradition haïtienne de promotion de la beauté. »

La cérémonie fut un évènement historique car elle fut la première à être retransmise en direct sur Télé-Haïti. Après avoir officiellement béni la rue nouvellement pavée, le ministre de l'Éducation, le révérend père Hubert Papailler, un fervent duvaliériste, déclara : « Tout pouvoir provient de Dieu, et aucune force ne peut le retirer à celui qui le détient. » Le prélat ajouta que « toutes les personnes pourvues de compréhension demandent au patriotique Dr François Duvalier de ne pas quitter le pouvoir à la fin de son mandat ». La demande de prolongation du mandat n'était pas inattendue, car pratiquement chaque président haïtien ayant précédé Duvalier avait décidé de ne pas remettre le pouvoir à l'échéance spécifiée de son mandat. Papa Doc, qui considérait la démocratie comme un système insatisfaisant, ne fera pas exception.

Il s'ensuivit une succession de discours démagogiques avant que la Première dame, Simone Ovide Duvalier, assistée de Papa Doc et du maire de Port-au-Prince, Jean Deeb, ne procède à la coupure du ruban. Les cérémonies furent organisées devant le poste de police situé à Portail Léogâne et fraîchement repeint de couleur crème, au terminus sud du boulevard long de deux kilomètres. Le ministre des Travaux publics, Lamartinière Honorat, déclara que la nouvelle artère constituait le « triomphe de la foi ». Plus tard, durant la journée, on procéda à l'inauguration d'une nouvelle mairie à Pétion-Ville qui fut suivie d'une réception offerte en l'honneur du chef de l'État à la Villa Créole, un hôtel de haut standing.

L'aumônier du Palais national, le révérend père Luc Hilaire, avait donné le signal de l'ouverture des festivités du jour par une messe célébrée sur les marches du Palais, avec un soldat en uniforme servant d'enfant de chœur. Le président Duvalier était assis sous une tente située au bas des marches et se trouvait caché de la foule des supporters assemblés sur la pelouse du Palais. Le commandant Claude Raymond, le chef de la Garde présidentielle, dirigeait les cérémonies, dont l'une était l'inauguration d'un second bâtiment érigé à l'arrière du Palais pour abriter la Garde présidentielle.

Une chanson créole de carnaval, humoristique et populaire à l'époque, parlait de l'aumônier qui avait célébré la messe. Il était question dans la chanson d'un prêtre attiré par les femmes : « *Pè Hilè monte sou lotèl, sa w kwè l di, Dominus vobiscum tout fanm dous.* » (Le père Hilaire monte à l'autel et dit, Dominus vobiscum toutes les femmes sont douces.)

L'inauguration de la principale artère restaurée de la capitale coïncida avec le retour des feux de circulation modernes dans l'île. Cela eut cependant comme résultat de créer une confusion presque totale. Les feux installés aux carrefours de la principale artère constituaient une épreuve sans précédent pour les chauffeurs. À l'époque, Haïti avait un parc automobile de 9 000 véhicules, y compris les *taptap* (minibus] et les camions, dont la majorité était concentrée dans la capitale. Lorsque les moteurs des véhicules à l'arrêt, attendant que le feu change, calaient, les chauffeurs des autres véhicules se mettaient à klaxonner, créant un vacarme. L'épreuve pour les piétons, qui pouvait être aussi grande, sinon plus grande, consistait simplement à savoir à quel moment traverser la rue. Le défi était particulièrement dangereux pour les marchandes se rendant au marché dont plusieurs, transportant leurs marchandises sur la tête ou à dos d'âne, faisaient de leur mieux pour esquiver les véhicules. C'était devenu un drôle de spectacle pour les boutiquiers du boulevard dont plusieurs s'esclaffaient devant les difficultés des marchandes qui détalaient pour traverser la rue avant le changement de lumière. La situation fut aggravée par le fait que les automobilistes respectueux de la loi se rendaient compte qu'il pouvait être dangereux de compter sur les feux de circulation car autorités gouvernementales et Tontons Macoutes tendaient à ignorer les feux afin de faire étalage de leur pouvoir.

Par contraste, à Ciudad Trujillo, le dictateur en résidence préférait utiliser des humains au lieu des feux de circulation, ce qui avait l'avantage supplémentaire de contribuer à la surveillance dans l'État de Big Brother. Des agents de police portant un uniforme gris se tenaient aux principaux croisements de rues de la capitale de la République dominicaine avec seulement un casque pour se protéger du soleil ; la nuit, ils dirigeaient la circulation en agitant des torches électriques.

La triste histoire des Jeux olympiques de Rome

Bien que le *Haiti Sun* fît un reportage illustré des célébrations marquant l'anniversaire de l'élection de Duvalier le 22 septembre, elles ne firent pas l'objet de notre principal article à la une qui fut consacré à une histoire présentant un intérêt humain beaucoup plus dramatique et intitulé : « Laguerre coincé à Paris : un incident dont nul ne saurait être fier ! » Le *Haiti Sun* introduisit ainsi son article : « Nous sommes enfin en mesure de raconter l'histoire véridique et tragique de la participation de Philomé Laguerre aux Jeux olympiques. C'est une histoire dont le Comité olympique d'Haïti ne peut s'enorgueillir et dont nul ne saurait être fier.

« Depuis la fin de la compétition, les spéculations et les rumeurs allaient bon train concernant le sort du champion haïtien en haltérophilie : A-t-il ou n'a-t-il pas participé aux Jeux ? »

C'est Antoine Hérard, l'ancien maire de Port-au-Prince, qui a fourni la réponse. L'histoire pathétique de Laguerre a été révélée dans une lettre adressée au journal *Le Nouvelliste* et datée du 15 septembre dont le *Haiti Sun* publia une traduction en anglais. Dans la lettre, Hérard, qui dirigeait alors depuis Chicago le bureau pour la promotion du tourisme en Haïti, avait dit, tout en insistant qu'il avait absolument confiance en la véracité des informations de Laguerre, que l'haltérophile de poids moyen lui avait écrit à Chicago pour lui annoncer qu'il avait battu son propre record ; qu'il était en forme et qu'il espérait répéter son exploit aux Jeux olympiques de l'été 1960 à Rome.

Le bodybuilder haïtien devenu haltérophile avait expliqué à Hérard qu'il avait travaillé dur pour être en mesure de participer à la compétition en se débarrassant d'un excédent de cinq livres afin de se conformer à la limite maximale de poids de sa catégorie.

Puis, dans une autre lettre qu'il lui avait adressée après la fin des Jeux, le jeune haltérophile avait inclus un article d'un magazine français appelé *Buts et Clubs* qui félicitait Haïti d'avoir envoyé un participant aux Jeux olympiques et qui décrivait la triste saga du jeune haltérophile.

Le magazine français avait décrit comment Laguerre avait été repéré après les Jeux dans un petit hôtel près de l'immeuble de l'Unesco à Paris. L'haltérophile leur avait décrit avec amertume la situation difficile dans laquelle il s'était trouvé tout seul à Rome au milieu de milliers d'athlètes de tous les coins du monde. Le magazine avait cité Laguerre qui s'était exprimé ainsi :

« La veille de mon départ d'Haïti, les organisateurs m'ont remis la somme de $ 173. Arrivé à Rome, j'eus beaucoup de difficultés à me faire admettre au village olympique au prix de $ 16 par jour pour un total de 20 jours. Ce n'est que le 6 septembre, le jour de l'ouverture officielle des jeux, que je pus m'inscrire pour prendre part à mon épreuve qui devait se dérouler le 9 septembre, parce que la lettre du Comité olympique haïtien avait été reçue après la fermeture des inscriptions.

« En plus de cela, j'ai été obligé de payer les cotisations annuelles de la Fédération haïtienne des haltérophiles. Étant complètement fauché, j'ai envoyé un télégramme au Comité olympique haïtien qui est resté sans réponse jusqu'à ce jour.

« J'ai dû vendre mon billet d'avion retour afin de couvrir mes dettes avant de quitter l'Italie, et on m'aurait probablement retenu en otage au village olympique si une autorité olympique n'avait personnellement offert sa caution pour la somme de $ 320 que je devais au village olympique pour le gîte et le couvert.

« En dépit de la situation morale dans laquelle je me trouvais, ma fierté raciale me permit de me maintenir physiquement en bonne forme et même d'améliorer plusieurs de mes anciens records.

« Cependant, dès que je pris ma place sur la tribune olympique, je me suis presque évanoui à deux reprises du fait que j'étais sous tension. L'âme pleine de chagrin et le cœur plein de colère, j'ai dû abandonner. La négligence de nos organisateurs fut publiquement critiquée et ridiculisée.

« Personne à Rome ne pouvait comprendre que je ne puisse pas disposer d'un médecin pour contrôler ma tension artérielle comme c'était le cas pour tous les autres athlètes. Personne ne pouvait comprendre qu'aucun délégué haïtien n'avait participé à l'important congrès auquel les représentants des pays membres avaient pris part. Voilà ! C'est tout ce que j'avais à dire, et j'attends maintenant de retourner dans mon pays. »

Hérard conclut sa lettre pleine d'émotion en déclarant : « Ainsi finit l'odyssée aux Jeux olympiques de Philomé Laguerre, champion national et classé deuxième sur le continent américain, dont nous aurions pu, tous ensemble, célébrer le retour triomphal... Si... »

Lorsque Laguerre rentra finalement d'Europe, Antoine Hérard était à l'aéroport pour l'accueillir. Hérard, dont la station radio avait supporté la campagne présidentielle de

Duvalier, félicita le *Haiti Sun* pour son éditorial faisant appel à l'établissement d'un Comité olympique haïtien plus efficace.

Heinl mène une campagne pour procurer des armes à Papa Doc

Le jeu politique machiavélique que Papa Doc jouait avec les États-Unis devint payant grâce, en grande partie, à la contribution de la campagne médiatique menée par le colonel Heinl. Le gros titre de l'édition de *Haiti Sun* du 2 octobre 1960 résumait ainsi la situation : « Haïti et les États-Unis concluent un accord pour la fourniture d'armes. » L'ambassade des États-Unis annonça que Washington avait accepté de fournir l'armement et l'équipement nécessaires pour moderniser l'armée haïtienne. L'article 2 de l'accord stipulait : « L'équipement et le matériel fournis au gouvernement d'Haïti serviront uniquement à l'autodéfense d'Haïti, au maintien de sa sécurité interne, ou pour participer à la défense de la région dont elle fait partie, ou aux mesures en vue d'assurer la sécurité collective des Nations unies. » Quelle que soit la formulation, l'armée de Duvalier avait reçu de nouvelles armes. Selon le *Haiti Sun* : « Il semble qu'une livraison initiale d'armes soit déjà parvenue à Port-au-Prince le 1er septembre. » Il se trouve que c'était le même jour où la police secrète de Papa Doc avait arrêté les leaders étudiants que le régime décrivit plus tard comme étant des « éléments communistes ».

En résumé, le colonel Heinl avait réussi à réarmer les troupes de Papa Doc. Il refusait de voir quoi que ce soit de sinistre dans sa motivation. En tant que Marine pointilleux, il croyait ne faire que son devoir. Peu lui importait que les armes et les munitions américaines soient arrivées à un moment où la jeunesse du pays cherchait à renverser son président autocrate. Certains Haïtiens voyaient dans le colonel la personnification de l'*Ugly American*, le titre d'un ouvrage que peu de gens ont lu mais dont beaucoup ont entendu parler. Par ironie, Heinl avait ordonné à ses subordonnés de lire ce livre qui dresse un portrait peu flatteur d'un diplomate américain. Il était même allé jusqu'à inviter l'auteur du livre, Eugene Brodrick, à venir leur rendre visite.

Chose intéressante, au cours du même mois d'octobre, le *Haiti Sun* avait publié des articles concernant deux hommes d'affaires américains locaux qui avaient été arrêtés puis déportés sans qu'aucune explication n'ait été fournie. Joseph Cichowski, le gérant de Caribbean Mills, le moulin à farine au capital de cinq millions de dollars appartenant à Clint Murchison, un homme d'affaires magouilleur du Texas, avait été emprisonné pendant la nuit, puis placé dans un avion en partance pour l'étranger le lendemain matin. L'autre Américain arrêté était Paul Weesner, copropriétaire du somptueux Hôtel Riviera d'Haïti et copreneur à bail du Casino International, le détenteur du monopole du jeu en Haïti. Weesner avait fait un discours optimiste dans lequel il avait annoncé que lui et son partenaire, le pétrolier Charles L. MacMahon de Tulsa, Oklahoma, avaient obtenu le monopole du jeu appartenant à Clifford Jones, l'ex-gouverneur adjoint du Nevada, et son partenaire Jake Konsloff. Weesner dit que le travail de rénovation du casino au coût de $ 150 000 avait commencé. Le lendemain, il fut abruptement détenu puis déporté. Nous n'avions pas mentionné dans notre article la rumeur selon laquelle c'était Barbot qui avait négocié la vente du monopole du jeu et oublié de réserver une part de l'affaire à Papa Doc. Selon les informations, c'est cette négligence qui aurait conduit à l'emprisonnement de Barbot à la prison de Fort Dimanche.

Le président Duvalier inspectant les troupes de l'Armée en compagnie du général Pierre Merceron. Le colonel Jean-René Boucicaut qui dirigeait la parade se tient debout dans la Jeep.

D'un autre côté, un homme d'affaires américain de Miami, en Floride, obtint un contrat pour la construction d'un centre commercial de plusieurs millions de dollars dans le district de La Saline qui prendrait la place du bidonville peu agréable à voir. L'Américain se vit accorder le droit d'émettre un emprunt obligataire à l'étranger pour couvrir les coûts de la construction du centre. Des pancartes furent affichées qui annonçaient « Ici bientôt ». Cependant, le projet s'avéra être le centre commercial de l'enfer qui ne fut jamais construit. Malgré tout, les affiches annonçant la matérialisation imminente demeurèrent en place à La Saline durant des années et constituèrent en quelque sorte une métaphore des promesses non tenues du régime Duvalier.

Bijoux inspirés du vodou

Il y avait encore plein d'histoires plus gaies à publier. L'une de ces histoires constitua le sujet d'un long article que nous publiâmes le 25 septembre 1960 concernant l'œuvre de l'artiste Jean Chenet et de sa talentueuse épouse noire américaine, Winifred, native de Brooklyn, New York. Le couple avait transformé leurs bijoux inspirés du vodou en une petite industrie lucrative à Bizoton, au sud de la capitale.

Les symboles du vodou utilisés par Jean et Winifred Chenet, ainsi que les divinités et les créatures tirées du folklore haïtien, les personnages de mardi gras et les animaux exotiques façonnés avec des tortillons de cuivre et de laiton et des spirales d'argent, connurent du succès en Haïti ainsi qu'à l'étranger. Depuis qu'ils avaient commencé leur travail artisanal à domicile en 1951, le couple doué et créatif avait produit quelque 400 modèles de tous types imaginables de bijoux pour les marchés locaux et étrangers. (En 1963, Jean Chenet sera arrêté par la police de Duvalier et ira rejoindre la liste croissante des « disparus ».)

L'une des satisfactions dont un éditeur pouvait encore jouir dans l'Haïti de Duvalier était de relater les histoires d'humbles Haïtiens ayant surmonté l'adversité pour imposer leur empreinte dans le monde. Le *Haiti Sun* annonça le 18 septembre 1960 que le génie artistique de Georges Liautaud, un forgeron de Croix-des-Bouquets âgé de 60 ans, avait été reconnu à Washington, D. C., où son œuvre bénéficiait d'une exposition solo dans les locaux de la Pan American Union.

Le *Sun* avait déjà consacré un article à ce pionnier de la sculpture métallique qui produisait des pièces extraordinaires à partir de fûts d'essence de 55 gallons qui lui coûtaient trois dollars chacun.

La Pan American Union avait procuré à Liautaud un billet d'avion et de l'argent de poche afin de lui permettre d'assister en personne à l'ouverture de l'exposition. Mais bien que ce soit son ambition de visiter la capitale des États-Unis, il mit l'argent à profit en construisant une nouvelle et plus grande maison. La Pan American Union avait pris soin de tous les petits détails du transport des objets et de leur exposition, et en l'absence de l'artiste on disposa des photos de Liautaud au travail dans sa forge de Croix-des-Bouquets.

Notre article concernant l'artiste spécialisé dans les fûts métalliques disait de lui : « Liautaud est un personnage émacié, presque sépulcral, qui fabrique ses objets d'art avec une ardente intensité. Sous son marteau, ses grands ciseaux et son perçoir, des masques, des représentations d'animaux et d'êtres humains grotesques se matérialisent qui fascinent et attirent les collecteurs d'art aussi vite qu'il achève de les produire.

« Le studio de l'ancien forgeron se résume à une forge précaire, une enclume endommagée et plusieurs pots à sirop de sucre en fer datant de l'époque coloniale, situé dans un coin de terre desséchée par le soleil à Croix-des-Bouquets, à quelque 15 kilomètres de Port-au-Prince, dans la plaine du Cul-de-Sac. »

Après deux années à l'école secondaire, l'artiste était allé travailler comme forgeron pour une ligne de chemin de fer allemande du Cul-de-Sac où il recevait un salaire princier de sept dollars par semaine. Puis il avait travaillé pendant quelques années de plus pour des lignes de chemin de fer en République dominicaine avant de revenir en Haïti rejoindre la même compagnie allemande, mais cette fois-ci dans le garage de réparation. Après cinq années durant lesquelles il percevait un salaire de $ 15 par semaine, il démissionna et utilisa ses économies pour ouvrir une forge dans sa ville natale. Il avait beaucoup de travail à fabriquer des accessoires en fer et autres pièces mécaniques pour des charrettes tirées par des bœufs, ainsi que des croix en fer pour des tombes individuelles dans le cimetière local. Ce sont ces croix en fer complexes qui créèrent sa réputation d'artiste.

Ayant acheté quelques années plus tôt de Liautaud un diablotin de fer, je lui avais dit que je comprenais que le petit Satan ait des cornes, mais je me demandais : Pourquoi des seins de femme ? « Ah ! s'exclama le vieil homme, le diable peut être de n'importe quel sexe ! » C'était une réponse qui aurait plu aux opportunistes politiquement corrects d'aujourd'hui.

Le « Cri de Jacmel »

Papa Doc qui, pour beaucoup d'Haïtiens, était en train de devenir un véritable diable vivant, continuait sa grossière campagne pour obtenir de grandes infusions d'aide des États-Unis. Jean Deeb, un duvaliériste de première ligne et le premier Haïtien d'origine libanaise à occuper le poste de maire de Port-au-Prince, reformula le fameux « Cri de Jacmel » en l'appelant « Notre Cri ». Il ajouta ce commentaire qui fut publié : « Nous en avons assez, nous devons nous engager dans une direction ou dans l'autre. »

Les communistes sont en train de causer des troubles, lança-t-il en guise d'avertissement, et « la pauvre et affamée Haïti » est entraînée dans une lutte mondiale pour le pouvoir. « Nous n'avons même pas un programme de travaux publics » (comme si c'était d'une certaine manière la faute de l'Oncle Sam) et il prédit qu'à moins que les États-Unis viennent à l'aide de leurs amis « Ils seront seuls dans cet hémisphère ».

Un autre titre dans le numéro de *Haiti Sun* du 2 octobre 1960 se lisait comme suit : « Haïti est à l'abri des Rouges, déclare Duvalier au *Miami Herald*. » Le reporter de *Miami Herald*, Dom

Bonafede, avait relaté l'interview qu'il avait eue vers la fin de septembre avec un « Duvalier mélancolique, au teint d'ébène, voûté derrière son bureau (…) une Bible ouverte devant lui ».

D'une manière générale, Duvalier laissait à d'autres le soin de faire des déclarations dures et se présentait lui-même comme un leader raisonnable et incompris. « J'ai écrit maintes fois au président Eisenhower, mais nous ne faisons que descendre et descendre chaque jour », avait dit Papa Doc qui ajouta cependant dans son entretien à Bonafede : « Haïti ne se tournera jamais vers les communistes pour solliciter leur aide même si nous pensons que l'aide américaine est insuffisante et que nous sommes à deux doigts d'un désastre national. » Duvalier l'acteur parlait avec les yeux baissés.

Toute l'interview se résumait à un plaidoyer pour plus de dollars d'aide américaine. Dom Bonafede conclut son article en remarquant que Duvalier s'était embarqué récemment dans un programme visant à consolider sa force politique. « Cela veut dire que le président au visage triste doit garder un œil sur ses troubles internes et l'autre œil sur ses voisins volatiles, Cuba à l'Ouest et la République dominicaine à l'Est. Cela pourrait s'avérer être une tâche difficile. Duvalier pense qu'il pourra l'assumer, mais seulement avec l'aide des États-Unis.

« Tandis que Duvalier lui-même n'avançait aucun chiffre concernant le montant de l'aide qu'il attendait des États-Unis, de hauts fonctionnaires de son gouvernement avaient avancé entre 100 et 200 millions de dollars comme le montant de l'aide des États-Unis dont le pays avait maintenant besoin. » (Le chiffre augmentera jusqu'à $ 350 millions.)

La qualité et le focus des reportages de nouvelles variaient selon le journaliste ou selon son journal. Tel était, à mon avis, le cas du *Miami Herald*. Avec l'afflux au sud de la Floride de milliers d'exilés cubains anti-Castro, l'un des principaux sujets traités dans les articles du *Miami Herald* devint Fidel Castro, qui était également devenu l'une des principales préoccupations de la politique étrangère du gouvernement Eisenhower. Des journalistes furent envoyés en Haïti et en République dominicaine, comme dans le cas de Bonafede, pour s'enquérir des chances que l'un ou l'autre de ces pays devienne « un autre Cuba ».

En conséquence, le reportage de ces journalistes était souvent biaisé et ne reflétait pas de façon réaliste les situations réelles dans les deux pays partageant l'île d'Hispaniola. La série d'articles parlant de l'île dont Bonafede est l'auteur constitue un exemple typique. Dans l'un des reportages qu'il a réalisé à Ciudad Trujillo et qui a été publié sous le titre « Un autre Cuba dans la Caraïbe ? » Bonafede disait :

« Haïti également doit faire face à un petit groupe gauchiste qui cherche à renverser le président Duvalier. Selon les informations, des cadres communistes formés en France sont en train de poser les bases d'une potentielle guerre raciale qui opposerait la vaste majorité de Noirs du pays à la classe supérieure constituée de riches Mulâtres.

« Prenant cette possibilité en compte, un homme d'affaires mulâtre de Port-au-Prince, jetant un coup d'œil à travers sa fenêtre et pointant du doigt un groupe de Noirs travaillant dur sur les docks déclara : « Si jamais ils décident de prendre le pouvoir, nous sommes foutus. »

« Les communistes sont numériquement faibles en Haïti ainsi qu'en République dominicaine, mais ils constituent un groupe intelligent et bien endoctriné qui, dans l'éventualité d'une chute du gouvernement, pourrait prendre le pouvoir avec l'aide de la Russie. » Effectivement, une telle possibilité existait dans le long terme, mais l'effet de l'article du *Miami Herald* était de dramatiser excessivement une situation très improbable.

L'article de Bonafede qui fut repris par le *Haiti Sun* provoqua plus de critique et de sarcasme qu'aucun autre article jamais repris par le Sun. Des Haïtiens visitèrent les bureaux de *Haiti Sun* pour chercher à connaître l'identité du « ridicule homme d'affaires haïtien » qui avait parlé à Bonafede d'une « guerre raciale » dans une république de la Caraïbe dont pratiquement toute la population était noire ou métissée ? De plus, les critiques locaux observèrent qu'aucune entreprise de Port-au-Prince ne surplombait la zone des docks de la capitale. L'article fut généralement rejeté comme étant ridicule.

Deux autres paragraphes dans l'article du *Miami Herald* avaient retenu l'attention des lecteurs haïtiens : « Les responsables du gouvernement en Haïti et en République dominicaine affirment que la crise caribéenne ne peut être résolue que grâce à l'aide et au leadership des États-Unis. À cause de prétendues erreurs que Washington auraient commises récemment, les sentiments antiaméricains alimentés par des groupes de gauche sont en train de monter dans les deux pays mais n'ont pas encore atteint de grandes proportions.

« Fondamentalement, les Dominicains sont en colère contre les États-Unis pour le support qu'ils apportent aux sanctions imposées par l'Organisation des États américains contre leur pays ; les Haïtiens sont agacés du fait que, selon eux, l'assistance financière américaine n'est pas assez massive pour leur permettre de faire face à leurs besoins. »

Le fait que le journaliste Bonafede n'ait pas identifié spécifiquement quels secteurs de la société dominicaine étaient fâchés contre les sanctions de l'OEA et quels Haïtiens étaient en colère contre les États-Unis pour n'avoir pas accordé une injection massive de dollars à Papa Doc avait produit l'impression que tous les Dominicains et tous les Haïtiens partageaient la colère de leurs dictateurs respectifs. Tel n'était pas du tout le cas.

En résumé, le reportage de Bonafede, comme beaucoup de reportages produits par des reporters en visite, ne reflétait pas les causes fondamentales qui alimentaient la crise profonde de l'île.

- - -

Duvalier, qui était totalement imprévisible, ordonna que les cinq jeunes survivants aux pieds nus de l'équipe d'invasion cubaine de 21 personnes, après une année passée au Pénitencier national, soient libérés et placés à bord du navire *Hecuba* de la ligne maritime Holland-America dont la destination était Santiago de Cuba. Francisco Vasquez Tresera, l'ambassadeur du Mexique qui se chargeait des affaires cubaines en Haïti escorta les jeunes gens sans fanfare ni publicité jusqu'au *Hecuba*. Durant une interview accordée pendant qu'ils étaient en prison, les cinq, qui avaient entre-temps maîtrisé le créole, avaient dit que le commandant de leur équipe, un Algérien qui mourut avec quatorze jeunes Cubains et un journaliste argentin durant l'invasion avortée, les avait recrutés pour aller libérer l'Algérie. Ils avouèrent ne pas savoir où se trouvait l'Algérie. C'est seulement après leur débarquement qu'ils furent informés que leur objectif était de libérer Haïti de la dictature.

Un ambassadeur américain expérimenté

Les permutations politiques semblaient être à la mode en Haïti comme à l'étranger durant le mois d'octobre 1960. Il y avait aux États-Unis un espoir de changement à l'approche des élections présidentielles du 8 novembre. Papa Doc avait effectué un remaniement ministériel le 26 octobre. Raymond Moyse, le ministre des Affaires étrangères, était remplacé par le chef de protocole Joseph Baguidy ; Gérard Philippeaux, qui s'était mis à dos la Mission d'aide américaine, ainsi que Lamartinière Honorat n'étaient plus membres du gouvernement. Clovis Désinor y revenait en tant que ministre du Commerce et de l'Économie.

Tandis que les émissaires diplomatiques quittaient la République dominicaine avec l'entrée en vigueur des sanctions contre Trujillo, en Haïti, à la satisfaction de Papa Doc, une nouvelle vague d'ambassadeurs arrivait. Le président Eisenhower avait choisi Robert Newbegin, un diplomate de carrière, pour succéder à Gerald Drew. Si Papa Doc avait espéré que les États-Unis lui enverraient un débutant comme ambassadeur, il devait être déçu. Né en 1905 à Bangor, dans l'État du Maine, Newbegin était un diplômé de Yale University, avait étudié le droit à Harvard University et était très versé dans la politique caribéenne. Son dernier poste était celui d'ambassadeur au Honduras. Durant la Seconde Guerre mondiale, Newbegin avait été affecté à Ciudad Trujillo, d'abord comme deuxième secrétaire et consul en 1942, puis comme premier secrétaire en 1944. La République dominicaine était importante comme poste non pas à cause de Trujillo qui était dans le camp des alliés, mais à cause des activités des sous-marins allemands dans la Caraïbe. La plus récente visite que Newbegin avait effectuée en Haïti datait de 1955 lorsqu'il accompagna le vice-président des États-Unis, Richard Nixon.

Le vendredi 4 novembre, quatre jours seulement avant les élections présidentielles des États-Unis, Duvalier reçut l'ambassadeur Newbegin au Palais national pour la présentation formelle de ses lettres de créances au cours d'une double cérémonie incluant également le nouvel ambassadeur du Guatemala.

Newbegin avait été bien informé de la situation en Haïti, et il est intéressant de noter, comme le *Haiti Sun* l'avait relaté, qu'avant de quitter les États-Unis, il avait été l'invité à dîner de plusieurs des investisseurs américains les plus importants en Haïti, dont les noms ne sont connus que de quelques avocats et hommes d'affaires haïtiens. Parmi les hôtes de

Newbegin, il y avait John F. P. Clark, P. Bradley Clark et Frederick E. Hasher, les directeurs de la Hasco (Haitian-American Sugar Company) ; Christopher H. Gouglin, président de Port-au-Prince Electric Company ; Edwin Dreescher, manager de la division Amérique latine de la Pan American World Airways ; Gorden B. Duval, de la Haitian-American Meat and Provision Company ; John B. Gemier, assistant manager de la Stone and Webster Service Corporation ; Arthur Haas, président de Caribbean Mills, Inc. ; et Harold Wimpsen, de la Reynolds Metal Company.

Il y avait également eu une permutation au niveau du chef de station de la CIA à Port-au-Prince. Bill Ellis qui se présentait dans le circuit des cocktails diplomatiques comme le nouveau « spécialiste des questions politiques » à l'ambassade américaine, avait remplacé Robert Franbini. Attifé comme un homme d'affaires, Ellis avait l'apparence d'un père de famille tranquille qui expliquait que sa bonne maîtrise du français lui venait de son dernier poste à Paris.

L'ambassadeur Robert Newbegin et la nouvelle ambassade des États-Unis située sur le boulevard Harry Truman à Port-au-Prince.

Taïwan avait établi des relations diplomatiques avec Haïti et ouvert une mission au niveau ambassadorial. Un nouvel ambassadeur d'Israël était arrivé ainsi qu'un nouvel ambassadeur français, Charles E. Le Genissel. Les Français considérant Haïti comme un pays francophone, l'ambassade de France cherchait à tout prix à promouvoir la langue française et considérait le *Haiti Sun*, journal de langue anglaise, comme un intrus. Les relations avec monsieur Le Genissel n'étaient pas aussi chaleureuses qu'avec l'ambassadeur Gerard Corley Smith de Grande-Bretagne, qui, en tant qu'ornithologue amateur passionné, avait fait des observations intéressantes qui furent présentées dans des articles de *Haiti Sun*. Et il y avait, bien sûr, monseigneur Giovanni Ferrofino, le nouveau nonce apostolique représentant le Vatican, qui avait servi auparavant à Port-au-Prince de 1943 à 1945, initialement comme secrétaire de la nonciature, puis comme nonce par intérim. J'avais développé de bonnes relations avec lui, et juste à temps, au moment où Papa Doc était de nouveau en train de placer l'Église catholique romaine dans son collimateur. J'éprouvais du plaisir à lire les lettres de monseigneur Ferrofino, et dans l'une d'elles il avait fait la remarque suivante : « Mon cher Bernard : Selon un adage italien, un traducteur est un traître : *traduttore traditore* ! Je pense qu'une violation d'allégeance à une forme correcte a été commise dans le *Haiti Sun* où Saint Siège a été traduit par *Holy Seat* au lieu de *Holy See* ! »s

La participation aux réceptions diplomatiques impliquait toujours un jeu d'observation pour voir à qui l'ambassadeur américain prêtait l'oreille – à d'autres diplomates, à l'omniprésent colonel Heinl, ou au nouveau « spécialiste des questions politiques », Monsieur Ellis. C'était également important de maintenir le contact avec les transmetteurs de *tripotaj* et de nouvelles politiques qui étaient généralement le même groupe d'hommes d'affaires haïtiens maîtrisant l'anglais et les Américains expatriés. Quant aux représentants du régime, au moment de l'arrivée de l'ambassadeur Newbegin à la fin du mois d'octobre, seuls les hauts fonctionnaires civils et les officiers de l'armée ayant été approuvés par Papa Doc pouvaient participer aux réceptions organisées par les ambassades.

Folies de la guerre froide

Aucune élection présidentielle américaine n'avait suscité autant d'intérêt en Haïti et en République dominicaine que celle de novembre 1960. Télé-Haïti ainsi que la Voix de l'Amérique (VOA) en avaient diffusé le reportage de nuit. Les Haïtiens tout comme les Dominicains percevaient les élections à travers leurs propres jumelles et leurs désirs qu'ils prenaient pour des réalités.

Les sœurs du président-élu John F. Kennedy, élu cette semaine 35ᵉ président des États-Unis, à leur descente de l'avion à l'aéroport Bowen Field en 1952 pour entamer un séjour à Port-au-Prince, après avoir aidé leur frère dans sa campagne sénatoriale qu'il remporta contre Henry Cabot Lodge. Ce sont les seuls Kennedy à nous avoir rendu visite durant la décennie écoulée.

Le *Haiti Sun* avait ainsi titré un article publié avant les élections présidentielles américaines : « Haïti examine les élections américaines, Kennedy est le favori de beaucoup d'Haïtiens. » Un autre article de *Haiti Sun* était ainsi libellé : « Ike défend Haïti en cas d'attaque ; Castro est inquiet ; les États-Unis pensent que Castro pourrait attaquer Haïti ou la République dominicaine. » Selon un article du *New York Times* du 2 novembre : « Les États-Unis craignent que Fidel Castro ne se serve de ses nouvelles armes pour armer des forces de guerrilla en vue d'une invasion d'Haïti, de la République dominicaine, du Guatemala ou du Nicaragua. »

Une fois de plus, c'était le temps des tentatives d'intimidation. Selon les rumeurs, les États-Unis envisageraient même d'attaquer Castro et on spéculait que le môle Saint-Nicolas pourrait être utilisé comme base pour lancer l'attaque contre Cuba. Ces rumeurs étaient alimentées par le fait que divers officiers de haut rang des forces armées américaines avaient visité Haïti en déclarant à chaque fois que leur visite était de « routine ».

Dans son article à la une publié la veille des élections américaines, le *Haiti Sun* observait : « La ferveur accompagnant l'élection présidentielle aux États-Unis a gagné Haïti et l'issue du vote du 8 novembre est le sujet des conversations. » (Nous n'avions pas jugé prudent de remarquer que les duvaliéristes pensaient qu'une victoire de Kennedy pourrait leur procurer une aide plus grande, tandis que l'opposition espérait qu'un démocrate jeune et vigoureux pourrait les aider à se débarrasser de leur « dictateur ».)

Le *Sun* rappela que le candidat républicain, le vice-président Richard Nixon, avait visité Haïti en 1955 et « avait été reçu par le président Paul E. Magloire (...) Bien que le sénateur John Kennedy n'ait pas séjourné ici, deux de ses sœurs nous ont rendu visite en 1952 après avoir travaillé à la campagne sénatoriale de leur frère ». (Le *Haiti Sun* publia la photo que j'avais prise de deux sœurs Kennedy lorsque Kennedy remporta les sénatoriales.) Plusieurs membres du groupe des conseillers de Kennedy avaient séjourné au pays, y compris l'auteur James MacGregor Burns qui avait passé deux semaines en Haïti.

L'édition suivante de *Haiti Sun* avait présenté en première page le portrait d'un John Kennedy souriant, l'homme le plus jeune à être élu président des États-Unis. L'opposition de Duvalier se sentait soulagée et dans certains cas heureux qu'enfin ils avaient affaire à un président susceptible de répondre à leurs attentes.

Plusieurs pages du journal étaient consacrées au portrait du 35e président des États-Unis et à la reproduction des messages de félicitations adressés au président-élu par des Haïtiens ordinaires. Singulièrement, le *Haiti Sun* ne reçut pas de copie du message de félicitations que Duvalier avait envoyé au président Kennedy.

Cependant, il y avait finalement le sentiment d'exultation palpable parmi les Haïtiens qu'une fois que le président-élu serait entré en fonction en janvier 1961, les choses seraient différentes. Cela, seul l'avenir pourrait nous le dire.

CHAPITRE 15
Peur orwellienne, prudence pratique, sujet britannique battu à mort

Comme Papa Doc devenait de plus en plus enclin à la dictature et apparemment plus déterminé à déformer la vérité pour l'accorder avec ses souhaits, les quotidiens ainsi que les hebdomadaires en Haïti reflétèrent davantage le niveau d'engagement de leurs éditeurs et de leurs propriétaires. Plusieurs d'entre eux avaient succombé à la tentation de tirer avantage d'une alliance avec la dictature, tandis que d'autres, y compris moi-même, s'efforcèrent de diriger de leur mieux leurs journaux à travers les contre-courants du duvaliérisme.

Au *Haiti Sun*, nous n'appréciions évidemment guère le fait qu'après dix années de travail d'édition exemplaire, nous soyons maintenant empêchés de découvrir et de publier une bonne partie des informations. Trop souvent, nous ne pouvions découvrir et publier que des versions stériles et édulcorées de ces informations. Pour montrer de façon oblique le côté ridicule de la situation, souvent nous publiions textuellement des articles repris des journaux pro Duvalier que nous avions traduits du français à l'anglais, en espérant que nos lecteurs auraient la sophistication nécessaire pour « déchiffrer » notre message subliminal.

Cependant, en relisant plusieurs années plus tard les articles des journaux haïtiens de cette période, y compris nos propres articles dans le *Haiti Sun*, je dois admettre qu'ils étaient dénués de véritables indices informant le lecteur de la situation réelle marquée par la peur générale, le désespoir et la dépression d'un peuple prisonnier du vice du duvaliérisme. Comme le personnage de Big Brother dans l'ouvrage de George Orwell intitulé *1984*, Papa Doc savait réécrire l'Histoire afin de s'assurer qu'il ne serait pas contredit par les informations dérivées de la réalité quotidienne en Haïti.

Une bonne partie de mon propre reportage que je parvins néanmoins à transmettre partiellement à mes clients étrangers ne pouvait pas être publiée dans mon propre journal et se retrouva dans un classeur bourré.

Un exemple de l'inévitable censure que nous exercions sur nous-mêmes concerne un article publié dans le *Haiti Sun* du 27 novembre 1960 qui était ainsi présenté : « Cromwell James, un petit bonhomme remarquable originaire de l'île britannique de la Grenade et qui avait installé une boutique florissante dans le village de Cabaret, est mort cette semaine à l'âge de 58 ans (il s'était avéré plus tard qu'il avait en réalité 61 ans). Monsieur James s'était établi en Haïti en 1925 et sa boutique était un lieu d'escale bien connu des automobilistes. Suspecté de banditisme de grand chemin, il fut arrêté le 11 novembre et il mourut peu de temps après avoir été relâché de prison. »

Cromwell James dans sa boutique de Cabaret qui était une escale populaire des automobilistes voyageant sur l'autoroute reliant le Nord et le Sud. James, qui avait refusé de payer de l'argent à des Tontons Macoutes aux fins de protection, fut battu par ceux-ci puis jeté en prison pour y mourir. Il était la première victime de ce qui sera plus tard connu sous le nom de Duvalierville. Les Macoutes ne s'étaient pas rendu compte que leur victime n'était pas un simple Haïtien parmi d'autres mais un sujet de sa Majesté Britannique, dont le décès provoqua la protestation du gouvernement britannique.

Nous ne pouvions pas publier ouvertement que la mort de Cromwell James était due au fait qu'il avait été sauvagement battu par des Tontons Macoutes qui l'avaient ensuite jeté dans une cellule de prison pour qu'il y meure. Le petit bonhomme noir serait certainement mort dans sa cellule s'il n'avait pas été un sujet britannique. Il fallut onze jours pour que l'ambassade de Grande-Bretagne apprenne la nouvelle de son arrestation et parvienne à le localiser. Il n'avait pas été inculpé pour un crime quelconque au moment où son avocat obtint une audience. Cependant, lorsque les autorités se rendirent compte que James n'était pas un Haïtien mais un sujet britannique, elles déclarèrent qu'il était en prison parce que « suspecté de banditisme de grand chemin ». Les bandits de grand chemin étaient en fait les macoutes qui avaient battu James pour n'avoir pas payé l'argent de protection qu'ils exigeaient de lui. Le représentant de l'ambassade britannique ainsi que l'avocat de James étaient horrifiés en constatant l'état dans lequel se trouvait ce dernier. L'avocat déclara au cours d'une interview qu'il accorda à l'auteur : « Il est en train de mourir à cause des coups qu'il a reçus et de la torture qu'il a subie. »

James fut relâché de prison le 23 novembre et il mourut quatre jours plus tard de gangrène causée par les blessures non traitées résultant des coups qu'il avait reçus. L'ambassadeur de Grande-Bretagne, Gerard Corley Smith, adressa une plainte au ministère des Affaires étrangères, mais cela ne pouvait pas ramener à la vie le joyeux petit boutiquier dont le comptoir était une institution le long de l'autoroute du Nord. Sa petite boutique qui vendait des boissons glacées et des rafraîchissements était stratégiquement localisée sur le bord de l'autoroute en face de la petite ville de Cabaret. (Des plans déjà en cours d'exécution envisageaient de détruire la petite ville idyllique entourée de plantations de banane et de canne à sucre et de la remplacer par une ville modèle qui s'appellerait Duvalierville. Cromwell James était en quelque sorte la première victime de Duvalierville.)

- - -

Durant le mois de novembre 1960, des postes de péage furent installés sur les quatre principales voies d'accès à la capitale. Mais étant donné la nature implacable de l'État policier duvaliérien, ils devinrent également des instruments d'intimidation. Les propriétaires de *taptap* (minibus) et d'autres moyens de transport public appliquèrent les frais de 20 centimes réclamés des véhicules de quatre roues et des motocyclettes sur les conducteurs et ceux-ci les appliquèrent à leur tour sur les passagers. Les droits de péage devaient en principe être affectés à l'entretien des rues de la ville.

Cependant, les postes de péage furent rapidement mis au service d'un autre objectif. Non seulement on avait construit en travers de la route, de part et d'autre de chaque poste de péage, une butte surnommée « police couchée » afin de forcer les véhicules à ralentir et à s'arrêter pour payer le droit de péage, mais des soldats, des policiers et des macoutes assuraient la permanence et inspectaient les véhicules et leurs occupants à la pointe de leurs fusils dans ces postes qui étaient effectivement des barrages routiers.

Ainsi, il devint fréquent durant les mois qui suivirent d'assister à des scènes durant lesquelles des macoutes agressifs affectés aux postes de péage prenaient un énorme plaisir à rabaisser les membres du petit groupe d'Haïtiens privilégiés possédant des véhicules. Ces truands armés de vieux fusils Springfield et opérant avec l'approbation de l'État exultaient dans leur pouvoir. Ils soumettaient les riches automobilistes à toutes sortes d'indignités, souvent en présence des membres de leurs familles qui se trouvaient à bord des véhicules. C'était l'heure de la revanche et l'humiliation que les macoutes feront subir à leurs victimes marqueront ces dernières profondément, surtout lorsque leurs enfants étaient témoins de ces scènes et entendaient les propos des macoutes traitant leurs pères de *kaka* (caca, merde). Aux dires de certaines gens, Papa Doc était quant à lui ravi d'entendre que les gens se plaignaient des excès des Tontons Macoutes.

Certains de ces macoutes pourraient avoir auparavant été les petits employés de leurs nouvelles victimes ; plusieurs d'entre eux étaient des anciens petits voyous des rues ; une grande partie de la canaille de la capitale avait trouvé un foyer dans le macoutisme. Les macoutes s'en prenaient particulièrement aux membres de la classe moyenne qui étaient des enseignants pleins de dignité, peut-être parce que beaucoup de macoutes ne savaient ni lire ni écrire.

Il va sans dire que les Tontons Macoutes opérant les postes de péage ne contribuèrent guère à rendre le duvaliérisme populaire. Un jeune homme m'avait dit que le fait d'avoir assisté à l'humiliation de son père par les brutes de Papa Doc l'avait tellement traumatisé que pendant des mois il ne songea qu'à se venger. Il finit par rejoindre un groupe anti-Duvalier. (Avec le temps, plusieurs macoutes augmentèrent leurs revenus – certains d'entre eux ne percevaient aucun salaire – en louant leurs services « d'anges gardiens » à de riches patrons.)

Visite d'un combattant algérien de la liberté

Fidèle à lui-même et à ses prises de positions contradictoires, Papa Doc, qui était un admirateur de Charles de Gaulle, autorisa néanmoins la visite en Haïti d'un représentant du Front de libération nationale (FLN), un mouvement rebelle algérien menant la lutte de libération contre la colonisation française. Ce représentant présenta au public haïtien un « rapport » exagéré du combat du FLN. Après une rencontre avec les membres du Club haïtiano-arabe, le représentant du FLN, M. Guerniche el Wazzani, donna une conférence de presse à l'hôtel El Rancho durant laquelle un journaliste haïtien lui posa la question de savoir si le FLN aurait des réticences à accepter l'aide du bloc communiste. El Wazzani répondit en ces termes : « Si vous êtes en train de vous noyer et que quelqu'un arrive dans un bateau et vous tend la main pour vous sauver, vous allez accepter son offre ; vous n'allez pas commencer par chercher à savoir s'il s'agit d'un communiste ou pas. » El Wazzani alla même plus loin en déclarant qu'étant donné que le FLN n'avait reçu de l'aide d'aucun pays occidental et que l'aide apportée par les pays arabes serait bientôt insuffisante, l'Algérie était arrivée au point où elle était « prête à accepter l'aide du Bloc communiste ».

- - -

Durant les dernières semaines de l'année 1960, le *Haiti Sun,* qui avait toujours à sa disposition une « banque » d'articles disponibles pour remplir les pages du journal en cas d'urgence, publia plusieurs articles exceptionnellement divertissants en y insérant occasionnellement un peu de critique sociale.

Pendant ma convalescence à la suite d'une pneumonie, il fut nécessaire de puiser parmi les articles gardés en réserve dans notre banque. Cependant, je me rétablis rapidement en ayant recours à la fois aux soins de la médecine moderne dispensés par le docteur Edith Hudicourt et aux remèdes traditionnels administrés par Ti-Frè, le responsable de l'entretien de ma maison, qui était également un *dòktè fèy* (docteur-feuille/guérisseur traditionnel).

L'un des articles que nous avions dépoussiérés était une série en trois parties concernant un ancien sport qui était pratiqué à la fois par des ploutocrates et par des paysans, le combat de coqs. Le paysan haïtien était profondément passionné par ce sport qui faisait ressortir sa disposition pour le jeu d'argent motivée par sa grande pauvreté. Chaque communauté, quelle que soit sa taille, avait ses *gagè*. Au moment de la parution de ces articles dans le *Haiti Sun,* le nombre de *gagè* dans le pays n'était pas connu, mais on estimait qu'il y en avait des milliers.

L'introduction des coqs de combat dans l'île d'Hispaniola au XVIe siècle a été attribuée aux anciens pirates.

Bien qu'il soit aujourd'hui interdit dans une bonne partie de l'Occident, le combat de coqs n'est pas un simple sport. Le paysan haïtien fait preuve d'une connaissance impressionnante des coqs et de l'art de les entraîner à combattre, et il épargnera ses sous afin de parier sur son poulain à plumes. Les coqs de combat sont répartis sur la base de leur plumage en plusieurs catégories portant différents noms, tels que *kòk gajim, kòk wouj, Dambala, sèpantye, tayisad, kòk zenga* (réparti en *zenga blan, zenga gri et zenga wouj*). Les *kòk panyòl* proviennent généralement de la République dominicaine ou de Cuba et ont un plumage d'une belle teinte rouge goudron ou rouge cannelle. Lorsqu'ils sont dans l'arène, ils se battent principalement avec leurs ergots tandis que les autres espèces se battent surtout avec leurs becs contre leurs adversaires jusqu'à ce que ceux-ci perdent connaissance ou meurent et finissent servis dans la *chaudière* comme « coq à la créole ».

Le dernier article de *Haïti Sun* concernant les combats de coq était une interview de Milo Hakime, le propriétaire de l'Usine à glace nationale qui produisait des boissons gazeuses [7 Up] et de la crème glacée. La passion pour le combat de coqs de cet Haïtien d'origine libanaise était l'égale de celle du paysan haïtien. Il était également un éleveur de beaux coqs dont il vendait des spécimens en République dominicaine, recevant en contrepartie des milliers de dollars. Il nous dit que sa passion était « généreusement récompensée ».

L'Allemagne était ici

Le *Haïti Sun* profita de l'occasion d'une exposition de produits fabriqués en Allemagne pour sortir un article sur la longue association de l'Allemagne avec Haïti. Au cours de l'interview que nous accorda Kurt R. Luedde-Neurath, un diplomate de carrière qui dirigeait la légation de l'Allemagne de l'Ouest, laquelle venait de s'installer récemment en face des locaux de *Haïti Sun*, celui-ci rappela que les Allemands entretenaient des relations avec Haïti bien avant l'existence d'un État allemand unique provenant de l'unification du groupe disparate de petits États réalisée par Bismarck. Un certain nombre de ces États avaient une représentation en Haïti au cours des années 1850, y compris l'État d'Oldenburg à partir de 1851 dont le consul en Haïti était l'homme d'affaires Otto Schutt. La famille de ce dernier demeura en Haïti et deviendra un pilier de la communauté d'affaires du Cap-Haïtien.

Selon les informations fournies par la légation, en 1960 il y avait encore 200 citoyens allemands vivant en Haïti et 150 à 200 Germano-Haïtiens. Un club allemand fut fondé avant la Seconde Guerre mondiale, mais il cessa de fonctionner après qu'on l'eut accusé d'être un front social pour des nazis.

Les relations entre l'Allemagne et Haïti dans les années 1960 incluaient la présence d'étudiants haïtiens entreprenant des études dans des universités allemandes, dont au moins 22 bénéficiaient de bourses offertes par l'Allemagne. Les exportations d'Haïti vers l'Allemagne comprenaient le café, le sisal, des objets artisanaux et la majeure partie du miel produit en Haïti. Ce qui n'avait pas été mentionné durant l'interview était le fait que sous le régime du Kaiser Wilhelm (l'empereur Guillaume) des canonnières allemandes se présentèrent devant Port-au-Prince avec leurs canons braqués sur la ville, ce qui était la manière dont les citoyens allemands assuraient le recouvrement des factures impayées durant les années 1870.

Durant la Seconde Guerre mondiale, seulement neuf citoyens et entreprises commerciales allemands avaient été mis à l'index par une proclamation du président des États-Unis publiée le 17 juillet 1941 gelant les avoirs allemands. Cependant, le président Lescot qui avait été parmi les premiers à déclarer la guerre à Hitler, à la surprise de celui-ci, avait saisi les biens des citoyens allemands. Il y avait même eu des rumeurs non fondées selon lesquelles une famille aurait fait fortune en ravitaillant en produits frais les sous-marins allemands qui coulaient les navires des alliés dans la Caraïbe. Ce qui ne voulait pas dire que les nazis considéraient les Haïtiens comme des frères de sang, loin de là. Une famille germano-haïtienne assez imprudente pour entreprendre un voyage en Allemagne en pensant qu'elle serait accueille à bras ouverts comprit très vite que n'ayant pas de cheveux blonds et des yeux bleus, elle n'était pas du tout la bienvenue.

Le roman intitulé *Black sun*

Le *Haiti Sun* s'enorgueillissait de publier des compte rendus d'ouvrages traitant d'Haïti. La plupart de ces œuvres n'abordaient pas des thèmes politiques et certains, écrits par des étrangers, étaient particulièrement remarquables pour leur contribution à la compréhension d'Haïti et des Haïtiens. L'histoire racontée dans le roman intitulé *Black Sun* du prolifique romancier anglais Hugh Cave se passait sur une île fictive, mais il était clair qu'elle était inspirée d'Haïti durant la période de troubles politiques de 1957. Je n'ai personnellement pas aimé la conclusion du livre – j'étais le naïf éditeur du journal en langue anglaise du pays qui s'était retrouvé dans une cellule de prison en compagnie de son loyal serviteur indigène transformé en loque humaine après une sérieuse bastonnade par la police. Cela avait l'air trop prophétique et, de façon sinistre, l'était de plusieurs manières.

Un ouvrage plus significatif publié par les presses de l'Université de Californie nous parvint par la poste au début du mois de décembre. C'était un cadeau de Noël offert au peuple haïtien par l'anthropologue américain Harold Courlander, un fréquent visiteur d'Haïti et un enquêteur des traditions populaires haïtiennes. Son ouvrage intitulé *The Drum and the Hoe : Life and Lore of the Haitian People* [Le tambour et la houe : vie et coutumes du peuple haïtien], était en effet un portrait frappant de la vie en Haïti résultant de plusieurs visites dans les zones rurales du pays.

Courlander, qui se spécialisait dans l'étude du folklore et de la musique populaire des Africains et des Afro-Américains, avait déjà publié un autre ouvrage intitulé *Haiti Singing* ainsi qu'un roman titré *The Caballero* ayant pour cadre la Caraïbe.

Dans son compte rendu, le *Haiti Sun* disait ceci :

« Dans son nouvel ouvrage, Courlander dresse un portrait d'Haïti qui la rend vivante comme une terre accidentée, montagneuse, densément peuplée de fermiers vivant sous la menace de la famine.

« Descendants d'Africains amenés comme esclaves dans le Nouveau Monde durant les XVIe, XVIIe et XVIIIe siècles, ceux-ci ont développé une culture qui est un amalgame d'influences africaines, américaines et françaises, et qui est riche en matière de folklore, de musique, de danse, de religion et de langue.

« Avec le changement social qui commence maintenant à se propager dans la Caraïbe, Haïti doit faire face à ses problèmes de régime foncier féodal et de surpopulation. Cependant, l'avenir d'Haïti sera également affecté par de nouvelles influences issues de son passé, et l'ouvrage fort intéressant de M. Courlander apporte sa contribution par une présentation exhaustive du contexte culturel du paysan haïtien. »

L'ouvrage contenait 48 pages d'illustrations, 100 pages d'écritures musicales pour des chansons et des rythmes de tambour, et une discographie offrant une liste d'enregistrements de musique haïtienne. Il se vendait à $ 10, soit 50 gourdes à l'époque.

Nos précieuses cavernes

L'éditorial paru dans l'édition du *Haiti Sun* du 4 décembre 1960 était ainsi intitulé : « Afin de préserver les pétroglyphes. » C'était l'un des sujets les plus éloignés que possible de la politique, sauf que l'éditorial illustrait tout de même le triste état des choses dans un pays dont les dirigeants n'avaient aucun réel intérêt dans la préservation des trésors du passé.

Pendant les voyages que nous avions effectués à la campagne, nous avions vu par exemple d'extraordinaires gravures indiennes sur un gros rocher situé au milieu d'une rivière au nord de la ville des Gonaïves. Nous discutions souvent à propos de la civilisation indienne précolombienne d'Haïti avec notre ami Kurt Fisher, le propriétaire autrichien d'une boutique spécialisée dans la vente d'objets artisanaux et l'un des premiers à placer des annonces dans le *Haiti Sun*. Cependant, ce n'est qu'après l'arrivée d'un missionnaire américain qui fonda un hôpital dans la petite ville verdoyante de Limbé, chevauchant la grand-route à quelque trente de kilomètres au sud de Cap-Haïtien, qu'il devint possible de développer ce thème plus à fond. Le docteur William H. Hodges était devenu un archéologue amateur et il parcourut le nord d'Haïti de long en large à la recherche d'indices culturels arawaks et caraïbes. Il découvrit des cavernes que les Indiens utilisaient pour des cérémonies et qui contenaient des stalactites et des pétroglyphes portant des gravures.

Notre éditorial visait à attirer l'attention sur le fait que, « en dépit de leur valeur et de leur importance, beaucoup d'objets anciens n'étaient ni gardés ni protégés depuis nombre d'années ».

« À côté de leur valeur historique et ethnologique, ces objets anciens représentent une mine d'or pour le tourisme à condition que des mesures soient prises afin d'assurer leur protection contre les ravages des humains et les aléas de la nature. »

« La Roche-à-l'Inde de Camp-Coq, un rocher massif reposant dans le lit d'une rivière et dont l'une des faces est complètement couverte de pétroglyphes constitue non seulement un exemple du talent sculptural des premiers habitants d'Haïti mais aussi de ce qui pourrait arriver à ces précieux monuments du passé si aucune mesure n'est prise en vue de leur préservation.

« Le projet Pote Kole envisage de construire un barrage dans les environs de la Roche-à-l'Inde et il est à craindre que cet objet ancien ne soit inondé ou endommagé par le détournement des eaux. En ce qui concerne les peintures et les gravures dans les cavernes, aucune mesure de protection n'a été adoptée afin de préserver ces lieux importants contre les ravages des vandales ou du temps.

Avec la création de postes tels des « Gardiens des objets anciens » Haïti pourrait assurer la préservation des reliques précolombiennes d'un intérêt suffisant pour attirer les touristes. »

Le *Haïti Sun* avait souvent utilisé le prétexte des revenus intéressants que pourrait procurer le tourisme pour obtenir que des réalisations soient entreprises, mais dans ce cas-ci, aucun « Gardien des objets anciens » ne fut nommé et aucune mesure ne fut prise afin de préserver lesdits objets.

Articles concernant le tourisme

C'était toujours une entreprise risquée que d'écrire des articles traitant du tourisme sollicités par le *New York Times*, car les éditeurs exigeaient qu'ils leur soient envoyés bien avant la date de leur publication dans la section du journal consacrée aux voyages touristiques. Ce qui signifiait qu'au moment de la parution de l'article, la situation en Haïti pouvait avoir dramatiquement changé et être devenue particulièrement peu attrayante pour les touristes. C'est ainsi que le *Times* laissa tomber l'article que j'avais écrit pour la section annuelle de l'hiver 1960-1961 consacrée au tourisme en disant, selon les mots de l'éditeur de la section : « Nous ne pouvons pas vraiment faire la publicité d'Haïti comme une destination idyllique pour les touristes pendant que la loi martiale et les couvre-feux sont en vigueur dans le pays et qu'ils pourraient en devenir des victimes ! » Les articles consacrés à l'économie à la fin de l'année subirent plus ou moins le même sort. Les articles consacrés au tourisme et à l'économie étaient les seuls qui soient crédités aux correspondants du *New York Times* et qui soient publiés dans le journal avec le nom de leurs auteurs. Nous avions toujours pensé que c'était afin qu'il y ait quelqu'un d'autre à porter éventuellement le blâme en dehors du *New York Times*.

Cette photo d'un bateau assurant le transport côtier de passagers et de marchandises en train d'être décoré comme un *taptap* a été publiée avec mon article dans le *New York Times*.

Un article consacré à l'analyse de l'économie que j'avais écrit pour le *New York Times* en novembre 1960 fut publié le 15 janvier 1961 sous le titre : « Économie d'Haïti assaillie par les orages et les pluies. Café, principale source de revenu – Tourisme et sucre tiennent la barre. »

Voici quelques extraits de l'article qui s'étendait sur une colonne :

« Une récolte décevante de café qui est le plus important produit d'exportation et la principale source de devises d'Haïti a nui à l'économie l'année dernière et les perspectives pour 1961 ne sont guère encourageantes en ce moment.

« Étant donné que la production de café était sujette à des fluctuations cycliques d'une année à l'autre – une bonne année était suivie d'une année pas trop bonne – et que l'année 1959 avait été exceptionnellement bonne, on s'attendait à une baisse de production l'année dernière.

« Mais les dommages causés par d'abondantes pluies ont réduit plus que prévu la récolte de 1960.

« Durant l'année fiscale qui s'était achevée le 30 septembre 1959, Haïti avait exporté 28 500 tonnes de café pour une valeur de 21 300 000 de dollars, tandis qu'au cours de l'année fiscale qui s'était achevée le 30 septembre 1960, le total des exportations était estimé à 17 000 tonnes pour une valeur de 12 000 000 de dollars. La nouvelle récolte est en train de parvenir sur le marché et, selon les premières indications, il semble qu'elle ne sera pas volumineuse, mais cela va dépendre beaucoup de l'étendue des dégâts causés par les pluies du printemps.

« Le tourisme constitue la deuxième source de devises d'Haïti. Les derniers chiffres n'ont pas encore été rendus publics, mais on estime qu'au cours de l'année qui s'est achevée le 30 septembre, environ 100 000 touristes ont visité le pays. L'année précédente il y avait eu 78 000 visiteurs qui avaient dépensé un total de $ 7 500 000 dans le pays. »

L'article mettait l'accent sur les plans envisagés pour la construction de nouveaux hôtels et motels, l'assainissement de la capitale et la construction d'un aéroport capable de recevoir des avions à réaction et qui coûtera $ 10 000 000.

Mon article d'analyse économique continuait en ces termes :

« Le sucre est la troisième source de devises d'Haïti et le niveau d'exportation de cette denrée a nettement augmenté ces dernières années. La quantité produite en 1960 était de 60 000 tonnes. Le quota d'importation accordé au sucre haïtien par les États-Unis était originellement de 7 014 tonnes américaines, mais après la suppression du quota accordé à Cuba il sera augmenté à 35 672 rapportant une valeur de $ 3 900 000.

« Le sisal occupe la position suivante par son importance. La quantité produite l'année dernière n'est pas encore connue, mais elle était de 31 000 tonnes valant $ 5 600 000 au cours de l'année fiscale qui s'est achevée le 30 septembre 1959.

« Les États-Unis absorbent 45 % des exportations haïtiennes qui sont constituées, en plus du café, du sucre et du sisal, de la bauxite, de la banane, du cacao et des produits oléagineux, tandis que les États-Unis sont la source de 65 % des importations haïtiennes qui sont constituées de blé, de tissus cotonniers, de lard, de savon, de poissons, d'automobiles, de machines et de produits manufacturés en général.

« Au moins deux tiers des investissements du secteur privé industriel en Haïti sont d'origine américaine et concernent principalement le sucre, l'énergie électrique, les bananes, le sisal, la farine, la pêche et les mines de bauxite. Les investissements les plus récents concernent un moulin à farine, une mine de cuivre et une plantation de bananes.

« Comme en 1959, l'année dernière a vu l'introduction de nouvelles taxes imposées sur l'essence (deux fois en l'espace de huit mois) ainsi que sur les billets d'avion, tant pour les vols à l'intérieur que pour les vols à l'extérieur du pays et dont les revenus étaient pour la plupart destinés à la construction de l'aéroport accommodant des avions à réaction.

« Une taxe de 5 % imposée sur les chambres d'hôtel devrait prendre effet en juillet prochain. Le gouvernement a également décidé d'installer des postes de péage permettant de collecter de la part des automobilistes et des motocyclistes entrant ou sortant de la capitale des fonds destinés à l'entretien des rues endommagées de la ville. Ce prélèvement très impopulaire n'est pas encore entré en vigueur.

« Par contre, les taxes sur les nouvelles industries appartenant aux nationaux ainsi qu'aux étrangers ont été considérablement libéralisées durant l'année dernière.

« En dépit de la mauvaise récolte de café, le nouveau budget public d'Haïti sera probablement équilibré presque au même niveau de dépenses de $ 29 700 000 que l'année dernière, grâce à l'octroi par les États-Unis d'une subvention de $ 11 000 000 vers la fin de l'année 1960.

« Depuis 1960, le gouvernement des États-Unis a octroyé à Haïti des subventions totalisant $ 52 139 000. »

L'objectif du gouvernement pour la saison touristique de 1961 était d'attirer plus de 100 000 visiteurs et le *Haiti Sun* contribua à la campagne en décrivant longuement chaque attraction touristique que le pays pouvait offrir et en mettant l'accent sur chaque effort entrepris pour donner un nouvel éclat à la capitale. Cependant, dans l'ensemble, Haïti demeura le « parent pauvre » de la Caraïbe.

Le *New York Times* publia un éditorial que le *Haiti Sun* reproduisit dans son édition du 11 décembre :

« Partout où l'on regarde en Amérique latine aujourd'hui, il y a des causes d'anxiété et Haïti ne constitue pas une exception en cela ; en fait, sa situation est la plus préoccupante parmi celles des vingt pays de la région.

« Les données de base de la vie en Haïti sont extrêmes et terrifiantes. Voici un tout petit pays dans lequel sont entassés 3 750 000 Noirs et Mulâtres produisant une densité de 135 habitants au kilomètre carré [3 750 000 habitants/27 750 kilomètres carrés], ce qui constitue la plus forte densité d'Amérique latine et qui est même plus forte que celle de l'Inde. Le revenu annuel per capita est estimé entre $ 35 et $ 50, ce qui signifie que la plupart des Haïtiens ne participent pas à l'économie monétaire et survivent grâce à des activités de subsistance.

« Les États-Unis ont toujours essayé d'aider Haïti et sont en ce moment même en train d'entreprendre une nouvelle intervention. Le président Duvalier a sévèrement critiqué l'été dernier ce qu'il considère comme une aide insuffisante et a même insinué que s'ils ne pouvaient pas faire mieux, il y avait toujours un autre monde vers lequel Haïti pouvait se tourner.

« Fort heureusement, le Président n'a pas mis sa menace à exécution, mais le sentiment antiyankee est un phénomène persistant ici comme ailleurs en Amérique latine.

« Le Dr Duvalier détient tous les pouvoirs, il a imposé la loi martiale et il se sert abondamment de méthodes policières musclées. Il est quand même le président constitutionnel dûment élu d'Haïti et les États-Unis ont toujours considéré qu'il était nécessaire d'essayer d'aider son pays à travers son gouvernement.

« Robert Newbegin, le nouvel ambassadeur américain, est en train de réaliser des progrès encourageants en développant un programme d'aide économique à travers le Development Loan Fund [Crédits pour le développement], et le gouvernement se montre coopératif. Il y a eu des incidents causés par la violence au cours de l'année passée, mais c'est le conflit entre l'État et l'Église qui menace de perturber la paix. Haïti a désespérément besoin de paix civile et d'aide externe. Les États-Unis peuvent procurer l'aide à condition que les Haïtiens maintiennent la paix. »

Duvalier prend des mesures draconiennes contre l'Université

« Joyeux Noël 1960 ! » Tel était le gros titre de l'article à la une de *Haïti Sun*. Le journal formulait ses meilleurs vœux accompagnés de photos de la belle Edna Délinois couronnée Miss Haïti 1961. Celle-ci était partie à Cali, en Colombie, pour participer au Festival de la Canne à Sucre, et Jacques Lemaire, un reporter du journal *La Phalange* qui parlait bien l'espagnol, l'avait accompagnée pour faire un reportage sur la compétition.

Cependant, nos lecteurs étaient loin de se sentir joyeux ou heureux. Le pays était plongé dans le pessimisme. Les lumières de Noël avaient faibli puis s'étaient éteintes avec le lancement de la grève des employés de la compagnie américaine d'électricité. L'Étoile rouge, l'équipe de football tchécoslovaque qui visitait Haïti, avait battu nos Aigles noirs, le Racing Club et l'équipe nationale haïtienne. Seule le Victory Club réussit à les battre par un score de deux buts à zéro. (Une autre de mes corvées était de faire des reportages sur les matches de football pour l'Associated Press.)

Cependant, la nouvelle qui avait le plus refroidi l'esprit de Noël et avait répandu des ondes de choc au sein des familles qui souhaitaient assurer une formation supérieure à leur progéniture était un décret portant la signature flamboyante de Duvalier que le Palais national avait publié le 16 décembre et dont la traduction en anglais parut dans le *Haiti Sun* le jour de Noël 1960. Le décret déclarait que l'Université d'Haïti, une institution vieille de cent cinquante ans, était dorénavant l'Université d'État d'Haïti. C'était un subterfuge sémantique qui servait à transformer effectivement l'Université en une institution exclusivement duvaliériste, complètement restructurée, utilisant des critères d'admissibilité qui plaçaient l'enseignement supérieur dans un carcan.

Le décret déclarait dans son préambule que les nouvelles mesures étaient justifiées à cause du « communisme international », de la « mentalité des politiciens haïtiens » et de la nécessité de « sauvegarder la nation émergée de 1804 et qui était tourmentée de turpitudes depuis 150 années ». Par ailleurs, ces changements étaient justifiés du fait que l'université était à la charge du Trésor public et « effectivement devait être considérée à juste titre comme une université d'État ».

Il était exigé de chaque étudiant, pour être admis à l'Université d'État, de fournir un certificat octroyé par la police « attestant qu'il ou qu'elle n'appartenait à aucun groupe communiste ou association considérée suspecte par l'État » ; un certificat de bonne vie et mœurs délivré par le juge doyen de la Cour civile ; une carte d'identité. Chaque étudiant se devait d'avoir sur lui un livret portant sa photo et fournissant des informations sur son statut civil, la liste des cours qu'il prenait et les notes qu'il avait obtenues. Tout étudiant en violation de ces règles serait expulsé ; toute manifestation non autorisée était interdite.

Selon les informations, Duvalier s'attendait à ce que ces mesures draconiennes contraignent les étudiants en grève à reprendre leurs cours mais, au lieu de cela, le décret constitua pour les étudiants une raison de plus pour continuer à faire la grève. Ils retrouvèrent leurs machines à ronéotyper et lancèrent l'avertissement que 1961 serait une nouvelle année de confrontation.

Dans un geste presque comique et orwellien, Lucien Daumec, le beau-frère et rédacteur de discours de Papa Doc, s'empressa de publier deux articles dans le journal *Le Jour*.

L'analyse politique offerte par Daumec était tordue et complètement farfelue.

Son hypothèse était que des forces obscures au-delà des étudiants étaient derrière la grève avec l'intention de « renverser le gouvernement ». Dans un sens, l'exégèse de Daumec reflétait un complexe typiquement haïtien : en Haïti, une autre force est toujours responsable de ce qui se passe ; les Haïtiens ont du mal à accorder le crédit ou le blâme à ceux qui les méritent, surtout s'il s'agit de leurs compatriotes qui doivent nécessairement être sous l'influence d'une troisième force, d'une main mystérieuse. Daumec suggéra que des membres d'une autre « classe » ou même des « anarchistes » avaient orchestré la grève des étudiants (ce langage faisait allusion aux communistes). Cependant, en continuant d'élargir sa liste confuse de suspects habituels, il ajouta qu'il se pourrait que les étudiants soient tout simplement influencés par une faction de la classe moyenne à laquelle ils appartenaient.

Mais cela n'était pas tout, car en dernière analyse, Daumec déclara que les États-Unis étaient en partie responsables de la situation car ils avaient exigé des mesures d'austérité et un resserrement de la ceinture alors que Washington savait que la pauvreté et la misère engendrent la grogne et les troubles. Le beau-frère du Président conclut son analyse approfondie par un flagrant appel sans vergogne adressé aux États-Unis pour solliciter des fonds.

Ironiquement, les instructions de Daumec n'étaient pas en phase avec Papa Doc qui, pour sa part, accusait le clergé catholique d'être responsable de la grève fomentée contre lui.

Mon ami est exilé en Afrique

Le *Haiti Sun* avait affiché avec ostentation en première page l'article intitulé « Roger Dorsinville nommé à un nouveau poste en Afrique ». La nomination de l'ambassadeur Dorsinville, qui servait alors comme l'émissaire de Papa Doc au Costa Rica, au poste de premier ambassadeur d'Haïti en Afrique avec mission d'ouvrir une ambassade à Dakar, au Sénégal, était évidemment une nouvelle importante. Cependant, l'histoire réelle, que nous ne pouvions évidemment pas publier, était que Dorsinville avait été condamné par Papa Doc craignant cet homme qui avait dirigé sa campagne présidentielle. Il l'avait évité, ignoré, oublié et traité comme un lépreux politique, et maintenant il l'envoyait effectivement en exil dans une contrée plus lointaine que le Costa Rica où Duvalier l'avait relégué après la campagne présidentielle.

Je feignis de ne pas être au courant de l'histoire derrière l'histoire, et je pris plaisir à consacrer la première page du journal à Dorsinville. C'était un vieil ami qui m'avait encouragé à fonder le *Haiti Sun* il y avait de cela une décennie et je me devais de le rencontrer avant son départ pour Dakar. Il n'y avait pas d'autre visiteur lorsque je suis arrivé chez lui peu de temps avant son départ au cours de la première semaine de janvier 1961. Nous nous assîmes et entamâmes une conversation ininterrompue. Il y avait quelque chose qu'il voulait me communiquer confidentiellement et qui était aussi un avertissement.

Il parla de la décision qu'il avait prise de quitter le Costa Rica pour rentrer en Haïti en dépit des risques :

« J'avais demandé l'autorisation de quitter mon poste au Costa Rica pour rentrer chez moi, mais ma requête fut ignorée et je n'obtins jamais de réponse. Je décidai de rentrer quand même, malgré le fait que mes amis me le déconseillaient. Évidemment, à mon arrivée je me suis présenté chez le ministre des Affaires étrangères, Joseph Baguidy, et lui avais dit : « Je suis ici pour une période d'un mois et je souhaiterais rencontrer le Président. » Celui-ci me répondit que si je souhaitais voir

Duvalier, je devrais profiter de l'audience spéciale du 31 décembre durant laquelle tout ambassadeur haïtien se trouvant dans le pays pouvait normalement se joindre aux ambassadeurs des pays étrangers accrédités auprès d'Haïti qui allaient présenter formellement leurs vœux au Président à l'occasion du Nouvel An.

« Je me rendis au Palais et évidemment personne ne pensait que j'y serais. Beaucoup de gens me tournèrent le dos ou tournèrent leurs regards ailleurs à l'exception de deux personnes. Ce petit animal qui était consul d'Haïti (…) celui qui avait assassiné le fils d'André Juste – me dit lorsqu'il m'aperçut au Palais : « Que diable fais-tu ici ? Il y a un décret ordonnant à tous les foutus diplomates de regagner leurs postes ! » Je lui dis que je ne savais rien de cela et rejoignis la queue pour saluer Duvalier. C'était la première fois que je voyais Duvalier depuis les élections. Je fus étonné de constater à quel point l'homme avait changé et les effets que la maladie avait produits sur lui. Il était enflé ; ses lèvres étaient roses ; il ressemblait à un cadavre, un cadavre se tenant debout.

« Je serrai les mains des ministres, y compris évidemment Baguidy, mais aussi Clovis Désinor. Ils se montrèrent froids envers moi. Au moment où je prenais congé, l'un des ministres, le Dr Auguste Denizé *[ministre de la Santé]* me suivit et me souffla à l'oreille afin de ne pas se faire entendre des autres : « Attends-moi au Rex Café. » Je m'y rendis et fus rejoint par Denizé.

« Je lui dis : " Je viens de voir un homme mort. " Auguste me répondit : " Roger, c'est pourquoi je t'ai demandé de m'attendre afin que nous puissions parler. Tu veux savoir quelque chose ? Cet homme mort est plus en vie que n'importe qui. Rien ne se fait sans lui. Pas un seul crime n'est commis sans que Duvalier n'en donne l'ordre. Fais attention, fais très attention ! Tu l'as vu, et tu penses qu'il ne t'a pas reconnu ? Il t'a reconnu. »

Dorsinville, qui était un homme corpulent, secoua la tête au moment où nous nous disions au revoir. Il savait qu'on l'envoyait dans un exil diplomatique, mais il s'inquiétait de la direction dans laquelle Papa Doc pourrait entraîner le pays. Ses craintes n'étaient que trop bien fondées.

CHAPITRE 16
Duvalier décapite l'Église catholique

« Un roulement de tambours vodou et un chant d'alerte en créole intitulé *Dife lan kay la* (La maison est en feu) chanté d'une voix de basse s'élevaient dans la chaude nuit haïtienne des radios placées sur les commodes des foyers. Le « feu » faisait allusion à la tentative hésitante des étudiants et des travailleurs de défier l'homme fort du pays, le président François Duvalier. Par l'une de ces bizarreries de la politique haïtienne, cette tentative n'était que la conséquence de la manœuvre de Duvalier lui-même visant à soutirer plus de fonds des États-Unis en leur faisant peur. »

Ce paragraphe haut en couleur introduisant un article de *Time Magazine* (datant du 12 décembre 1960) intitulé « En guerre contre l'Église » concluait pour moi deux semaines durant lesquelles des évènements accélérés avaient englouti Haïti à la mi-novembre. Je me retrouvais également avec une mauvaise pneumonie. Les mesures de répression prises à l'encontre des étudiants, des syndicalistes et de l'Église catholique n'étaient pas inattendues. Papa Doc n'avait pas pu obtenir les millions de dollars d'aide américaine qu'il cherchait à obtenir en jouant la carte du communisme, c'est-à-dire en accordant d'abord aux étudiants un certain degré de liberté, puis en les brandissant devant Washington comme étant des partisans de Castro et donc constituant un danger pour un hémisphère souffrant déjà de bouleversements politiques. Au début du mois de novembre 1960, Duvalier décida qu'il était temps de maîtriser les étudiants, ce qui pourrait aussi recevoir l'approbation de Washington et rapporter la récompense monétaire qu'il recherchait. C'était aussi pour lui l'occasion souhaitée pour contrôler l'Église catholique qui constituait le dernier obstacle dans sa marche vers le pouvoir total.

Un autre souci pour le Palais concernait le jeune président-élu des États-Unis, John F. Kennedy, un démocrate catholique, qui s'apprêtait à prendre la relève du républicain Dwight Eisenhower à la Maison-Blanche le 20 janvier 1961. L'administration Eisenhower avait été trop obsédée par Fidel Castro et trop préoccupée par les relations que le leader cubain entretenait avec l'Union soviétique et même avec la Chine dans le cadre de la guerre froide pour accorder de l'importance à Papa Doc et à ses crises de nerfs. Anticipant le changement à Washington et une observation plus minutieuse de son propre régime, Papa Doc mit encore plus de vigueur dans la répression des étudiants et dans son habituel avertissement contre le « communisme ».

La première salve dans la nouvelle guerre que Papa Doc menait contre les étudiants fut tirée le 15 novembre 1960 par *Le Jour*, un journal pro gouvernemental. Un éditorial non signé, mais qui avait cependant été écrit par Hubert Carré, éditeur du journal, exposa la justification de Duvalier pour l'action répressive qu'il envisageait. Carré avait été récompensé plus tôt pour son soutien de Duvalier en bénéficiant du coquet poste d'ambassadeur d'Haïti en Argentine.

L'éditorial du journal *Le Jour* intitulé « La vigilance est le prix de la liberté » que nous avions fait traduire et publié dans le *Haiti Sun* du dimanche 20 novembre déclarait : « Les étudiants se font entendre ; la jeunesse est exubérante comme du vin vert. C'est la raison pour laquelle ils sont choisis pour servir d'outils entre les mains de politiciens cyniques et doctrinaires. »

Prenant en compte le fait qu'une demi-douzaine de pays d'Amérique latine avaient subi « une véritable vague estudiantine contre la loi et l'ordre », *Le Jour* continua :

« C'est clair que des émissaires de Moscou manipulent secrètement l'ardeur de ces jeunes toujours disposés à se laisser prendre par le romantisme du complot.

« Des mots de passe, des slogans, viennent de très loin, de derrière des rideaux de fer et de bambou, engloutissant notre continent dans une vaste manœuvre destinée à faire éclater la structure de notre civilisation occidentale. La « nouvelle vague » du communisme a également atteint nos côtes.

« Pourquoi aurions-nous honte d'admettre que dans nos salles de cinéma, Khrouchtchev et Mao sont acclamés comme des héros et que la Chine communiste inonde la Caraïbe de brochures, de pamphlets et de magazines, tous abondamment illustrés et préparés avec expertise par des spécialistes en révolution ? On connaît le pouvoir qu'exercent l'écran et le texte écrit sur les esprits des jeunes [l'auteur fait peut-être ici allusion à la projection sur les écrans du cinéma Paramount de Port-au-Prince de l'excellent film russe intitulé en français *Quand passent les cigognes*]. C'est ainsi que le venin du marxisme est distillé dans l'âme de notre jeunesse. Évidemment, la partie saine du corps estudiantin résiste à ces toxines, mais comme toujours, il suffit d'une pomme pourrie pour gâter tout le tas.

« Les autorités universitaires ainsi que les organisations religieuses n'ont jamais cessé de tirer sur la sonnette d'alarme, mais le raz-de-marée du communisme est tout de même en train de submerger notre jeunesse. Après avoir conquis les esprits de nos jeunes, le communisme cherche maintenant à contrôler le pouvoir politique, à dicter ses lois et à se constituer en fer de lance pour son offensive contre l'État.

« Le Gouvernement se trouvera probablement dans l'obligation de défendre et de sauvegarder la discipline morale de la famille, de la société et du pays. Contre la menace de grève, le gouvernement de la République doit constituer le bouclier, le rempart qui garantit les valeurs portant les noms de l'ordre, la paix et la sécurité !

« Le Gouvernement compte sur la bonne volonté et la coopération des étudiants, des professeurs et des familles. Le Gouvernement compte sur la collaboration de tous ceux qui, par leur influence, leur autorité et leur prestige, sont invités à faire appel à la raison et à la sagesse afin d'apaiser certains esprits excités par la propagande rouge qui n'a aucune chance de dominer sous nos cieux.

« Il est du devoir de l'Haïtien de raison et de cœur d'ouvrir les yeux de notre jeunesse sur les dangers que représentent ces aventuriers internationaux qui sèment les germes de la violence à travers le continent.

« La force appelle la force et la violence appelle la violence ; aucun gouvernement responsable ne devrait se croiser les bras devant l'insubordination, les menaces et les attaques contre la sécurité de l'État. »

Le Jour conclut ainsi son article :

« Nous lançons un appel aux étudiants, nous leur demandons de rester sourds et indifférents aux manœuvres des politiciens, haïtiens et étrangers, qui sapent le sens civique des citoyens partout à travers le continent afin de permettre à l'OGRE ROUGE d'envoyer ses tentacules sur notre terre vierge qu'il lui faut conquérir en vue de la réalisation de son projet de domination universelle.

« Nous demandons à ces étudiants qui constitueront demain l'élite intellectuelle et morale de ce petit pays de se méfier des agents du marxisme.

« La vigilance est le prix de la liberté ! »

Duvalier se sert de l'ogre rouge

La gauche haïtienne, du moins ce qu'on en savait à l'époque, c'est-à-dire pas grand-chose, était loin d'être un « ogre rouge ». C'était plus vraisemblablement un « bébé ogre ». La nouvelle gauche haïtienne ne faisait que naître et la répression exercée par Papa Doc ne ferait éventuellement que renflouer ses rangs. Le mouvement estudiantin était en fait constitué d'une vague populaire, à tous les niveaux, non sectaire, de jeunes en colère, frustrés et mécontents, qui avaient décidé qu'il était temps de confronter une dictature « fasciste » impitoyable. Même des enfants de onze ans y prenaient part. Le directeur de l'École Anglade, une école privée de Port-au-Prince, avait surpris une élève en train de distribuer des « tracts » (un terme au sens ambigu invoqué par le régime duvaliériste pour référer aux plaquettes d'information, aux brochures ou pamphlets) anti-Duvalier pendant la récréation. Certains de ces activistes prépubères cachaient leur participation à leurs parents.

Ce qui attisait les flammes du mécontentement, c'était les nombreux signaux, visibles de tous côtés, indiquant que Duvalier avait l'intention de s'accrocher au pouvoir et prenaient des mesures à cette fin, y compris un accroissement de la répression et l'augmentation des taxes. La démolition de l'ancien bâtiment en bois abritant les Services centraux de la police en vue de le remplacer par une structure moderne et efficace ne pouvait être interprétée que comme un signal de mauvais augure. Entre-temps, de l'autre côté de la rue, en face de la nouvelle station de police, se construisait l'immeuble à plusieurs étages de l'organisme chargé de la collecte des impôts.

Les dirigeants de l'Union nationale des étudiants haïtiens (UNEH) lancèrent à travers *La Tribune des Étudiants* un appel au gouvernement lui demandant de relâcher les étudiants emprisonnés et ils envoyèrent également une délégation pour plaider avec le gouvernement le jugement ou la liberté pour leur trésorier ainsi que, les 19 autres étudiants détenus depuis le 1er septembre.

Finalement, le gouvernement admit au moins que les étudiants étaient en prison, ce qu'il n'avait même pas concédé auparavant. Selon les allégations du gouvernement, le trésorier de l'UNEH avait en sa possession des documents communistes subversifs au moment de son arrestation. *Le Jour* ajouta qu'une enquête officielle sur les activités subversives communistes était en cours.

L'attitude du gouvernement, telle qu'articulée par *Le Jour*, ne fit qu'attiser la colère des étudiants. On craignait sérieusement que Duvalier n'ait exécuté les 20 étudiants. Les dirigeants de l'UNEH, affirmant qu'ils n'avaient pas d'autres recours, prirent l'ultime décision de déclarer une grève le lundi 21 novembre 1960 afin de forcer les autorités à relâcher leurs 20 camarades qui languissaient en prison depuis près de trois mois, en violation des droits civils et humains les plus élémentaires.

Guy Lominiy, le président de l'UNEH, et François Flavien, son secrétaire, se plaignant de l'attitude « offensante » du Gouvernement et des violations des droits fondamentaux des étudiants et de la jeunesse en général, informèrent le recteur de l'Université d'Haïti du lancement de la grève. Ils rendirent également publique une lettre qu'ils avaient envoyée au sénateur John F. Kennedy, le nouveau président-élu des États-Unis. Ils acclamaient son élection et le félicitaient pour son opposition déclarée aux dictateurs. Ils accusaient l'administration Eisenhower d'avoir accordé un soutien matériel et moral à des gouvernements dictatoriaux et impopulaires, ce qui, selon eux, était plus répréhensible que d'accorder une aide insuffisante aux pays sous-développés. Après la publication de cette lettre, les membres de l'exécutif ainsi que les chefs des différentes commissions de l'UNEH jugèrent nécessaire d'entrer soudainement dans la clandestinité car, selon les informations, Duvalier était furieux.

Ce qui avait débuté comme une action en vue d'obtenir la libération de leurs camarades étudiants prit bientôt les caractéristiques du mouvement de 1946 où les étudiants avaient rallié le pays contre le président Élie Lescot en demandant la libération des prisonniers politiques, l'organisation des élections et la liberté de la presse. Un journal intitulé *La Ruche* avait alors mené le mouvement et un trio de jeunes révolutionnaires constitué de Jacques Stéphen Alexis, René Depestre et Théodore Baker firent leur marque en politique en constituant le Parti démocratique populaire de la jeunesse haïtienne.

Quatorze ans plus tard, les cris de « Vive la liberté ! À bas la dictature ! Vive la démocratie ! » étaient maintenant confinés aux pamphlets des étudiants. Les journaux d'opposition et les manifestations publiques n'étaient plus possibles. Jacques Stéphen Alexis et René Depestre devenus de grands écrivains en Haïti étaient absents de la scène. Depestre était parti pour Cuba plusieurs mois auparavant et Alexis avait également mystérieusement disparu à l'étranger. Théodore Baker avait depuis longtemps renoncé à la politique.

Duvalier répondit le 22 novembre en proclamant la loi martiale et en déclarant dissoutes toutes les associations des étudiants. Il accorda douze heures aux étudiants universitaires pour mettre fin à leur grève et reprendre les cours, faute de quoi ils seraient expulsés de l'Université. Le décret instituant la loi martiale prit la capitale par surprise, vu que le pays était déjà soumis à un « état de siège », une loi martiale modifiée, depuis juillet 1958. Le texte du nouveau décret déclarait qu'il avait été institué « afin de permettre aux autorités de contrecarrer les effets de l'anarchie et des activités communistes qui se manifestaient ailleurs en Amérique latine et des activités similaires tentées ici en violation de la Constitution et de la sécurité de l'État ». Les étudiants n'avaient pas d'autre alternative que de combattre en se servant de leur principale arme, la machine à ronéotyper.

Ils furent saisis puis ils « disparurent »

C'est ainsi que commença la période de collecte d'informations la plus active et la plus difficile des trois premières années du règne de Duvalier. Le *New York Times* avait publié à la page 11 ma dépêche datée du 22 novembre concernant la proclamation de la loi martiale par le gouvernement, tandis que l'Associated Press la faisait circuler parmi leurs câbles de la catégorie A. La proclamation de la loi martiale en Haïti en vue de mettre fin à une grève d'étudiants ne pouvait pas faire la compétition avec les nouvelles émanant de Washington ou d'ailleurs dans la Caraïbe et en Amérique latine. En réponse à la crainte d'une menace des rouges contre le Guatemala et le Nicaragua, l'administration Eisenhower avait initié un blocus de la Caraïbe, un acte proche de la guerre. Des forces navales américaines patrouillaient le long des côtes de l'Amérique centrale, ce qui provoqua les accusations de Cuba selon lesquelles les mouvements de la flotte faisaient partie d'un plan d'invasion américain. Le Venezuela accusa Trujillo de chercher à envahir le pays pendant que des étudiants gauchistes attaquaient également le gouvernement du président Betancourt à Caracas. Dans le Cône Sud, le président Arturo Frondizi d'Argentine venait tout juste de réprimer une tentative de coup d'État militaire.

Curieusement, même sous la loi martiale, aucune censure n'avait été imposée aux dépêches destinées à l'étranger, alors que le gouvernement avait imposé une interdiction aux journaux de publier des articles concernant Haïti en provenance de l'étranger.

Le porte-parole de Duvalier durant cette crise était Joseph D. Baguidy, un supporter dévoué qui venait récemment d'être nommé ministre des Affaires étrangères et des Cultes après avoir occupé le poste de chef du protocole. C'était quelqu'un de plaisant et sympathique qui comprenait la diplomatie mais à qui Duvalier avait ordonné d'appliquer les mesures répressives. Comme le ministre de l'Éducation, le père Papailler, se trouvait à l'étranger, Baguidy reçut également la charge de ce ministère, et ce fut lui qui apposa sa signature au décret du 22 novembre ordonnant aux étudiants de reprendre les cours dans un délai de douze heures sous peine d'être expulsés. Le ministre Baguidy ne fut cependant pas solitaire dans l'action répressive. Le ministre de l'Intérieur et de la Défense, Aurèle Joseph, avait signé le communiqué ordonnant la dissolution de toutes les organisations de la « jeunesse » et interdisant tout rassemblement d'étudiants. Le ministre de la Justice, Luc François, avait envoyé une lettre de mauvais augure au commissaire du gouvernement lui ordonnant « de prendre toutes les mesures accordées par la loi martiale afin de réduire les étudiants à l'impuissance et de leur faire prendre conscience de leur mauvais comportement qui trahit des objectifs inavouables et antipatriotiques ». La lettre insista que « Le peuple haïtien ne permettra jamais que des politiciens sans foi ni loi dont les liens avec le communisme sont notoires d'utiliser la jeunesse comme instrument de leurs méfaits et de leurs turpitudes ».

Parmi les plus importants participants à la grève, il y avait des étudiants de la Faculté de médecine, des membres de divers groupements catholiques, un groupe appelé Haïti Progrès et plusieurs étudiants fréquentant des écoles catholiques telles que le Petit Séminaire Saint Martial. Ainsi donc, un large éventail d'étudiants et d'enseignants appartenant à des écoles catholiques et des écoles privées laïques s'étaient associés aux étudiants de l'Université dans leur opposition à la dictature. Papa Doc s'était donc aliéné de nombreux membres de la classe intellectuelle. Le Centre d'études secondaires, une école secondaire privée fondée par Max Chancy et Leslie Manigat, fut soumis à une surveillance policière, et Leslie Manigat, un ancien duvaliériste qui n'était pas marxiste, fut finalement emprisonné durant la grève. La grève était populaire parmi les fignolistes, les ouvriers et les boutiquiers de la capitale, mais ceux-ci s'étaient prudemment gardés de manifester ouvertement leur support. La dureté de la réaction de Papa Doc contre la grève après son déclenchement ne fit que provoquer un changement de priorités de la part des grévistes qui demandaient maintenant l'expulsion pure et simple de Duvalier. Ce nouvel objectif fit son apparition dans les tracts des étudiants qui semblaient soudainement se trouver partout.

Sous les Tropiques, les évènements semblent se dérouler plus vite en hiver. J'étais à cours de sommeil car le reportage des nouvelles exigeait que j'analyse les communiqués et que je tente d'interviewer les deux parties impliquées dans le conflit, pendant que la radio gouvernementale diffusait incessamment la chanson intitulée *Dife lan kay la* comme une sonnette d'alarme. Chanson qui encourageait les Tontons Macoutes prédateurs. Armés et menaçants, ceux-ci roulaient à travers la ville en fouillant les véhicules. De temps en temps, on entendait une explosion sans être sûr si c'était le gouvernement ou les étudiants qui contribuaient à faire monter la tension.

Dans un effort visant à faire avorter la grève générale, l'armée et la police assistées des macoutes reçurent l'ordre de procéder à la fouille de toutes les maisons. Des districts entiers du bord de mer furent encerclés afin d'empêcher quiconque d'échapper au coup de filet. Le quotidien catholique *La Phalange* reçut l'ordre de ne publier aucune information concernant la situation politique, à part les communiqués officiels. La police fit la chasse à l'homme partout à la recherche du Dr Jacques Stephen Alexis mais ne put le localiser. Son collègue écrivain René Depestre, quant à lui, vivait à Cuba, comme je l'ai mentionné précédemment. Je m'étais entretenu avec Alexis au début de l'été pendant que je nageais à la mer Frappée, peu de temps avant qu'il ne se glisse tranquillement hors d'Haïti à l'insu des autorités.

Le mercredi 23 novembre fut une journée pleine d'activités et certainement satisfaisante pour le soldat frustré qu'était Papa Doc. En l'absence d'indications que les étudiants se conformaient à son ordre de reprendre les cours en l'espace de douze heures, Papa Doc, en tant que commandant en chef, accompagna personnellement le général Pierre Merceron et Daniel Beauvoir, le chef de la police, dans leur tournée de supervision des troupes positionnées autour des différentes facultés de l'Université pour en assurer la fermeture. Des soldats avaient été postés autour de toutes les écoles. Quelques-uns des étudiants se dispersèrent à l'approche des soldats et des policiers. Les volets étaient tirés même à la Faculté d'agronomie de Damien située à une douzaine de kilomètres au nord de la capitale. Dans la dépêche que j'avais envoyée au *New York Times* concernant la fermeture par force de l'Université, j'avais noté : « Le gouvernement persiste à caractériser la grève comme étant d'inspiration communiste et participant à un plan général de rébellion fomenté par des rouges dans d'autres pays d'Amérique latine. »

Suite à un communiqué gouvernemental annonçant d'un ton sérieux que les congés de Noël avaient été avancés d'un mois, toutes les écoles furent immédiatement fermées. Lorsqu'il revint finalement de son voyage à l'étranger, le ministre de l'Éducation, le révérend père Hubert Papailler, publia un communiqué officiel interdisant les activités scolaires sous aucun prétexte dans toute école privée, qu'elle soit religieuse ou laïque, jusqu'à nouvel ordre, et menaçant de retirer la licence de tout enseignant qui serait en violation du décret.

Papa Doc lui-même donna des ordres précis, et il savait exactement qui il fallait arrêter. Deux cas en particulier nous ont fait penser à la fameuse phrase du film *Casablanca* : « Arrêtez les suspects habituels ! » Sous le régime de Duvalier, les suspects pouvaient faire face à la torture et à la mort. L'un des deux suspects habituels était Georges E. Rigaud, un dentiste mulâtre bien connu, et l'autre était Rossini Pierre-Louis, un député. Il n'y avait aucune preuve indiquant que l'un ou l'autre était impliqué dans la grève estudiantine de 1960. Rigaud avait cependant joué un rôle important dans l'organisation de la grève générale contre le général Paul E. Magloire après que celui-ci eut tenté de se perpétuer au pouvoir de manière inconstitutionnelle. Il avait également joué un rôle dans l'expulsion du pouvoir du président Lescot en 1946. Formé en Europe et aux États-Unis où il étudia l'odontologie, Rigaud avait été considéré à un certain moment par le Parti socialiste populaire (PSP) comme un possible candidat à la présidence avant qu'il ne cède la place à un autre candidat.

Non seulement Rigaud appartenait à l'élite haïtienne, mais encore il était son dentiste. Je puis témoigner personnellement qu'il était un bon praticien qui avait une façon agréable de traiter avec le patient assis sur sa chaise de dentiste. Sa conviction politique qu'il fallait améliorer le sort des paysans et augmenter la production nationale était peu orthodoxe pour un membre de la haute société haïtienne. Son cabinet dentaire situé au Champ de Mars était un lieu de référence. Au moment de son arrestation, la famille Rigaud était persuadée qu'une fois la crise passée, il serait relâché de prison, mais on ne reçut plus jamais de nouvelles de lui.

La famille de l'ancien député de la ville de Bainet, Rossini Pierre-Louis, avait trouvé son arrestation par la police incroyable. Pendant qu'ils étaient tous les deux emprisonnés au Pénitencier national à la fin du régime de Magloire, Pierre-

Louis et Duval Duvalier, le père de Papa Doc, avaient partagé la même cellule. Et lorsque Duval Duvalier tomba malade durant leur séjour en prison, ce fut Pierre-Louis qui prit soin du vieil homme. Pierre-Louis et Thérèse Hudicourt, son épouse, et la sœur de feu le sénateur Max Hudicourt qui était un membre du PSP, étaient les gestionnaires du Plaza Hôtel sis au Champ de Mars. Thérèse avait réussi à envoyer de la nourriture à son mari en prison, que celui-ci partageait avec les autres prisonniers, y compris en particulier Duvalier. Lorsque la grève générale contre Magloire fut couronnée de succès et que les prisonniers politiques furent relâchés, c'était Pierre-Louis qui avait ramené Duval Duvalier chez lui. Après l'arrestation de Pierre-Louis, on ne reçut plus jamais de nouvelles de lui. Des politiciens et des cadres bien en vue n'étaient pas les seuls à être pris dans les filets de la police de Papa Doc. Parmi les personnes arrêtées, il y avait, par exemple, Henri Rigaud, un épicier bien connu de Pétion-Ville qui était apolitique et qui refusait de verser des pots-de-vin aux duvaliéristes. Il fut ajouté à la liste de plus en plus longue des « disparus ». Sonson Habib, le propriétaire d'un garage de réparation d'automobiles de Port-au-Prince, comptait également parmi les personnes emprisonnées.

Pour une fois, l'ambassade des États-Unis ne se laissa pas prendre au jeu que Papa Doc menait en « criant au communisme » et minimisa en fait l'influence des marxistes dans l'opposition. Malgré tout, Washington contribua finalement à torpiller la grève estudiantine en accordant une aide financière à Duvalier au mois de décembre.

L'expulsion brusque du dernier archevêque français d'Haïti

Le manque de réaction de la part de Washington ne fit que renforcer la détermination de Duvalier d'éliminer tous les opposants, qu'ils soient réellement des rouges ou pas. Le jeudi 24 novembre, il commit son péché capital en s'attaquant au chef du clergé catholique d'Haïti. Papa Doc ordonna ce jour-là à des officiers de la police et de la Garde présidentielle d'être « durs et rapides » et d'« embarquer » Mgr François Poirier, l'archevêque de Port-au-Prince, dans le premier avion en partance pour l'étranger. La nuée d'officiers envahit le bureau du prélat sans s'annoncer et ordonna à l'archevêque qui était sous le coup de l'étonnement de n'emporter que son passeport. Il ne pouvait ni se changer pour mettre un costume de voyage à la place de sa soutane blanche et de sa ceinture violette, insigne de son office, ni se pourvoir d'un sac de voyage. Comme on le poussait hors de son bureau vers une voiture de la police qui attendait, un prêtre qui était à proximité eut la présence d'esprit de lui tendre un billet de banque en devise américaine. Serrant son bréviaire dans une main, l'archevêque Poirier fut gardé dans l'isolement à l'aéroport en attendant qu'un officier de la Garde présidentielle s'occupe de lui procurer un billet d'avion aller simple pour Miami. Le nonce apostolique Ferrofino qui avait été informé par des prêtres de l'arrestation du prélat se précipita à l'aéroport pour lui faire ses adieux.

Comme je me trouvais à l'aéroport pour accueillir Paul P. Kennedy du *New York Times* qui arrivait du Guatemala où il était allé faire un reportage sur une situation de crise, je pus rencontrer le commandant Claude Raymond, chef de la Garde présidentielle, et le colonel Daniel Beauvoir, chef de la police, qui assistaient au départ de l'archevêque. Ceux-ci refusèrent cependant de faire un commentaire sur la situation et se contentèrent de dire en souriant : « Nous attendons l'arrivée d'un ami. »

Mgr François Poirier, l'archevêque conservateur de Port-au-Prince, a été littéralement mis à la porte en Haïti par Papa Doc et accusé d'avoir aidé les communistes. À son arrivée en Haïti pour remplacer Mgr Le Gouaze il y avait sept ans de cela, il avait été reçu avec tous les honneurs et conduit à l'évêché dans la limousine présidentielle. Papa Doc ne lui accorda pas une telle courtoisie. Il quitta Haïti dans une fourgonnette de la police avec seulement les habits qu'il portait.

L'histoire de la grève des étudiants d'Haïti n'avait pas fait la une des journaux, cependant celle de l'arrestation et de la déportation de Mgr Poirier, âgé de 56 ans et le dernier d'une file d'archevêques en Haïti, fut considérée comme une importante nouvelle à travers le monde. La dépêche intitulée « Haïti expulse le membre le plus haut placé du clergé » que j'avais rédigée pour l'Associated Press partagea la première page de *The Indianapolis Star* avec « C'est un garçon pour les Kennedy ». D'autres journaux décidèrent que l'expulsion du chef de l'Église catholique en Haïti était même plus importante que le fait que Mme John F. Kennedy, l'épouse du président-élu des États-Unis, ait accouché d'un garçon pesant 7,33 kg. Des journaux américains aussi divers que le *Tulsa Daily World* et le *Times-Picayune* de la Nouvelle-Orléans publièrent ma dépêche sous un gros titre en lui réservant la première page au détriment de la nouvelle de la naissance du fils du président-élu.

À Port-au-Prince, le gouvernement haïtien accusa le prélat catholique d'avoir accordé une aide de $ 7 000 à des étudiants accusés par le gouvernement d'être des comploteurs communistes, autrement dit, l'archevêque était accusé d'avoir financé des étudiants communistes qui complotaient le renversement de Duvalier. Selon les informations, l'archevêque, qui était un anticommuniste strident, eut presque un accès de rage lorsqu'à son arrivée à Miami il fut informé de ce dont on l'accusait. S'exprimant à travers un interprète, il déclara aux journalistes que les accusations formulées contre lui par le gouvernement étaient « totalement fausses ». « Je n'ai fait aucune contribution à aucun mouvement estudiantin. »

Plus tard à son arrivée à New York, en route pour la France, Mgr Poirier offrit un démenti formel : « L'archevêque de Port-au-Prince ne peut en aucune manière être soupçonné ou accusé de sympathie envers les communistes car, à plusieurs occasions et dans une variété de circonstances, il a mis en garde les fidèles du diocèse et en particulier les membres du mouvement de la jeunesse catholique contre les dangers du matérialisme athée. Il a dit aux fidèles avec une grande insistance, non seulement de clarifier dans leur propre esprit les méfaits de la doctrine marxiste, mais aussi d'être assidus à faire connaître ces méfaits aux autres afin que tous soient conscients du but ultime du communisme qui est la destruction de l'ordre spirituel chrétien par la violence, secrètement ou ouvertement. » De leur côté, les étudiants publièrent un communiqué niant avec insistance qu'ils étaient « inspirés par les communistes et qu'ils constituaient une menace pour la sécurité de l'État », comme le gouvernement l'avait affirmé.

Le 24 novembre, le gouvernement ordonna la fermeture de toutes les maisons de commerce de la capitale à partir de midi et la ville devint bientôt déserte. C'est alors seulement que le gouvernement annonça finalement à la radio que l'archevêque avait été déporté. Durant tout l'après-midi et la soirée, la même dénonciation de l'archevêque Poirier faite en créole fut continuellement diffusée tel un disque rayé ou un catéchisme pervers.

Je mis rapidement Paul Kennedy au courant de la situation et il rédigea pour le *New York Times* un article qui fut publié en première page sous le titre : « Haïti expulse prélat catholique (…) dit qu'il a donné $ 7 000 aux rouges. »

Comme on pouvait s'y attendre, le gouvernement invita la population à organiser une marche rituelle de soutien à laquelle les employés du secteur public furent requis de prendre part. Des centaines d'entre eux défilèrent docilement cet après-midi-là sur la vaste pelouse du Palais national en portant des pancartes qui déclaraient : « Duvalier ou la mort », « Duvalier est le dernier recours », « Protecteur du faible », et « À bas le communisme ».

Phénomène plutôt rare, Papa Doc s'adressa, depuis les marches du Palais, en français à la foule estimée à plusieurs milliers par le gouvernement :

« Allô, chers citoyens, pouvez-vous m'entendre ? [Applaudissements]

« Je vous remercie pour le grand enthousiasme que vous manifestez cet après-midi afin de relever le moral de l'homme qui dirige les destinées de la nation et afin de lui signifier que sa mission, sa sacro-sainte mission, ne fait que commencer !

« Vous savez très bien, vous tous qui m'avez suivi durant la dure campagne présidentielle, vous saviez que je suis un leader spirituel orienté vers la jeunesse et que mes compagnons de lutte sont les livres, loin des fusils et du Thompson [mitraillette].

« Chers amis, ils ont tenté d'utiliser la jeunesse, la fine fleur de la jeunesse, pour atteindre des objectifs peu louables. L'homme qui est en face de vous fut un ministre de l'illustre Dumarsais Estimé. L'homme qui est devant vous, l'homme qui vous parle, est un témoin de la chute de l'homme de Verrettes qui avait un rêve de grand patriote.

« J'ai décrété que cette année serait l'année du travail et que chacun devait s'impliquer et commencer à construire. Il semble que je devrais m'adresser à mon peuple et dire certaines vérités.

« Le pouvoir que je détiens de vous, le pouvoir que je détiens de vous seuls, aucun pouvoir dans ce monde ne peut me le retirer, ne peut m'interdire de remplir ma mission. Quand le Chef d'État a trouvé un trésor endommagé et essaye avec sollicitude de prendre soin des besoins de la jeunesse, les mêmes lézards qui avaient provoqué l'occupation américaine, qui avaient orchestré le 10 mai, veulent maintenant se servir de la jeunesse comme couverture pour renverser le gouvernement.

« Chers amis, ces lézards, je sais où ils sont, qui ils sont, où ils se cachent.

« Il y a certaines personnes, il y a certaines personnes arriérées, qui ne pensent qu'à détruire.

« La fameuse phrase que vous aimez tant et que j'ai prononcée pendant la campagne électorale [applaudissements en même temps qu'un homme crie : « Ils sont devenus fous] nous devons la leur dire de nouveau. « Ils sont de nouveau devenus fous. » [Applaudissements.] Mes chers concitoyens, le labeur quotidien du Chef de l'État, le labeur d'aujourd'hui, a été le plus lourd : c'est pourquoi je mets fin à cette conversation.

« Cependant, écoutez bien, écoutez-moi. Il n'y a pas de place pour la haine dans le cœur de Duvalier. Comme cet autre homme, il tendra toujours une branche d'olivier pour ramener au bercail les brebis égarées, car il n'est pas le chef d'un clan, le chef d'une certaine catégorie : il est le chef de la nation. Et il se considérera, de même que ses amis et partisans, comme le chef de la nation, tant que les autres feront le choix de rester perdus.

À cause du pouvoir dynamique qui le caractérise [ces dernières paroles, prononcées avec force, furent noyées par des applaudissements] ce même pouvoir que vous savez toujours que je détiens, vous qui m'avez suivi, sera toujours prêt à écraser tous les obstacles ! »

Duvalier ne fit aucune mention dans son discours de l'expulsion de son vieil ennemi l'archevêque.

- - -

Le vendredi 25 novembre, Paul Kennedy et moi étions allés solliciter une interview avec M. Joseph Baguidy le ministre des Cultes. Comme celui-ci exigeait que nous lui soumettions nos questions par écrit, nous revînmes en hâte au bureau de *Haïti Sun* pour les rédiger avant de retourner en l'espace d'une heure les lui soumettre. Il est probable qu'il ait anticipé les questions et qu'il cherchait à calmer le conflit avec le Vatican. Conscient de la gravité de l'accusation du gouvernement selon laquelle le prélat catholique avait financé des communistes, Baguidy fit dans une certaine mesure marche arrière et déclara que le gouvernement n'avait pas officiellement accusé Poirier d'être un complice des communistes. Cependant, le ministre se déroba en déclarant : « Le gouvernement dispose de preuves irréfutables et palpables concernant l'origine communiste du mouvement [de grève]. Par ailleurs, le mouvement est franchement supporté par les organisations catholiques, y compris le JUC [Jeunesse universitaire catholique]. Ce n'est un secret pour personne en Haïti que depuis 1946, le fonctionnement de ces organisations est sous l'inspiration directe de l'archevêque de Port-au-Prince. »

Baguidy était plus diplomate que la plupart des duvaliéristes, et il fit de son mieux pour défendre le régime. Il dit benoîtement que Mgr Poirier, l'archevêque d'Haïti, avait rejeté la requête du gouvernement lui demandant de prendre des vacances.

Le 26 novembre, l'Association des syndicats haïtiens publia une note de protestation que ses leaders présentèrent à Frédérick Desvarieux, le ministre du Travail, qui blâmait le gouvernement d'avoir provoqué la crise. La déclaration des leaders syndicaux offrait six suggestions permettant d'en sortir, dont la suspension du décret instituant la loi martiale, la libération du leader syndicaliste Rodolphe Moïse maintenu en détention depuis cent quatre-vingt-trois jours sans comparution devant un juge, la libération des étudiants emprisonnés et des prisonniers politiques, la réouverture de l'Université et des écoles, la restauration de la liberté syndicale et de la démocratie.

Parmi les leaders syndicalistes qui apposèrent leurs signatures à la note de protestation, il y avait Henri Merceron, le dirigeant du Syndicat des chauffeurs guides et frère du général Pierre Merceron, le chef d'état-major des Forces armées. Henri Merceron dût entrer immédiatement après dans la clandestinité et fut finalement exilé.

Craignant que la sympathie pour la grève ne prenne de l'ampleur, Duvalier décida de procéder une fois de plus à une purge de l'armée. Quinze officiers durent prendre une retraite anticipée, dont trois lieutenants-colonels appartenant à l'État-major. Trente-six officiers reçurent des transferts à travers le pays. Parmi les officiers forcés à la retraite, se trouvait le colonel Paul Laraque, connu pour ses opinions gauchistes quand il n'était pas en uniforme, et qui était aussi un poète ainsi que le beau-frère du général Pierre Merceron. Il y avait également le colonel Ernest Biamby qui allait bientôt être impliqué dans un complot anti-Duvalier.

Duvalier limogea également par décret les membres du conseil d'administration de la Banque nationale [Banque centrale] et les remplaça par une équipe plus malléable. Entre-temps, aucune nouvelle concernant la réaction du Vatican à l'expulsion de l'archevêque Poirier ne fut publiée en Haïti. C'est seulement à travers les nouvelles diffusées par les radios étrangères qu'on pouvait s'en informer. La radio de la Républicaine dominicaine ainsi que Radio Havana qui venait d'inaugurer au cours de ce mois un programme quotidien en créole dirigé vers Haïti annonça dans un reportage que le journal du Vatican, L'*Osservatore Romano* avait rapporté que le Saint-Siège, c'est-à-dire en fait le pape Jean XXIII, avait exprimé par la voie diplomatique « ses profonds regrets et protestations » concernant l'expulsion de l'archevêque d'Haïti, François Poirier. L'*Osservatore Romano* rappela avec insistance que quiconque viole « le caractère sacré et la liberté d'un évêque est automatiquement excommunié ».

Cela impliquait clairement que Duvalier et toutes les autorités haïtiennes impliquées dans l'expulsion du prélat, qui étaient tous nominalement des catholiques, avaient été excommuniés. Certains prêtres citèrent calmement les articles 23 et 24 du droit canon qui entraînent l'excommunication immédiate de l'Église catholique romaine de toute personne qui entrave l'exercice des devoirs ecclésiastiques d'un évêque ou d'un archevêque. La nouvelle frappa Haïti comme une bombe et devint un important sujet de conversation pour l'homme de la rue. Le nonce apostolique Mgr Giovanni Ferrofino admit en privé devant l'auteur que c'était le premier cas d'excommunication d'un chef d'État en Amérique latine depuis l'excommunication du dictateur Juan Peron d'Argentine survenue en 1955 après que des foules de *peronistas* brulèrent des églises catholiques.

Duvalier, pour sa part, ignora tout simplement le Vatican et ne concéda jamais qu'il avait été excommunié. Le fait que les sacrements lui soient déniés était sans importance pour lui étant donné qu'il n'était pas de ceux qui recevaient les sacrements par le passé.

Le Vatican était également vexé du fait que l'ambassadeur d'Haïti auprès du Saint-Siège, l'ancien général Antonio Th.

Kébreau, n'avait pas fait acte de présence à la messe de commémoration de quatre cardinaux qui avait eu lieu au Vatican. Pour le Vatican, cela constituait une rebuffade officielle. L'ambassadeur Kébreau se justifia en disant qu'il souffrait d'un rhumatisme et qu'il « aurait eu trop de mal à faire des génuflexions », mais le Vatican continua de croire que le mal dont souffrait Kébreau n'était pas de nature physique mais plutôt politique.

Débattant au sujet de l'impact de la répression sur l'Église catholique, avec des prêtres associés au journal *La Phalange*

Dans les locaux du journal *La Phalange*, l'éditeur explique la situation au *Haiti Sun*.

Pendant que je m'affairais à produire des reportages sur tout cela, je fus soudain entravé par une mal physique qui n'était que trop réel. Paul Kennedy, le correspondant du *New York Times* et moi-même, nous étions en train d'expédier nos reportages par télex dans les locaux de RCA à Port-au-Prince lorsqu'un message envoyé par NBC Radio de New York me parvint qui sollicitait une urgente mise au point faite oralement sur la situation en Haïti. Il s'avère que je souffrais d'un sérieux rhume et avais perdu la voix. Je brandis le câble sous le nez de Kennedy qui comprit mon problème et s'écria : « Oh zut ! Tu écris le texte et je le lirai pour toi. » Nous nous rendîmes en voiture à la petite centrale téléphonique internationale sur le bord de mer. Kennedy entra avec difficulté dans la cabine téléphonique et laissa la portière ouverte afin que je puisse écouter. Essayant de camoufler son accent traînant d'Oklahoma par une horrible imitation d'un accent anglais typique de la BBC, il dit : « *This is Diederich in Port-au-Prince, Haiti.* » [Ici Diederich, depuis Port-au-Prince, Haïti.] Le journaliste de service au bureau de NBC lui demanda : « Qu'avez-vous à offrir ? » Kennedy décrivit la situation et l'homme qui s'ennuyait dans son studio radio à Manhattan dit : « *Okay*, dites ce que vous avez à dire. À mon signal « *Go !* » [Allez-y !] Kennedy se mit à lire le reportage avec quelques trébuchements. « *No good, try again.* » [Essayez une seconde fois.] Kennedy, qui maintenant transpirait à profusion, avait perdu patience et était sur le point de s'emporter. Je devais l'empêcher de lancer des jurons à l'endroit de l'homme dans le studio de NBC et je me pointais du doigt pour lui signifier « Paul, tu es moi ». L'homme du studio dit à Paul : « Voyons si on peut s'en servir. » À ce point, le fameux correspondant du *New York Times* claqua le téléphone et proféra une série d'explétifs. Plus tard, il éclata de rire.

La vieille cathédrale de Port-au-Prince où Toussaint Louverture fit son discours à son arrivée dans la ville

Étudiants en grève

L'édition du *Haiti Sun* parue à la fin de la semaine portait en gras de gros titres qui résumaient la situation : « Étudiants en grève ; Départ de Poirier : archevêque brusquement expulsé ; Grève estudiantine déclarée illégale et d'inspiration communiste ; Le Président s'en prend aux lézards. »

À la première page de ce numéro mémorable du 27 novembre 1960, il y avait un encadré qui disait : « Tous les communiqués rendus publics au cours de la semaine sont disponibles dans ce numéro. » Et il y en avait beaucoup qui avaient été écrits pour justifier la répression du gouvernement. Ce n'était pas facile ni nécessaire non plus d'évoquer le drame, la terreur et les moments héroïques de la grève des étudiants, car le *teledyòl* [radio trottoir] s'en était occupé. (Certains lecteurs avaient interprété le titre d'un article de *Haiti Sun* intitulé en anglais « Kennedy-Baguidy Interview » comme signifiant que Kennedy, le président-élu des États-Unis, avait accordé une interview à Baguidy, le ministre des Affaires étrangères d'Haïti. En rédigeant ce titre, j'ai par mégarde placé le nom du journaliste Paul Kennedy du *New York Times* avant celui du ministre des Affaires étrangères.)

Il y avait de nouveaux décrets et de nouvelles restrictions. Il fut rappelé à tous les journaux qu'ils devaient alerter leurs lecteurs sur le fait que le communisme était illégal et que toute activité subversive contre le gouvernement était passible de la peine de mort. (Un communiqué gouvernemental en date du 29 novembre avait menacé les « agitateurs » de sanctions sévères, y compris la peine de mort, pour des activités subversives. Le communiqué en question avait cité en appui des articles du Code pénal stipulant la peine capitale pour l'agitation et l'incitation à la rébellion.)

Une émission radiophonique officielle intitulée La voix de la République augmenta jusqu'à quatre ses programmes quotidiens qui étaient tous de la propagande préparée par le ministère de l'Information et exposant les vertus de « Notre chef spirituel ».

Dans un éditorial ironique, le *Haïti Sun* lança cette mise en garde : « Beaucoup de piétons continuent de traverser sans tenir compte des feux rouges » et ajouta que « Les Port-au-Princiens ont été victimes de l'illusion qu'ils ne peuvent être heurtés ni par des voitures, ni par des camions, des bus ou des motocyclettes. Nous suggérons que ceux qui traversent au feu rouge portent des vêtements en acier et un drapeau blanc pour se protéger des automobilistes ». Il n'était pas nécessaire de mentionner que d'autres Haïtiens étaient en train de disparaître pour être exécutés ou jetés en prison pour y mourir.

En dépit du climat de profonde tension politique qui régnait, Haïti était comme à l'accoutumée un paradoxe. À l'approche de la saison touristique, le service des annonces publicitaires du *New York Times* avait vendu à l'avance une page entière remplie d'annonces pour divers hôtels haïtiens, des boutiques vendant des objets touristiques et des attractions, et même les broderies de Nanotte à Pétion-Ville. La pièce maîtresse de ces annonces étaient un croquis de la cathédrale de Port-au-Prince et du marché en fer accompagné de ces mots : « Soyez heureux (…) rendez-vous en Haïti. » Malgré la loi martiale, les bruits occasionnels de bombes et les arrogants macoutes agissant en toute liberté, il y avait des touristes durant cet hiver, parmi lesquels on pouvait compter Sarita Montiel, la belle actrice et chanteuse espagnole qui reçut un chaleureux accueil du public.

Trujillo supprime les sœurs Mirabal

Paul Kennedy rejoignit finalement son poste au bureau du *New York Times* à Mexico en me disant : « C'est entièrement à toi maintenant, mon cher. » Avant de quitter l'aéroport, l'ami travaillant pour la Pan American Airways qui avait l'habitude de ramasser furtivement les copies des journaux abandonnés dans les avions en escale me tendit une copie du numéro du journal *El Caribe* de Ciudad Trujillo datant de la veille. Un article apparaissant sur une page intérieure du journal me fit frissonner. Il s'agissait d'un reportage notable par sa discrétion et sa carence de détails qui disait que trois sœurs identifiées comme étant le Dr Minerva Mirabal de Tavarez, Maria Teresa Mirabal de Guzman et Patria Mirabal de Gonzales, étaient décédées dans un accident lorsque la Jeep dans laquelle elles voyageaient dégringola sur une route montagneuse. Le chauffeur identifié comme étant Rufino Cruz était également décédé. Ma réaction fut semblable à celle qui aurait pu émaner de beaucoup de citoyens dominicains : « Oh, mon Dieu ! Ça se répète ? » Cela semblait plus que du hasard pour les trois sœurs mariées à des hommes qui se trouvaient en prison et elles-mêmes connues pour leur opposition à Trujillo. Je m'empressais d'informer le *New York Times* de l'article d'*El Caribe*. Les éditeurs du *Times* contactèrent immédiatement les membres de la communauté dominicaine de New York dont certains connaissaient personnellement les sœurs Mirabal. J'avais déjà assez à faire avec le reportage de la situation en Haïti et on me recommanda de ne pas voyager.

L'article du *New York Times* traitant de la mort des trois sœurs Mirabal reprit les informations fournies dans l'article d'*El Caribe* puis ajouta ceci : « Il y avait bien plus à l'histoire des sœurs Mirabal que l'article d'*El Caribe* ne l'a laissé entendre. Cela avait commencé avec Minerva, âgée de 32 ans, qui, selon les informations, avait attiré le regard du dictateur dominicain il y avait quelque temps de cela, quand elle était une jolie étudiante fréquentant l'université. Lorsque Trujillo tenta d'exercer sa version dominicaine du droit de cuissage, Minerva répondit en lui infligeant une gifle cinglante. Peu de temps après, Minerva ainsi que son père d'âge mûr et frappé d'une infirmité furent emprisonnés : elle, pendant une brève période ; lui, pendant deux ans avant d'être relâché de prison pour mourir quinze jours plus tard d'une combinaison de malnutrition, de tabassages et de mauvais traitements généralisés. »

Les trois sœurs étaient toutes mariées à des opposants de Trujillo qui se trouvaient tous en prison. Le consensus général était que l'« accident » avait été soigneusement planifié et exécuté de la même manière que ce qui était survenu par le passé à beaucoup d'opposants de Trujillo. Le meurtre des sœurs Mirabal fut l'un des crimes les plus choquants du règne dictatorial de Trujillo.

La section du *New York Times* du 12 décembre 1960 consacrée aux informations concernant l'hémisphère révélait un travail extraordinaire de journalisme. Cinq pages y étaient consacrées à des reportages sur l'Amérique latine. Il y avait non seulement mon article sur Haïti intitulé « Guerre contre l'Église », mais également les choquants détails de la mort des sœurs Mirabal en République dominicaine qui y apparaissaient dans un article intitulé « Avertissement au pied d'une falaise ». La section contenait également des articles d'information sur le Venezuela, l'Argentine, Cuba, El Salvador, le Pérou et le Brésil, et en plus un article sur la construction de routes dans les Amériques par l'armée.

Duvalier déclare la guerre aux fauteurs de troubles

Le dernier paragraphe de l'article de *Time magazine* concernant Haïti reflétait le point de vue général qui était que la grève échouerait à cause des mesures extrêmes prises contre les étudiants. Concluant un article intitulé « Mort aux fauteurs de troubles », le paragraphe disait ceci : « Rendus furieux par les tactiques de Duvalier, la Fédération des syndicats essaya d'organiser une grève générale la semaine dernière contre laquelle le Président réagit par des arrestations en masse, la purge de 15 officiers de l'armée, et la terreur (tous les fauteurs de troubles seraient fusillés). Vers la fin de la semaine, la dernière lueur de révolte s'était éteinte, et Duvalier s'était senti suffisamment en sécurité pour relâcher Roney et les 19 élèves du secondaire. Le stratagème initial de Duvalier lui avait obtenu les fonds qu'il voulait, mais cela lui avait également coûté cher en provoquant la colère de puissants membres du clergé, sans parler des étudiants. »

Roney et les 19 élèves du secondaire avaient été relâchés le 20 novembre après avoir passé trois mois en prison. Selon le Service de coordination de l'information du gouvernement, Lucien Chauvet, le préfet de police de Port-au-Prince, avait au préalable exigé que le père de Roney ainsi que ses frères signent une déclaration notariée rédigée par la préfecture affirmant que des politiciens avaient manipulé les étudiants afin de les entraîner dans des activités allant au-delà de leur intention initiale.

Cela ne fit cependant que renforcer les camarades des étudiants relâchés dans leur conviction qu'il fallait continuer la grève, et ils se sentaient encouragés par le fait que les syndicats s'étaient joints à leur mouvement. Seul le secteur privé se montrait prudent, mais selon les informations, certains hommes d'affaires étaient disposés à offrir de l'aide en vue du financement d'une grève générale.

Une semaine plus tard, les États-Unis annoncèrent qu'une subvention de $ 11,8 millions avait été accordée au régime de Duvalier au titre d'une assistance économique et technique spéciale, y compris un soutien budgétaire direct. Papa Doc n'avait pas obtenu les $ 150 millions qu'il voulait, cependant les $ 11,8 millions constituaient un signe de soutien qui eut un effet psychologique dévastateur sur l'opposition. Malgré tout, certains étudiants continuaient d'espérer que les choses changeraient après l'entrée en fonction de John F. Kennedy à la Maison-Blanche le 20 janvier. Ils étaient confiants que le nouveau président ne donnerait pas dans le chantage exercé par Papa Doc en se servant du danger potentiel d'une prise de pouvoir par les communistes en Haïti. D'autres étudiants n'étaient pas si sûrs de cela, et ils attiraient l'attention sur le fait que Duvalier disposait maintenant d'une importante somme d'argent, d'armes, ainsi que de Marines fournis par les États-Unis, et que Castro qui n'était qu'à 80 kilomètres de l'autre côté du canal du Vent constituait un atout dans la manche de Duvalier.

Le service de presse de l'ambassade des États-Unis annonçait régulièrement les arrivées de navires de guerre qui faisaient fréquemment des escales dans les ports d'Haïti. Au cours de cette même semaine, le navire *USS Kenneth D. Bailey*, un destroyer-patrouilleur équipé de radar avait mouillé à Port-au-Prince, et la semaine suivante, on attendait l'arrivée du navire *USS Ketchmer*, un navire d'escorte de navire-patrouilleur équipé de radar. L'ambassade n'avait pas spécifié pourquoi les navires équipés de radar mouillaient dans les ports haïtiens au-delà de l'explication habituelle que les vaisseaux faisaient escale afin d'accorder permission à terre à leurs équipages.

Souffrant de pneumonie

Quelques jours après la publication de notre numéro de référence de *Haiti Sun*, je m'écroulais. Je m'effondrais littéralement à l'instant où j'arrivais chez moi. Le Dr Edith Hudicourt, ma future belle-sœur, diagnostiqua un cas de pneumonie et m'administra des antibiotiques et me fit passer des heures à respirer dans un nébuliseur. Bien que n'ayant pas été hospitalisé, les Desquiron qui étaient mes voisins prirent bien soin de moi à mon domicile dans le quartier de Frères. Françoise et Lilas Desquiron, deux jeunes étudiantes activistes, m'aidèrent à me raser.

Durant cette période, Bernier Saint-Jean, le responsable de la diffusion, de la publicité et de la collecte des factures au *Haiti Sun*, faisait sur sa motocyclette la navette quotidienne entre les bureaux de *Haiti Sun* et mon domicile de Frères pour m'apporter les messages, les corrections et la copie finale. Le 13 décembre, il m'apporta un message provenant du service des informations du *New York Times* me demandant de me rendre en République dominicaine pour y effectuer un reportage sur l'élection du gouverneur de la province de Santiago. Nul autre que le dictateur Trujillo lui-même se présentait comme le « candidat » d'un nouveau « Parti nationaliste » au poste de gouverneur de la province. *El Jefe* avait fait la promotion de l'« élection » comme constituant la première joute électorale réellement compétitive du pays, et incroyablement, il faisait campagne contre son propre Parti dominicain, le seul parti politique autorisé pendant les trente dernières années.

C'était une mascarade tellement absurde qu'en faire le reportage aurait servi d'occasion pour ridiculiser le dictateur du pays voisin qui semblait à ce point de l'histoire souffrir d'un cas de sénilité avancée. Cependant, le Dr Hudicourt dit non. J'envoyai au *New York Times* le message câblé suivant : « Malheureusement alité avec pneumonie sur ordres du médecin. Ne peux pas voyager. Peux prédire le résultat de l'élection. »

Le *New York Times* ne fit pas de reportage sur l'« élection » provinciale en République dominicaine dont les résultats ne surprirent personne. Officiellement, le candidat Trujillo avait obtenu 121 219 voix contre 7 198 pour ses deux adversaires, soit un énorme pourcentage de 94,42 % des voix en faveur d'*El Jefe*. C'était du vrai théâtre à la Trujillo.

Dépôt légal : 15-03-122 • Bibliothèque nationale d'Haïti
1er trimestre 2015
Achevé d'imprimer à l'Imprimerie Henri Deschamps
mars 2015 • Port-au-Prince, Haïti

www.ingramcontent.com/pod-product-compliance
Lightning Source LLC
Chambersburg PA
CBHW072343100426
42738CB00049B/1508